2020

全国房地产经纪人职业资格考试一本通

房地产经纪专业基础

考点全解与练习

第2版

中大英才建筑工程学院 编

·北京·

图书在版编目（CIP）数据

房地产经纪专业基础考点全解与练习 / 中大英才建筑工程学院编 . —2 版 .
—北京：中国经济出版社，2020.5
全国房地产经纪人职业资格考试一本通
ISBN 978-7-5136-6122-5

Ⅰ.①房… Ⅱ.①中… Ⅲ.①房地产业—经纪人—中国—资格考试—自学参考资料 Ⅳ.①F299.233.55

中国版本图书馆 CIP 数据核字（2020）第 052625 号

责任编辑　姜　静
责任印制　马小宾
封面设计　任燕飞装帧设计工作室

出版发行	中国经济出版社
印 刷 者	北京富泰印刷有限责任公司
经 销 者	各地新华书店
开　　本	787mm×1092mm　1/16
印　　张	11
字　　数	209 千字
版　　次	2020 年 5 月第 2 版
印　　次	2020 年 5 月第 1 次
定　　价	56.00 元

广告经营许可证　京西工商广字第 8179 号

中国经济出版社 网址 www.economyph.com 社址 北京市西城区百万庄北街 3 号 邮编 100037
本版图书如存在印装质量问题，请与本社发行中心联系调换（联系电话：010-68330607）

版权所有　盗版必究（举报电话：010-68355416　010-68319282）
国家版权局反盗版举报中心（举报电话：12390）　服务热线：010-88386794

总 序

房地产经纪人，是指通过全国房地产经纪人资格考试或者资格互认，依法取得房地产经纪人资格，并经过注册，从事房地产经纪活动的专业人员。目前，中国房地产经纪人从业人员需求量高达100万人，但经过注册的持证者不足1/3，市场对持证房地产经纪人需求巨大。

2014年，根据《国务院机构改革和职能转变方案》和《国务院关于取消和调整一批行政审批项目等事项的决定》（国发〔2014〕27号）有关取消"房地产经纪人职业资格许可"的要求和国家职业资格证书制度有关规定，房地产经纪人从准入类资格中取消，并于当年暂停考试。

2015年，根据人力资源和社会保障部、住房和城乡建设部《关于印发〈房地产经纪专业人员职业资格制度暂行规定〉和〈房地产经纪专业人员职业资格考试实施办法〉的通知》（人社部发〔2015〕47号），房地产经纪人相关资格证书调整为水平评价类，并于2015年恢复考试。

2018年上半年，在北京、上海等部分城市开始试点，由一年一次考试调整为一年两次考试。这为广大考生尽快通过考试取得证书提供了更多的机会。

随着考试的深化，越来越多的考生对考试提出意见，如考点多且散、时间紧张，考生缺乏有效复习、专业零基础及知识匮乏等，鉴于此，中大英才建筑工程学院专家委员会历经一年时间，策划出版了本套丛书。本套丛书提炼2020年版最新教材中重要的考点内容，每个考点下配1~5道题进行演练。期待这套丛书不仅能够协助考生有效地应对考试，而且能帮助考生补充专业知识的空缺，提升专业水平。

中大英才建筑工程学院专家委员会由一批多年从事房地产估价和房地产经纪人考试辅导的资深教研人员组成，都有长期从事考前辅导的经历，熟悉考试内容。他们具有多年的教学和工作经验，形成了独特而有效的教学方法和教学思路，并且独家研发了彩色教材、思维导图、真题手稿、高频错题等核心考试资料，帮助很多房地产经纪人和房地产估价师考生顺利通过了考试。

参与本次编写的委员是：冀学兰、沈红、陈怡萌、李敏、王子军、王亚倩、傅建春、姚元直、田懿晨，在此表示万分的感谢！由于时间有限、任务繁重，本丛书在编写过程中难免会有疏漏和不足之处，希望业界同仁提出宝贵意见，以期日臻完善。

最后，祝广大考生顺利通过考试！

冀学兰

2020 年 5 月

目　录

总　序 I

考试策略及答题技巧 / 1
 各章重点、难点分布 / 1
 考题分析 / 2
 考试时间分配 / 2
 复习方法 / 3

第一章　房地产和住宅 4
第一节　房地产概述 / 4
 【考点】房地产的概念 / 4
 【考点】房地产的重要性 / 4
 【考点】房地产的主要特性 / 5

第二节　住宅及其类型 / 6
 【考点】住宅的概念 / 6
 【考点】住宅的类型 / 6
 【考点】住宅性能评定 / 9

第三节　房地产面积 / 11
 【考点】房地产面积的作用 / 11
 【考点】房屋面积的种类 / 12
 【考点】得房率和实用率 / 13
 【考点】土地面积的种类 / 13

第四节　房地产形象展示 / 14
 【考点】地图和地形图 / 14
 【考点】房地产图 / 14
 【考点】房地产照片和VR看房 / 15

【考点】房地产沙盘、模型和样板房 / 15
　　【考点】建筑总平面图和建筑平面图 / 16

第二章　建筑和装饰装修 ……………………………………………………… 18
第一节　建筑概述 / 18
　　【考点】建筑物的主要分类 / 18
　　【考点】对建筑物的主要要求 / 19
第二节　建筑构造 / 20
　　【考点】建筑构造组成 / 20
　　【考点】地基和基础 / 21
　　【考点】墙体和柱 / 23
　　【考点】门和窗 / 24
　　【考点】地面、楼板和梁 / 24
　　【考点】楼梯 / 25
　　【考点】屋顶 / 25
第三节　房屋设施设备 / 26
　　【考点】给水排水系统及设备 / 26
　　【考点】供电系统及设备 / 27
　　【考点】燃气系统及设备 / 28
　　【考点】供暖系统及设备 / 29
　　【考点】通风和空调系统及设备 / 30
　　【考点】电梯 / 30
　　【考点】综合布线系统和楼宇智能化 / 31
　　【考点】设备层和管道井 / 32
第四节　建筑材料 / 33
　　【考点】建筑材料的种类 / 33
　　【考点】建筑装饰材料的种类 / 34
　　【考点】建筑材料的基本性质 / 35
第五节　建筑装饰装修 / 37
　　【考点】建筑装饰装修概述 / 37
　　【考点】建筑装饰装修风格 / 38
　　【考点】室外装饰装修 / 39
　　【考点】室内装饰装修 / 41

第三章 城市和环境景观 ·· 44

第一节 城市和城市化 / 44
【考点】城市的概念和类型 / 44
【考点】城市的区域范围 / 46
【考点】城市功能分区 / 47
【考点】城市化 / 48

第二节 城市规划和居住区 / 49
【考点】城市规划相关术语和指标 / 49
【考点】城市居住区的规模和分级 / 51
【考点】城市居住区的区位选择 / 52
【考点】城市居住区的配套设施 / 53
【考点】城市居住区的绿地和道路 / 53

第三节 环境和景观 / 54
【考点】环境的概念 / 54
【考点】环境的分类 / 54
【考点】住宅的环境好坏 / 54
【考点】景观及其相关概念 / 55
【考点】景观的分类 / 55
【考点】景观要素 / 56
【考点】景观评价 / 56

第四节 环境污染 / 57
【考点】环境污染概述 / 57
【考点】噪声污染 / 58
【考点】空气污染 / 59
【考点】水污染 / 60
【考点】固体废物污染 / 60
【考点】辐射污染 / 61
【考点】室内环境污染 / 62

第四章 房地产市场及其运行 ·· 63

第一节 房地产市场概述 / 63
【考点】房地产市场的要素 / 63
【考点】房地产市场的特点 / 63
【考点】房地产市场的主要参与者 / 64

第二节　房地产市场的分类 / 65
　【考点】按房地产流转次数分类 / 65
　【考点】按房地产交易方式分类 / 65
　【考点】按房地产用途分类 / 66
　【考点】按区域范围分类 / 66
　【考点】房地产市场的其他分类 / 66

第三节　房地产市场供给与需求 / 67
　【考点】房地产市场需求 / 67
　【考点】房地产市场供给 / 68
　【考点】房地产供求关系 / 68

第四节　房地产市场竞争与结构 / 69
　【考点】房地产市场竞争 / 69
　【考点】房地产市场结构 / 70

第五节　房地产市场波动与调控 / 71
　【考点】房地产市场波动 / 71
　【考点】房地产市场周期 / 72
　【考点】房地产市场走势判断 / 73
　【考点】房地产市场调控 / 73

第五章　房地产价格及其评估 ········ 74

第一节　房地产价格概述 / 74
　【考点】房地产价格的含义 / 74
　【考点】房地产价格的特点 / 74

第二节　房地产价格的主要种类 / 75
　【考点】挂牌价格、成交价格和市场价格 / 75
　【考点】总价格、单位价格和楼面地价 / 76
　【考点】正常负担价、卖方净得价和买方实付价 / 77
　【考点】真实成交价、网签备案价、计税指导价和贷款评估价 / 77
　【考点】名义价格和实际价格 / 78
　【考点】现房价格和期房价格 / 78
　【考点】起价、标价、成交价和均价 / 79
　【考点】买卖价格和租赁价格 / 79
　【考点】补地价 / 80
　【考点】市场调节价、政府指导价和政府定价 / 80

第三节　房地产价格的影响因素 / 81
　　【考点】房地产价格的影响因素概述 / 81
　　【考点】交通因素 / 82
　　【考点】人口因素 / 83
　　【考点】居民收入因素 / 83
　　【考点】物价因素 / 84
　　【考点】货币政策因素 / 84
　　【考点】利率因素 / 85
　　【考点】税收因素 / 85
　　【考点】心理因素 / 86
第四节　房地产价格的评估方法 / 86
　　【考点】比较法 / 86
　　【考点】收益法 / 88
　　【考点】成本法 / 89

第六章　房地产投资及其评价 ································ 92

第一节　房地产投资概述 / 92
　　【考点】房地产投资的含义 / 92
　　【考点】房地产投资的类型 / 92
　　【考点】房地产投资的特点 / 93
　　【考点】房地产投资的一般步骤 / 94
　　【考点】房地产投资者的风险偏好 / 94
第二节　资金的时间价值 / 95
　　【考点】资金的时间价值的含义 / 95
　　【考点】单利和复利 / 95
　　【考点】名义利率和实际利率 / 96
　　【考点】资金的时间价值的换算 / 96
第三节　房地产投资项目经济评价 / 97
　　【考点】房地产投资项目经济评价概述 / 97
　　【考点】房地产投资项目现金流量测算 / 97
　　【考点】房地产投资项目经济评价指标和方法 / 98
第四节　房地产投资风险及其应对 / 99
　　【考点】房地产投资风险的含义 / 99
　　【考点】房地产投资风险的特征 / 99

【考点】房地产投资的主要风险 / 100

【考点】房地产投资风险的应对 / 101

第七章 金融和房地产贷款 …………………………………………… 102

第一节 金融概述 / 102

【考点】金融的概念和职能 / 102

【考点】中国现行金融机构体系 / 102

【考点】货币和汇率 / 103

【考点】信用和利率 / 104

第二节 房地产贷款概述 / 105

【考点】房地产贷款的概念 / 105

【考点】房地产贷款的主要种类 / 106

【考点】房地产贷款的主要参与者 / 107

第三节 个人住房贷款概述 / 108

【考点】个人住房贷款的种类 / 108

【考点】个人住房贷款的相关术语 / 109

【考点】个人住房贷款的有关选择 / 111

第四节 个人住房贷款的有关计算 / 112

【考点】首付款的计算 / 112

【考点】贷款金额的计算 / 114

【考点】月还款额的计算 / 115

【考点】贷款余额的计算 / 116

第八章 法律和消费者权益保护 ……………………………………… 118

第一节 中国现行法律体系 / 118

【考点】宪法 / 118

【考点】法律 / 118

【考点】行政法规 / 119

【考点】地方性法规、自治条例和单行条例 / 119

【考点】规章 / 120

第二节 法律的适用范围 / 120

【考点】法律在时间上的适用范围 / 120

【考点】法律在空间上的适用范围 / 121

【考点】法律对人的适用范围 / 121

第三节　法律适用的基本原则／122
　　【考点】不同法律对同一事项的规定不一致时的适用规定／122
　　【考点】上位法优于下位法原则／122
　　【考点】特别法优于一般法原则／122
　　【考点】新法优于旧法原则／123
　　【考点】法不溯及既往原则／123

第四节　消费者权益保护法／123
　　【考点】消费者及消费者权益的概念／123
　　【考点】消费者的权利／124
　　【考点】经营者的义务／125
　　【考点】消费者权益争议的解决／126

第九章　民法总则及相关法律 ……… 127

第一节　民法总则／127
　　【考点】民事法律关系／127
　　【考点】民事活动的基本原则／128
　　【考点】民事主体／129
　　【考点】民事权利／129
　　【考点】民事法律行为和代理／130
　　【考点】民事责任和诉讼时效／131

第二节　物权法／132
　　【考点】物权概述／132
　　【考点】所有权／133
　　【考点】用益物权／134
　　【考点】担保物权／135
　　【考点】占有／135

第三节　合同法／136
　　【考点】合同概述／136
　　【考点】合同的订立／137
　　【考点】合同的效力／137
　　【考点】合同的履行／138
　　【考点】违约责任／139
　　【考点】买卖合同和租赁合同／140
　　【考点】委托合同和居间合同／141

第四节　婚姻法 / 142
　　【考点】夫妻财产制的类型及其适用 / 142
　　【考点】夫妻约定财产制的主要内容 / 143
　　【考点】夫妻法定财产制的主要内容 / 143
　　【考点】夫妻共同财产制的主要内容 / 144
　　【考点】司法解释对夫妻财产制的规定 / 144

第五节　继承法 / 145
　　【考点】继承和遗产的概念 / 145
　　【考点】遗产继承的顺序 / 146
　　【考点】遗产继承与债务清偿 / 146

第十章　消费心理与营销心理 ······ 147

第一节　个体消费者的心理与行为 / 147
　　【考点】心理活动和心理现象 / 147
　　【考点】消费者的心理过程 / 148
　　【考点】消费者的个性心理特征 / 149
　　【考点】消费者的需要和动机 / 150
　　【考点】消费者的行为 / 151

第二节　消费者群体的心理与行为 / 151
　　【考点】消费者群体的形成和类型 / 151
　　【考点】不同年龄消费者的心理与行为 / 152
　　【考点】不同阶层消费者的心理与行为 / 153

第三节　营销过程心理与策略 / 154
　　【考点】价格心理 / 154
　　【考点】广告心理 / 155
　　【考点】现场营销心理 / 156
　　【考点】购房人的类型及相应的营销策略 / 157

第四节　房地产经纪人心理及其综合素质提高 / 158
　　【考点】房地产经纪人与客户的心理互动 / 158
　　【考点】房地产经纪人的心理素质分析 / 159
　　【考点】房地产经纪人的综合素质提高 / 159

第五节　房地产经纪人的人际交往和积极心态 / 160
　　【考点】房地产经纪人的人际交往与人际关系 / 160
　　【考点】房地产经纪人的心理压力及其应对 / 161
　　【考点】房地产经纪人积极心态的建立与保持 / 162

考试策略及答题技巧

各章重点、难点分布

第一章 房地产和住宅

房屋面积的种类；户型图；住宅的类型。

第二章 建筑和装饰装修

对建筑物的主要要求；建筑装饰装修的概念、作用、基本要求。

第三章 城市和环境景观

城市功能分区；城市规划相关术语和指标；住宅的环境好坏；环境污染的概念、类型；污染源；室内环境污染。

第四章 房地产市场及其运行

房地产市场的作用和特点、主要参与者；房地产市场调控。

第五章 房地产价格及其评估

房地产价格的种类；房地产价格评估的比较法、收益法、成本法。

第六章 房地产投资及其评价

房地产投资的类型；资金时间价值的含义；单利和复利；房地产投资项目现金流量测算。

第七章 金融和房地产贷款

房地产贷款的概念和主要种类；个人住房贷款的相关术语、有关选择、有关计算。

第八章 法律和消费者权益保护

消费者的权利和经营者的义务。

第九章 民法总则及相关法律

民事活动的基本原则；自然人；民事法律行为和代理；民事责任；物权的概念与债权的区别；合同的订立、效力、履行和违约责任；买卖合同、租赁合同、委托合同、居间合同。

第十章 消费心理与营销心理

消费者的需要和动机；价格心理；购房人的类型及相应的销售策略；经纪人员的心理压力及其应对。

考题分析

(一) 答题技巧

开机进入考试后,稳定情绪、增强信心;心里暗示自己"我能行"。答题前,要认真审题,明确要求。

(二) 答题步骤

第一步,看点。找出该题考查的知识点。

第二步,审题。认真仔细阅读题目,找出该题的关键词,并明确题目要求选择的"符合题意"的选项,即一定要分清楚题目要求选择的是正确答案还是错误答案。

第三步,回忆。根据题目回忆学习该知识点时需要注意的问题,以及教材对该知识点的解释。

第四步,答题。按照题目的要求勾选正确选项。

(三) 答题方法

1. 直接挑选法

根据题干的内容去看选项,直接从选项中选出正确答案。此法适用于掌握熟练的知识点。

2. 排除法

根据题干的内容,排除错误选项,剩下的则为正确答案。

3. 计算法

考试中有些题需要进行计算或代入"公式"后才能得出或验证出正确答案,包括时效、期间的计算等。许多题不认真计算不容易看出结果,通过计算得出结果后,再根据结果衡量或判断选项的正误会比较有把握。

4. 比较法

将选项全部置于试题中,纵横比较,逐个分析,去误求正,去伪存真,选取正确的答案。

5. 猜定法

根据题干内容和各选项知识点,先找考点,再由该考点推断出正确答案。

6. 综合分析法

该方法主要针对综合分析题,因为该类题一般是以案例形式给出,需要考生综合分析案例内容,并结合每个小题,进行综合分析,以确定最终正确答案。

考试时间分配

尽管题量比较大,但是题目并不是很难,时间比较充裕。由于实行计算机化考试,与纸质化考试不一样，不方便提前浏览所有试题，只能看一题做一题。如果遇到不会做的直接跳到下一题，等做完会做的题目后，再返回左上角，点击未做完的题目，仔细思考。即使不会做，也要选择一个答案，避免空白。

复习方法

（一）联系实际，逻辑清晰

教材内容紧密联系实际，整体结构按照房地产经纪活动的程序设计，逻辑清晰。复习时可以根据工作经验理解性记忆。当教材内容与工作实际不一致时，以教材为准。

（二）紧跟课程，把握复习的角度和深度

专业基础科目内容是结合经纪人执业过程中所需各专业知识而设置的，涉及面较广。教材中的讲解角度从实际需要出发，考试也是考查经纪人应该掌握的难度，对每个知识点的"去留"处理十分关键。

（三）注意学习方法和技巧

涉及知识面较广，技巧很重要，复习时要抓住核心考点和关键词。

（四）调整身心状态，自信备考

通过自我调节，达到较好学习状态时，开始学习。

（五）制定科学的学习计划，坚持不懈

学习计划无法执行，除学员自身原因外，也可能是计划本身不够合理。制定切实可行的复习计划，是执行的关键。

（六）了解考试形式，提前熟悉系统环境

考试采取闭卷、机考的方式，需要考生提前根据提示进行练习，熟悉系统环境。

第一章 房地产和住宅

第一节 房地产概述

【考点】房地产的概念

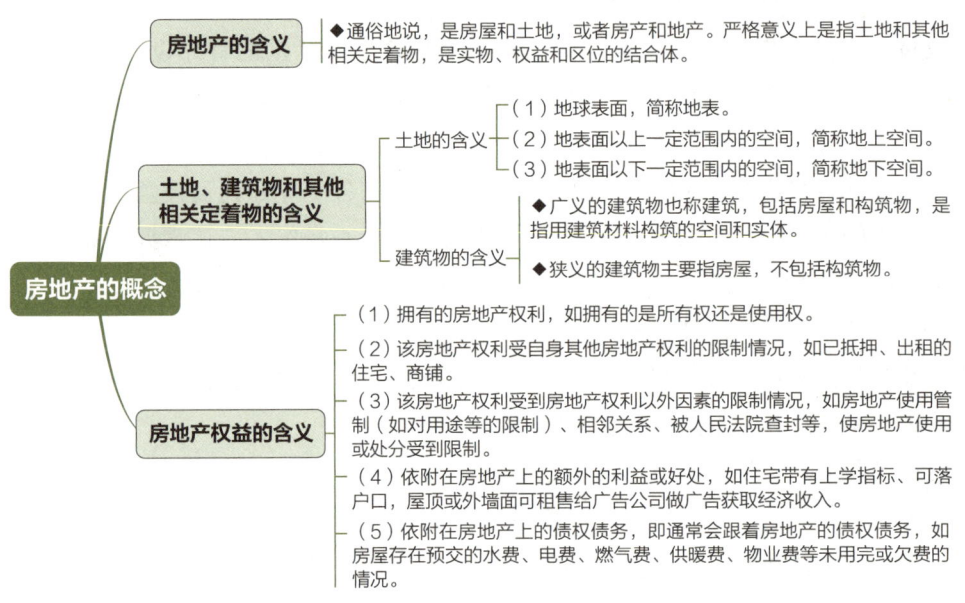

图1-1 房地产的概念

【试题演练】

1. 狭义的建筑物是指（　　）。

   A. 构筑物　　　　　　　　　　　B. 房屋

   C. 材料　　　　　　　　　　　　D. 房地产

   【答案及解析】 B　本题考查建筑物的含义。

2. 房地产权益不包括（　　）。

   A. 依附在房地产上的债权债务　　B. 依附在房地产上的额外的利益或好处

   C. 所拥有的房地产权利　　　　　D. 房地产区位

   【答案及解析】 D　本题考查房地产权益包含的内容。

【考点】房地产的重要性

房地产是财富的象征，也是一种十分重要的财产。在一个国家的总财富中，房地产通常占比最大，一般占 50%~70%，其他各类财富之和也不及房地产一项多。

【试题演练】

在一个国家的总财富中，房地产通常占比最大，一般占（　　）。

A. 20%~50%　　　　　　　　　　　B. 40%~70%

C. 50%~70%　　　　　　　　　　　D. 50%~80%

【答案及解析】 C　本题考查房地产的重要性。

【考点】房地产的主要特性

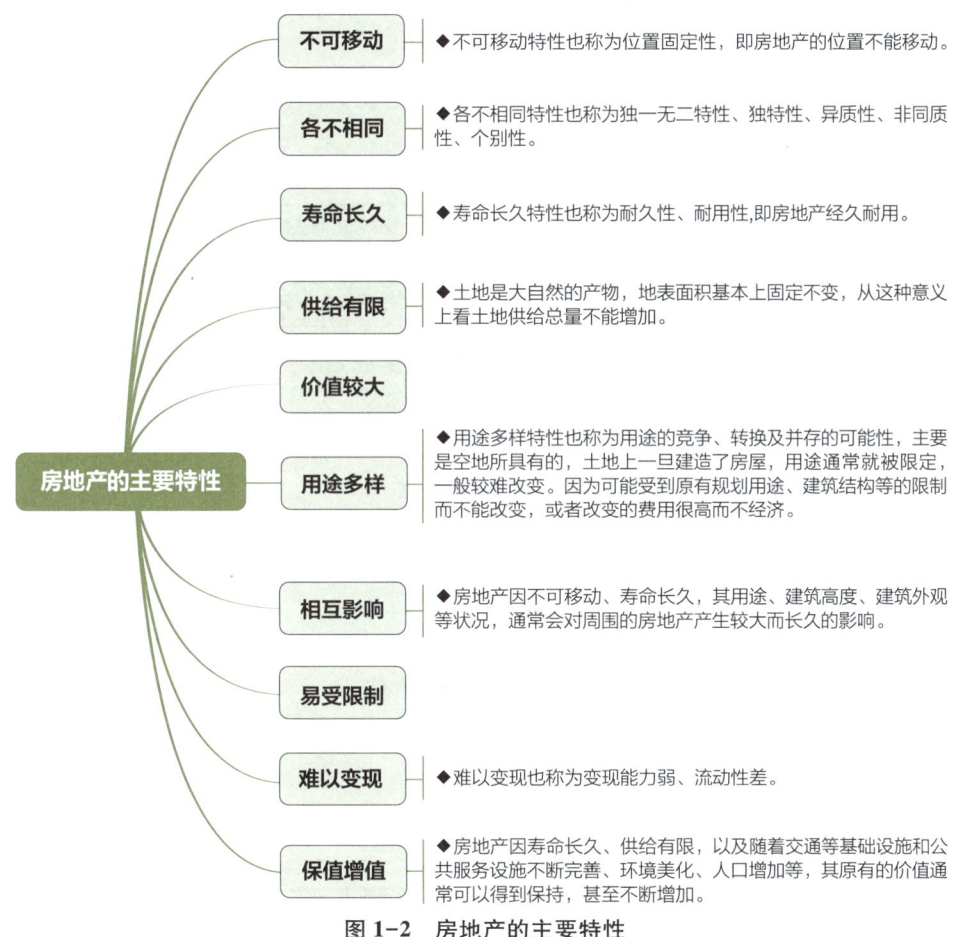

图 1-2　房地产的主要特性

【试题演练】

房地产的特性主要包含（　　）。

A. 价值较大　　　B. 相互限制　　　C. 不可移动　　　D. 寿命长久

E. 难以增值

【答案及解析】 ACD　本题考查房地产的特性。

第二节 住宅及其类型

【考点】住宅的概念

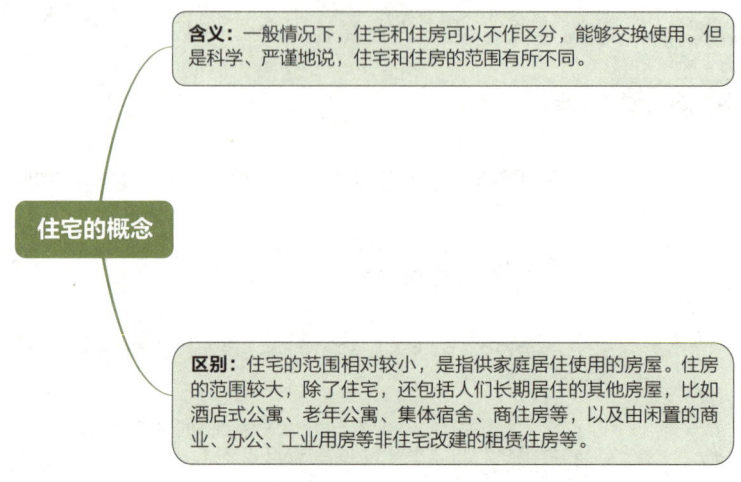

图 1-3 住宅的概念

【试题演练】

以下对住宅和住房描述错误的是（　　）。

A. 住宅的范围相对较小

B. 住房的范围较大

C. 住宅是指供家庭居住使用的房屋

D. 住宅包括廉租、办公、工业用房改建的买卖住房

【答案及解析】D　本题考查住宅和住房的范围。

【考点】住宅的类型

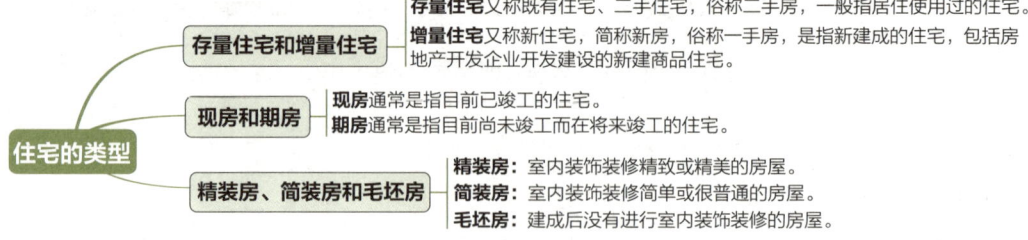

图 1-4 住宅的类型

第一章 房地产和住宅

住宅的类型

- **平房和楼房**
  - **平房：**只有一层的房屋。
  - **楼房：**两层或两层以上的房屋。
  - ◆ 楼房中没有电梯的，通常称为楼梯房；有电梯的，称为电梯房，尤其是指国家标准没有强制规定必须设置电梯而安装了电梯的6层及6层以下的住宅，甚至将其中较高档的称为电梯洋房。

- **低层住宅、多层住宅、高层住宅**
  - **低层住宅：**层数为1~3层的住宅。
  - **多层住宅：**层数为4~9层的住宅。
  - **高层住宅：**层数为10层或10层以上的住宅。
  - 其中，建筑高度超过100米的住宅为超高层住宅。

- **独立式住宅、双拼式住宅、联排式住宅、叠拼式住宅和公寓式住宅**

- **低密度住宅和高密度住宅**
  - **低密度住宅**分为低层低密度住宅、多层低密度住宅、高层低密度住宅。
  - **高密度住宅**分为低层高密度住宅、多层高密度住宅、高层高密度住宅。
  - ◆ 在其他状况相同的情况下，其优劣顺序一般是：低层低密度、多层低密度、高层低密度、低层高密度、多层高密度、高层高密度。
  - ◆ 反映密度的常用指标是建筑容积率，简称容积率，是一定用地范围内总建筑面积与该用地面积的比值。
  - ◆ 容积率越大，意味着密度越高。住宅小区的容积率通常为2.0~2.5。
  - ◆ 容积率在1.5以下特别是在1.0以下的住宅，可认为是低密度住宅。

- **板式住宅、塔式住宅和板塔结合住宅**
  - **板式住宅**简称板楼，是由多个住宅单元拼接，每个单元一梯二至三户，或采用长廊式，各住户靠长廊连在一起，且其主要朝向建筑长度与次要朝向建筑长度之比大于2的住宅。
  - **塔式住宅**又称点式住宅，简称塔楼，是以共用楼梯或电梯为核心布置多套住房，且其主要朝向建筑长度与次要朝向建筑长度之比小于2的住宅。
  - **板塔结合住宅**是一幢住宅楼中既有板楼户型又有塔楼户型的住宅。

- **单元式住宅、通廊式住宅和内天井式住宅**
  - **单元式住宅**是由若干个住宅单元组合而成，每个单元均设有楼梯或电梯的住宅。住宅单元是由多套住宅组成的建筑部分，该部分内的住户可通过共用楼梯和安全出口进行疏散。
  - **通廊式住宅**是由共用楼梯或电梯通过内廊或外廊进入各套住房的住宅，又分为内廊式住宅、外廊式住宅。
  - **内天井式住宅**是在住宅楼内部设置天井的住宅。

- **平层住宅、错层住宅、复式住宅和跃层住宅**
  - **平层住宅：**一套住宅内的各个功能空间均在同一平面上的住宅。
  - **错层住宅：**一套住宅内的各个功能空间不在同一平面上，但未分成上下两层，仅用一定的高度差进行空间隔断的住宅。
  - **复式住宅：**在层高较高的一层楼中局部增建一个夹层，从而形成上下两层的住宅。
  - **跃层住宅：**套内空间跨越上下两个楼层且设有套内楼梯的住宅。
  - **层高：**指上下相邻两层楼面或楼面与地面之间的垂直距离，它大于室内净高，对住宅使用人来说，通常层高和室内净高越高越好。

图 1-4 住宅的类型（续图）

住宅的类型

成套住宅和非成套住宅
- 成套住宅也称为单元房，是有卧室、起居室、厨房、卫生间等自成一套的住宅，通俗地说该套住宅内有独立的厨房和卫生间；反之，为非成套住宅，如老式筒子楼。有的成套住宅除了有卧室、起居室、厨房、卫生间等基本功能空间，还有衣帽间、储藏室等其他功能空间。

纯住宅、商住房、酒店式公寓和类住宅
- **纯住宅**：整幢楼的所有单元都是住宅。
- **商住房**：既可以用作商业，又可以用作居住的房屋，即商住两用房。
- **酒店式公寓**：提供酒店式管理服务的住房。
- **类住宅**：一般是指依法批准的商业、办公建设用地，通过住宅设计违规改建成居住用房。

普通住房和非普通住房
- 住房信贷、税收等政策通常与是否为普通住宅有关。

商品住房和其他住房
- 商品住房有狭义和广义两种含义。狭义的商品住房是指房地产开发企业开发建设的可依法出售、出租的住房。广义的商品住房是指除保障性住房外的可依法出售、出租的住房。
- 现实中很难将商品住房和其他住房严格区分，这种分类中的住房主要有：商品住房（狭义的，简称商品房）、限价商品住房（简称限价房）、自住型商品住房（简称自住房）、已购公有住房（简称房改房，是指城镇住房制度改革中出售给个人的公有住房，又分为以成本价购买的房改房和以标准价购买的房改房，以及原产权属于中央单位的"央产房"、原产权属于军队的"军产房"等）、原私有住房（俗称老私房，是指历史遗留下来的私有住房）、经济适用住房（简称经适房）、共有产权住房（是指实行政府与购房人按份共有产权的住房）、公共租赁住房（简称公租房）、定向安置住房（包括棚改安置住房、拆迁安置住房）、集资合作住房（包括单位自建住房、合作社住房）等。

完全产权住房和非完全产权住房
- 完全产权住房是指房屋所有权和土地使用权不受其他房地产权利等限制的住房；反之，为非完全产权住房，如共有或出租的住房、已出租的住房、有抵押的住房、被查封的住房、依法不得转让或出租的住房、已依法公告列入征收范围的住房、权属有争议的住房、权属不明确的住房、无权属证书的住房、属临时建筑的住房、小产权房等。其中，小产权房是占用农村集体土地建设并向农村集体经济组织以外的成员销售的住房。

完好房、基本完好房、一般损坏房、严重损坏房和危险房
- 根据房屋的结构、装修、设备等组成部分的完好、损坏程度，由专业房屋鉴定机构评定。

住宅的其他类型
- **学区房**：通常是指带有较好（如重点、优质、知名、热点等）学校，特别是小学入学名额的住宅。
- 景观房。
- 凶宅。

图 1-4　住宅的类型（续图）

【试题演练】

1. （　　）通常是指目前尚未竣工而在将来竣工的住宅。

A. 存量住宅　　　　　　　　　　　B. 期房
C. 现房　　　　　　　　　　　　　D. 增量住宅

【答案及解析】B　本题考查住宅的类型，期房通常是指目前尚未竣工而在将来竣工的住宅。

2. 多层住宅是指层数为（　　）层的住宅。

A. 3~6　　　　B. 4~9　　　　C. 4~7　　　　D. 5~7

【答案及解析】B　本题考查住宅的类型。

3. 建筑高度超过（　　）的住宅为超高层住宅。

A. 100 米　　　　　B. 150 米　　　　　C. 170 米　　　　　D. 200 米

【答案及解析】 A　本题考查的是住宅的类型，建筑高度超过 100 米的住宅为超高层住宅。

4. 住宅小区的容积率通常为（　　）。

A. 1.0~1.5　　　　B. 1.5~2.0　　　　C. 2.0~2.5　　　　D. 2.5~3.0

【答案及解析】 C　本题考查住宅小区的容积率，通常为 2.0~2.5。

5. （　　）是以共用楼梯或电梯为核心布置多套住房，且其主要朝向建筑长度与次要朝向建筑长度之比小于 2 的住宅。

A. 板式住宅　　　B. 塔式住宅　　　C. 板塔结合住宅　　D. 复式住宅

【答案及解析】 B　本题考查板式住宅、塔式住宅和板塔结合住宅，塔式住宅又称点式住宅，简称塔楼，是以共用楼梯或电梯为核心布置多套住房，且其主要朝向建筑长度与次要朝向建筑长度之比小于 2 的住宅。

【考点】住宅性能评定

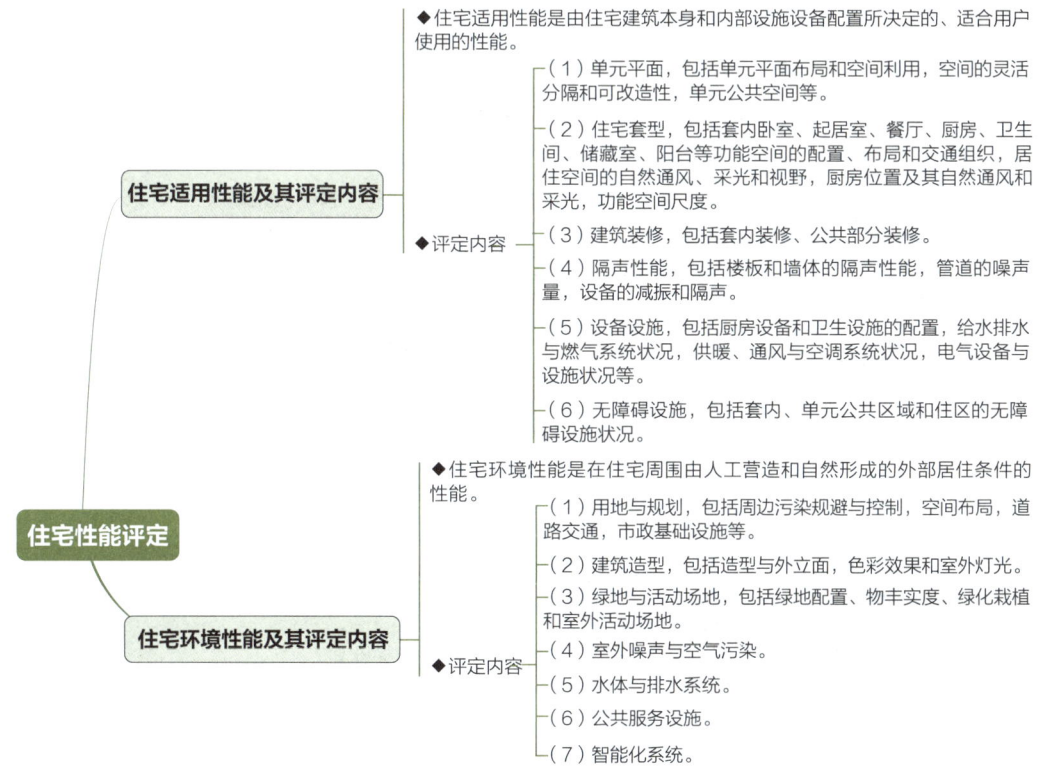

图 1-5　住宅性能评定

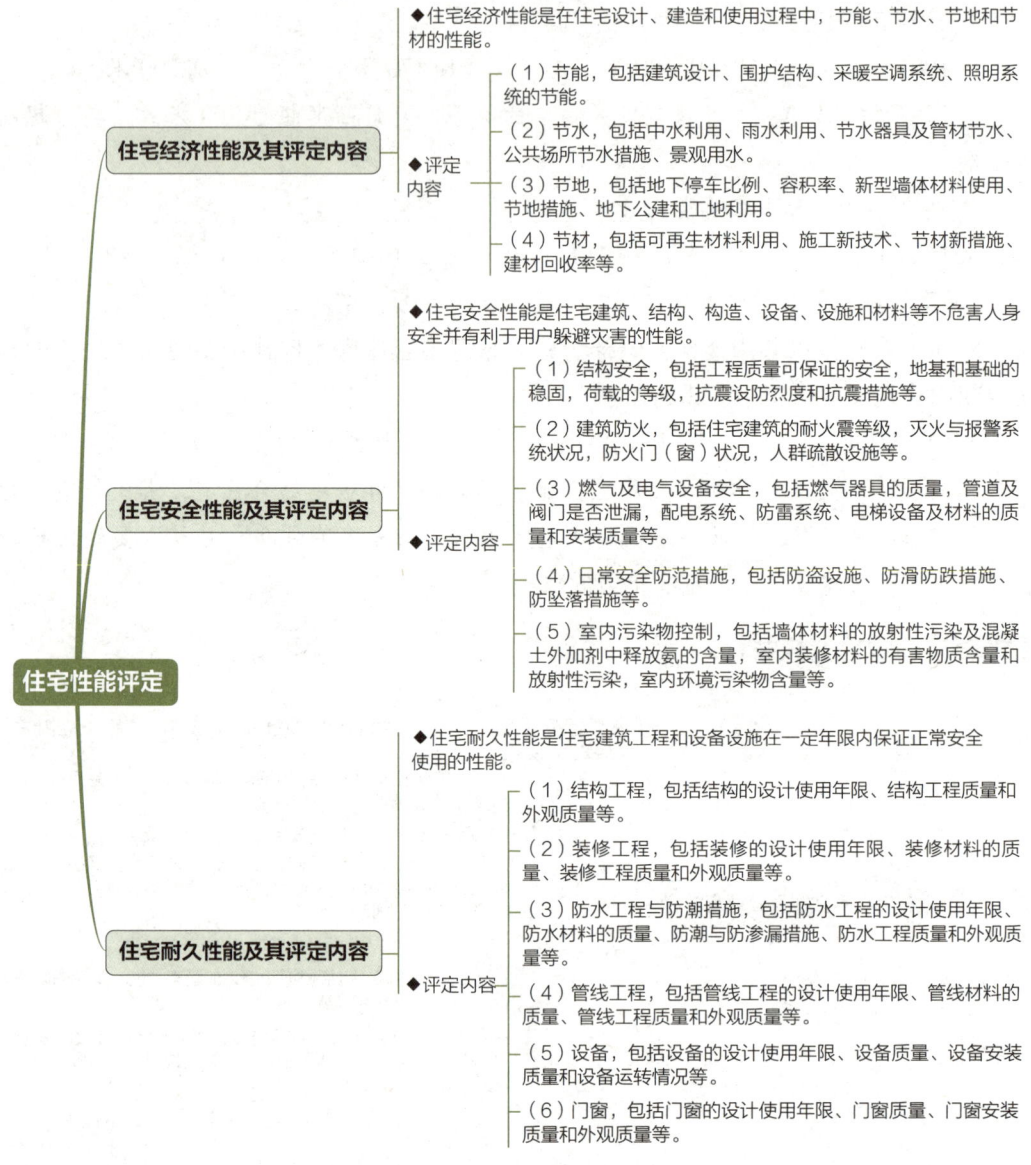

图1-5 住宅性能评定（续图）

【试题演练】

1. 住宅适用性能评定应当包括的内容有（　　）。

A. 住宅套型　　　　　　　　B. 隔声性能
C. 设备设施　　　　　　　　D. 建筑造型
E. 单元平面

【答案及解析】ABCE　本题考查住宅适用性能评定的内容。

2. 住宅环境性能评定应当包括的内容有（   ）。

   A. 室外噪声与空气污染　　　　　B. 建筑造型

   C. 智能化系统　　　　　　　　　D. 用地与规划

   E. 节能减排

   【答案及解析】ABCD　本题考查住宅环境性能评定的内容。

3. 下列不属于住宅安全性能评定内容的是（   ）。

   A. 结构安全　　　　　　　　　　B. 燃气及电气设备安全

   C. 室内污染物控制　　　　　　　D. 无障碍设施

   【答案及解析】D　本题考查住宅安全性能评定的内容。

4. 下列不属于住宅耐久性能评定内容的是（   ）。

   A. 装修工程　　　　　　　　　　B. 门窗

   C. 房屋材料　　　　　　　　　　D. 管线工程

   【答案及解析】C　本题考查住宅耐久性能评定的内容。

第三节　房地产面积

【考点】房地产面积的作用

（1）通过房地产面积，可知房地产的数量或规模、大小。

（2）房地产面积是计算房地产价格的基础。

（3）数字相同而面积内涵不同的，单价不同。

【试题演练】

房地产面积的作用不包含（   ）。

A. 通过房地产面积可知房地产的数量或规模、大小

B. 通过房地产价格高低可知房地产的行情

C. 房地产面积是计算房地产价格的基础

D. 数字相同而面积内涵不同的，单价不同

【答案及解析】B　本题考查房地产面积的作用。

【考点】房屋面积的种类

房屋面积的种类

建筑面积及其组成
1. 建筑面积
◆指房屋各层水平平面面积的总和，即房屋外墙勒脚以上各层水平投影面积的总和，包括设备房、地下室、阳台、挑廊、楼梯间或电梯间等的面积。
◆建筑面积=套内建筑面积+公摊面积。

2. 套内建筑面积
◆套内建筑面积，即成套房屋的套内建筑面积，俗称"关门面积"，由套内使用面积、套内墙体面积、套内阳台建筑面积组成。
◆套内建筑面积=套内使用面积+套内墙体面积+套内阳台建筑面积。

3. 使用面积
◆指房屋户内实际能使用的面积，俗称"地毯面积"或地面面积、地板面积，按房屋的内墙面水平投影计算，不包括墙、柱等结构构造和保温层的面积，也不包括阳台面积。

4. 套内墙体面积
◆指套内使用空间周围的围护或承重墙体或其他承重支撑体所占的面积，其中各套之间的分隔墙和套与公共建筑空间的分隔墙以及外墙等共有墙，均按水平投影面积的一半计入套内墙体面积。套内自有墙体按水平投影面积全部计入套内墙体面积。

5. 套内阳台建筑面积
◆均按阳台外围与房屋外墙之间的水平投影面积计算。其中，封闭的阳台按其外围水平投影面积全部计算建筑面积，未封闭的阳台按其围护结构外围水平投影面积的一半计算建筑面积。

6. 分摊的共有公用建筑面积
◆简称公摊面积，指某个房屋产权人在共有公用建筑面积中所分摊的面积。
◆共有公用建筑面积，指各房屋产权人共同占有或共同使用的建筑面积。

不同阶段的房屋面积

预测面积
◆根据预测方式，分为按图纸预测的面积和按已完工部分结合图纸预测的面积。

实测面积
◆也称为竣工面积，指房屋竣工后实际测量得出的面积。预测面积与实测面积不一致时，以实测面积为准。
◆造成预测面积与实测面积不一致的主要原因：①施工误差；②测量误差；③工程变更；④房屋竣工后原属于应分摊的共有公用建筑面积的功能或服务范围改变等。

合同约定面积
◆简称合同面积，指商品房出卖人和买受人在商品房买卖合同中约定的所买卖商品房的面积。

产权登记面积
◆又称证载面积、产权面积，俗称房本面积，指不动产权证书或房屋权属证书(俗称房本)和不动产登记簿记载的房屋面积，是实测的房屋建筑面积。

实际面积
◆指现实存在的面积。

图1-6 房屋面积的种类

【试题演练】

1. 套内建筑面积指成套房屋的套内建筑面积，俗称"关门面积"，由（　　）组成。

A. 套内使用面积　　　　　　　　B. 套内墙体面积
C. 分摊的共有公用建筑面积　　　D. 套内阳台建筑面积
E. 建筑面积

【答案及解析】ABD　本题考查套内建筑面积的组成。

2. 应分摊的共有公用建筑面积包含（　　）。

A. 幢共有公用建筑面积　　　　　B. 整栋共有公用建筑面积
C. 本层共有公用建筑面积　　　　D. 功能共有公用建筑面积
E. 共有公用建筑面积

【答案及解析】ACD　本题考查应分摊的共有公用建筑面积。

3. 造成预测面积与实测面积不一致的原因不包括（　　）。

A. 工程变更　　　　B. 测量误差　　　　C. 材料误差　　　　D. 施工误差

【答案及解析】C　本题考查不同阶段的房屋面积。

【考点】得房率和实用率

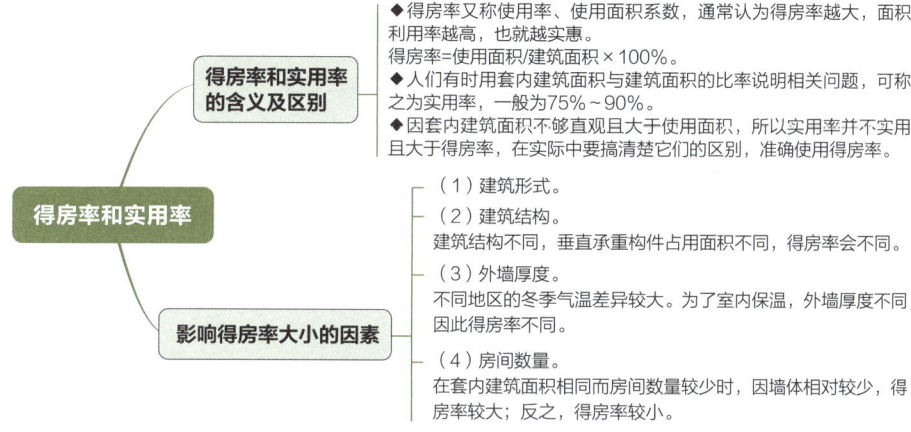

图 1-7　得房率和实用率

【试题演练】

影响得房率大小的因素主要包含（　　）。

A. 墙体材料　　　　B. 房间数量　　　　C. 建筑形式　　　　D. 建筑材料

E. 房间面积

【答案及解析】BC　本题考查影响得房率大小的因素。

【考点】土地面积的种类

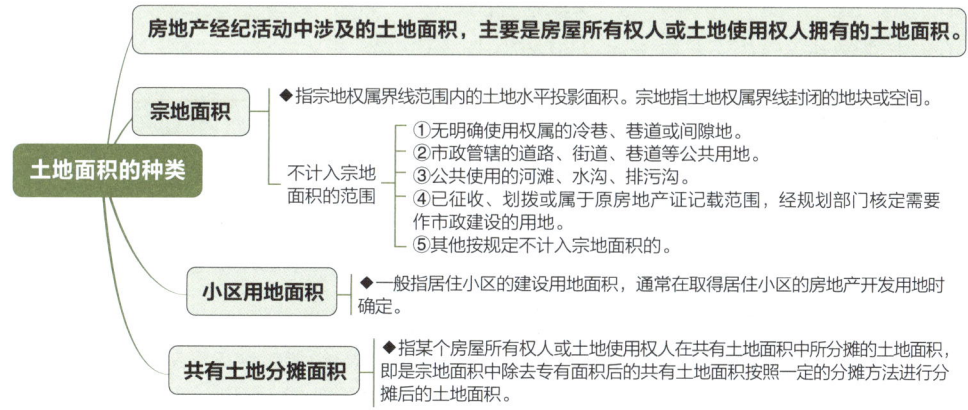

图 1-8　土地面积的种类

【试题演练】

下列不计入宗地面积的范围的有（　　）。

A. 市政管辖的道路、街道、巷道等公共用地

B. 未划拨或者属于原房地产证记载范围，经规划部门核定作市政建设的用地

C. 厂区绿地及道路用地

D. 无明确使用权属的冷巷、巷道或间隙地

E. 公共使用的河滩、水沟、排污沟

【答案及解析】ADE　本题考查不计入宗地面积的范围。

第四节　房地产形象展示

【考点】地图和地形图

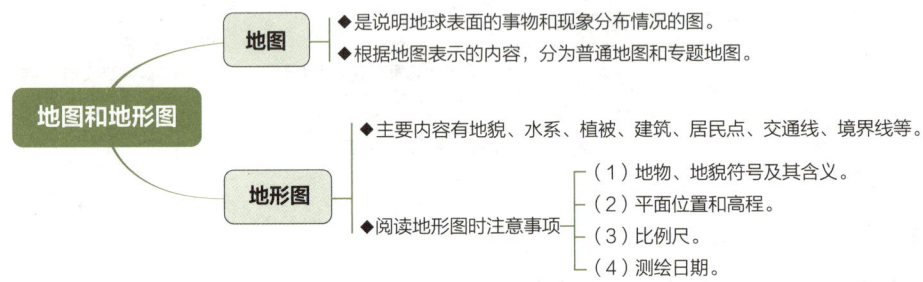

图 1-9　地图和地形图

【试题演练】

根据地图表示的内容，地图可分为（　　）。

A. 普通地图　　　　　　B. 宗地图　　　　　　C. 专题地图

D. 房产图　　　　　　　E. 地貌图

【答案及解析】AC　本题考查地图的分类。

【考点】房地产图

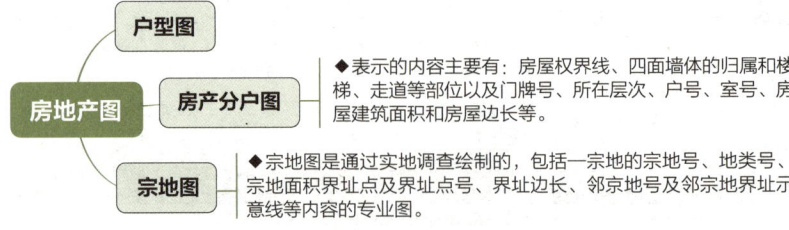

图 1-10　房地产图

第一章　房地产和住宅

【试题演练】

房产分户图表示的内容有（　　）。

A. 控制点　　　　　　　　　　B. 房屋权界线
C. 房屋附属设施　　　　　　　D. 房屋建筑面积和房屋边长
E. 门牌号

【答案及解析】BDE　本题考查房产分户图表示的内容。

【考点】房地产照片和 VR 看房

房地产照片和VR看房
- ◆二手房房源信息通常要有照片，还有房源所在的住宅楼的外观照片，新建商品房内为现房的，通常有所谓的"实景"照片。
- ◆VR看房或所谓"全景式看房"，是利用虚拟现实技术或称灵境技术，直观、立体、动态、远程反映房源状况，有利于提升客户体验，随着VR技术的成熟、成本降低和普及，VR看房会越来越多、效果将越来越好。

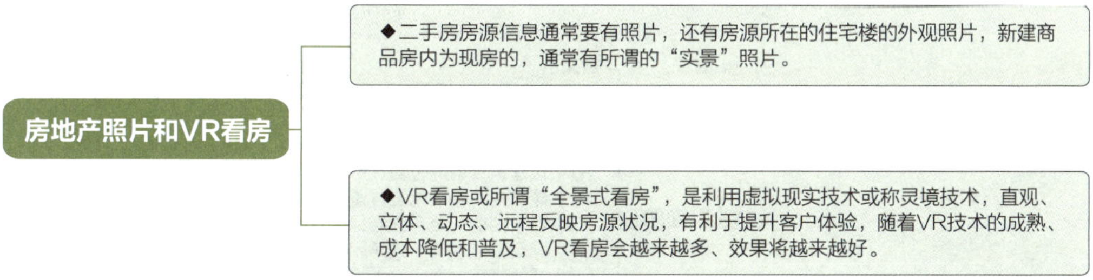

图 1-11　房地产照片和 VR 看房

【试题演练】

下列关于 VR 看房的说法错误的是（　　）。

A. 能够直观、立体、动态、远程反映房源状况
B. 让客户有身临其境的感觉，体验到真实的感受
C. VR 看房成本较高
D. VR 看房能够实现"全景式看房"

【答案及解析】C　本题考查 VR 看房。

【考点】房地产沙盘、模型和样板房

房地产沙盘、模型和样板房
- 新建商品房销售项目（俗称楼盘）通常制作有沙盘和模型，甚至建有样板房（间）。
- 沙盘一般是针对整个项目（通常为小区）制作的，可以较直观、立体地反映小区的整体情况。
- 沙盘中通常还反映方位、比例尺。
- 模型一般是针对不同的户型制作的，可理解为立体的"户型图"。
- 样板房（间）比模型更能直观反映房屋状况特别是装修后的效果。

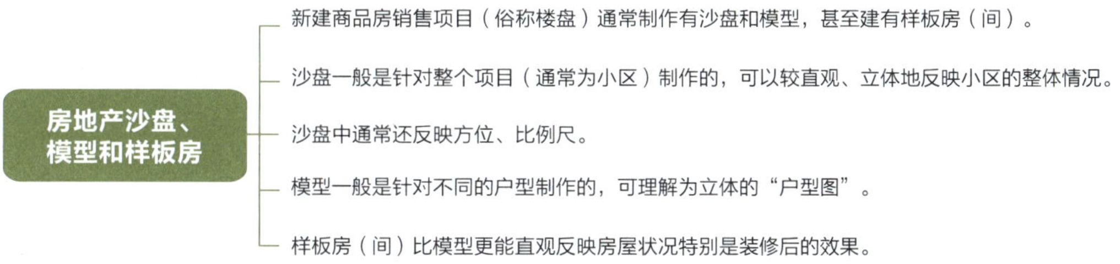

图 1-12　房地产沙盘、模型和样板房

【试题演练】

下列关于房地产沙盘、模型和样板房的说法中，错误的是（   ）。

A. 新建商品房销售项目（俗称楼盘）通常制作有沙盘和模型，甚至建有样板房（间）

B. 沙盘一般是针对整个项目（通常为小区）制作的

C. 模型一般是针对不同的户型制作的，可理解为立体的"户型图"

D. 模型比样板房（间）更能直观反映房屋状况特别是装饰装修后的效果

【答案及解析】D 本题考查房地产沙盘、模型和样板房。

【考点】建筑总平面图和建筑平面图

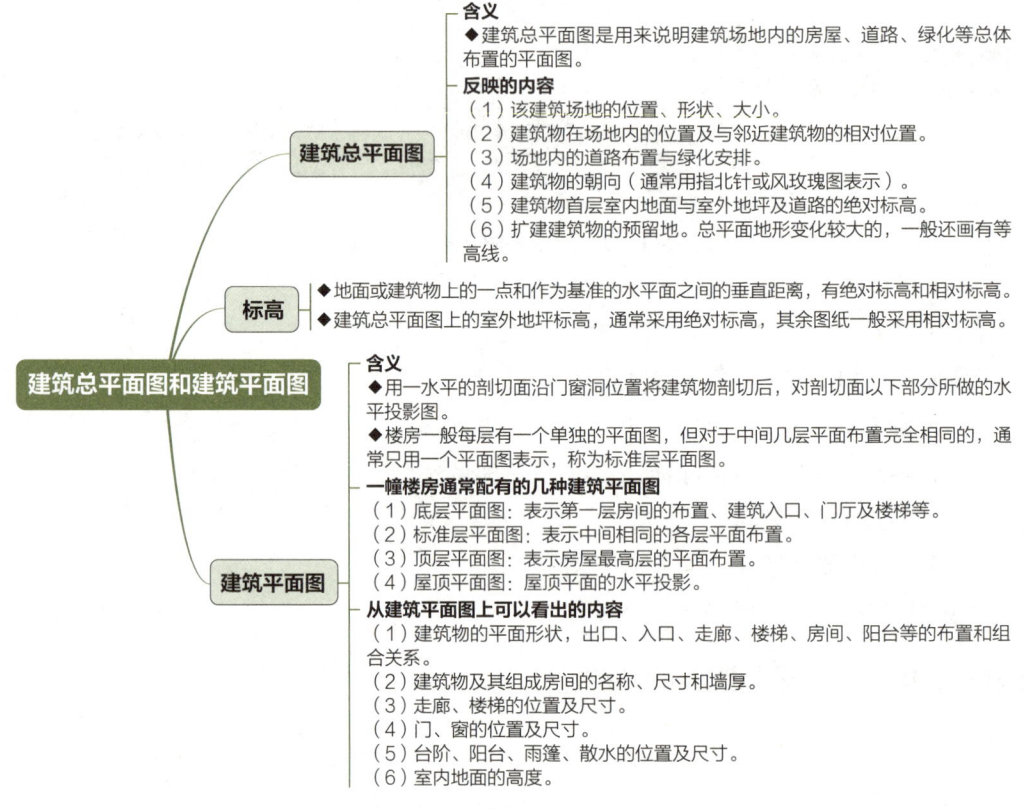

图 1-13 建筑总平面图和建筑平面图

【试题演练】

1. 从建筑总平面图中可以看出（   ）。

A. 该建筑场地的位置、大小及形状　　B. 建筑物的朝向

C. 场地内的道路布置与绿化安排　　　D. 建筑物的平面形状

E. 扩建建筑物的预留地

【答案及解析】ABCE　本题考查建筑总平面图的内容。

2. 建筑总平面图上的室外地坪标高通常采用（　　）。

A. 相对标高　　　　B. 绝对标高　　　　C. 正数标高　　　　D. 负数标高

【答案及解析】B　建筑总平面图上的室外地坪标高通常采用绝对标高。

3. 一幢楼房通常由（　　）等建筑平面图构成。

A. 屋顶平面图　　　B. 顶层平面图　　　C. 其他平面图　　　D. 标准层平面图

E. 底层平面图

【答案及解析】ABDE　本题考查建筑平面图的种类。

第二章　建筑和装饰装修

第一节　建筑概述

【考点】建筑物的主要分类

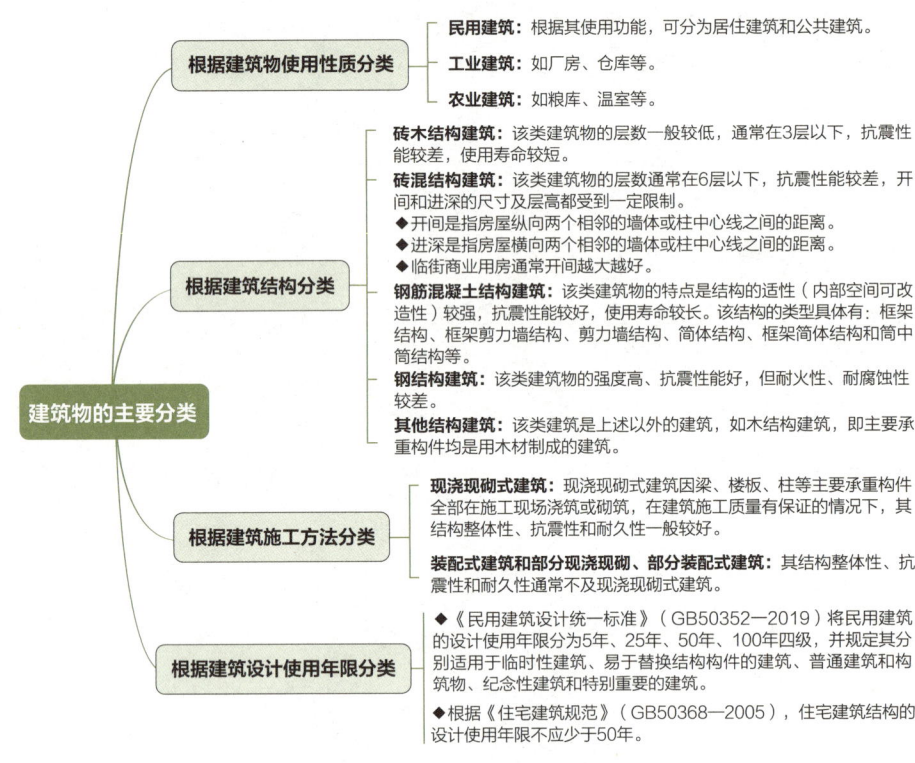

图 2-1　建筑物的主要分类

【试题演练】

1. 根据建筑物的（　　），建筑物分为民用建筑、工业建筑和农业建筑。

A. 建筑结构　　　　　　　　　　B. 使用性质
C. 建筑施工方法　　　　　　　　D. 建筑设计使用年限

【答案及解析】B　根据建筑物的使用性质，建筑物分为民用建筑、工业建筑和农业建筑。

2. 根据建筑结构，建筑物一般分为（　　）。

A. 装配式建筑　　　　　　　　　B. 钢筋混凝土结构建筑
C. 现浇现砌式建筑　　　　　　　D. 砖混结构建筑

E. 钢结构建筑

【答案及解析】BDE　根据建筑结构，建筑物一般分为以下5类：砖木结构建筑、砖混结构建筑、钢筋混凝土结构建筑、钢结构建筑、其他结构建筑。

3. 易于替换结构构件的建筑，建筑设计使用年限为（　　）年。
A. 5　　　　　　　　B. 15　　　　　　　　C. 25　　　　　　　　D. 50

【答案及解析】C　《民用建筑设计统一标准》规定，易于替换结构构件的建筑，建筑设计使用年限为25年。

4. 根据《住宅建筑规范》（GB50368—2005），住宅结构的设计使用年限不应少于（　　）年。
A. 25　　　　　　　　B. 30　　　　　　　　C. 35　　　　　　　　D. 50

【答案及解析】D　根据《住宅建筑规范》（GB50368—2005），住宅结构的设计使用年限不应少于50年。

【考点】对建筑物的主要要求

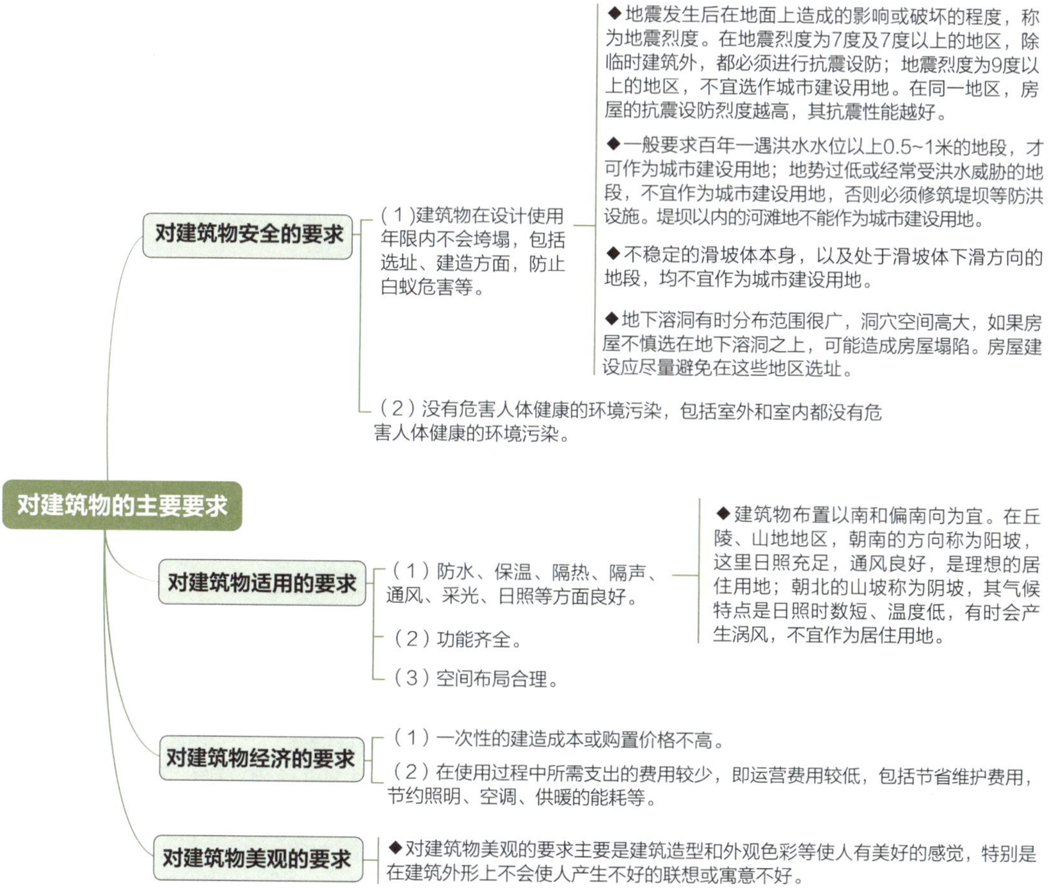

对建筑物的主要要求

对建筑物安全的要求
（1）建筑物在设计使用年限内不会垮塌，包括选址、建造方面，防止白蚁危害等。
- ◆地震发生后在地面上造成的影响或破坏的程度，称为地震烈度。在地震烈度为7度及7度以上的地区，除临时建筑外，都必须进行抗震设防；地震烈度为9度以上的地区，不宜选作城市建设用地。在同一地区，房屋的抗震设防烈度越高，其抗震性能越好。
- ◆一般要求百年一遇洪水水位以上0.5~1米的地段，才可作为城市建设用地；地势过低或经常受洪水威胁的地段，不宜作为城市建设用地，否则必须修筑堤坝等防洪设施。堤坝以内的河滩地不能作为城市建设用地。
- ◆不稳定的滑坡体本身，以及处于滑坡体下滑方向的地段，均不宜作为城市建设用地。
- ◆地下溶洞有时分布范围很广，洞穴空间高大，如果房屋不慎选在地下溶洞之上，可能造成房屋塌陷。房屋建设应尽量避免在这些地区选址。

（2）没有危害人体健康的环境污染，包括室外和室内都没有危害人体健康的环境污染。

对建筑物适用的要求
（1）防水、保温、隔热、隔声、通风、采光、日照等方面良好。
（2）功能齐全。
（3）空间布局合理。
- ◆建筑物布置以南和偏南向为宜。在丘陵、山地地区，朝南的方向称为阳坡，这里日照充足，通风良好，是理想的居住用地；朝北的山坡称为阴坡，其气候特点是日照时数短、温度低，有时会产生涡风，不宜作为居住用地。

对建筑物经济的要求
（1）一次性的建造成本或购置价格不高。
（2）在使用过程中所需支出的费用较少，即运营费用较低，包括节省维护费用、节约照明、空调、供暖的能耗等。

对建筑物美观的要求
- ◆对建筑物美观的要求主要是建筑造型和外观色彩等使人有美好的感觉，特别是在建筑外形上不会使人产生不好的联想或寓意不好。

图2-2　对建筑物的主要要求

【试题演练】

1. （　　）是对建筑物最基本、最重要的要求。
   A. 安全　　　　B. 适用　　　　C. 经济　　　　D. 美观

   【答案及解析】A　安全是对建筑物最基本、最重要的要求。

2. 地震发生后在地面上造成的影响或破坏的程度，称为（　　）。
   A. 地震震级　　　　　　　　B. 地震烈度
   C. 地震序列　　　　　　　　D. 灾害破坏

   【答案及解析】B　地震发生后在地面上造成的影响或破坏的程度，称为地震烈度。

3. 地震烈度为（　　）度以上的地区，不宜选作城市建设用地。
   A. 3　　　　　　　　　　　　B. 5
   C. 7　　　　　　　　　　　　D. 9

   【答案及解析】D　在地震烈度为7度及7度以上的地区，除临时建筑外，都必须进行抗震设防；地震烈度为9度以上的地区，不宜选作城市建设用地。

4. 下列属于对建筑物适用的要求的是（　　）。
   A. 没有危害人体健康的环境污染　　B. 保温
   C. 通风　　　　　　　　　　　　　D. 节约照明
   E. 功能齐全

   【答案及解析】BCE　本题考查对建筑物适用的要求：一是防水、保温、隔热、隔声、通风、采光、日照等方面良好。二是功能齐全。三是空间布局合理。

第二节　建筑构造

【考点】建筑构造组成

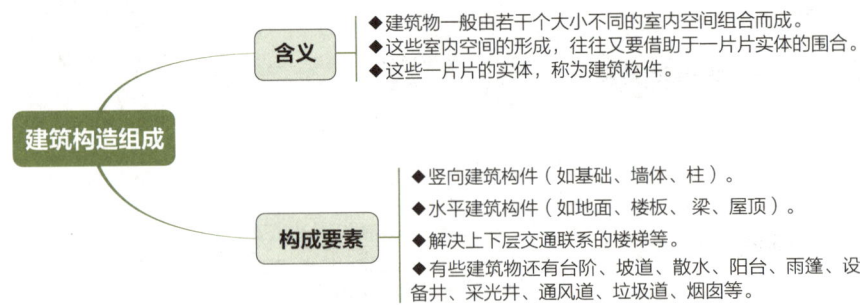

图2-3　建筑构造组成

【试题演练】

1. 建筑物一般由若干个大小不同的室内空间组合而成。这些室内空间的形成，往往又要借助于一片片实体的围合。这些一片片的实体，称为（   ）。

　　A．建筑结构　　　　　　　　　　B．建筑构件
　　C．建筑材料　　　　　　　　　　D．建筑配件

【答案及解析】B　建筑物一般由若干个大小不同的室内空间组合而成。这些室内空间的形成，往往又要借助于一片片实体的围合。这些一片片的实体，称为建筑构件。

2. 下列属于水平承重构件的是（   ）。

　　A．基础　　　　　　　　　　　　B．墙体
　　C．柱　　　　　　　　　　　　　D．楼板
　　E．梁

【答案及解析】DE　本题考查建筑构造组成。

【考点】地基和基础

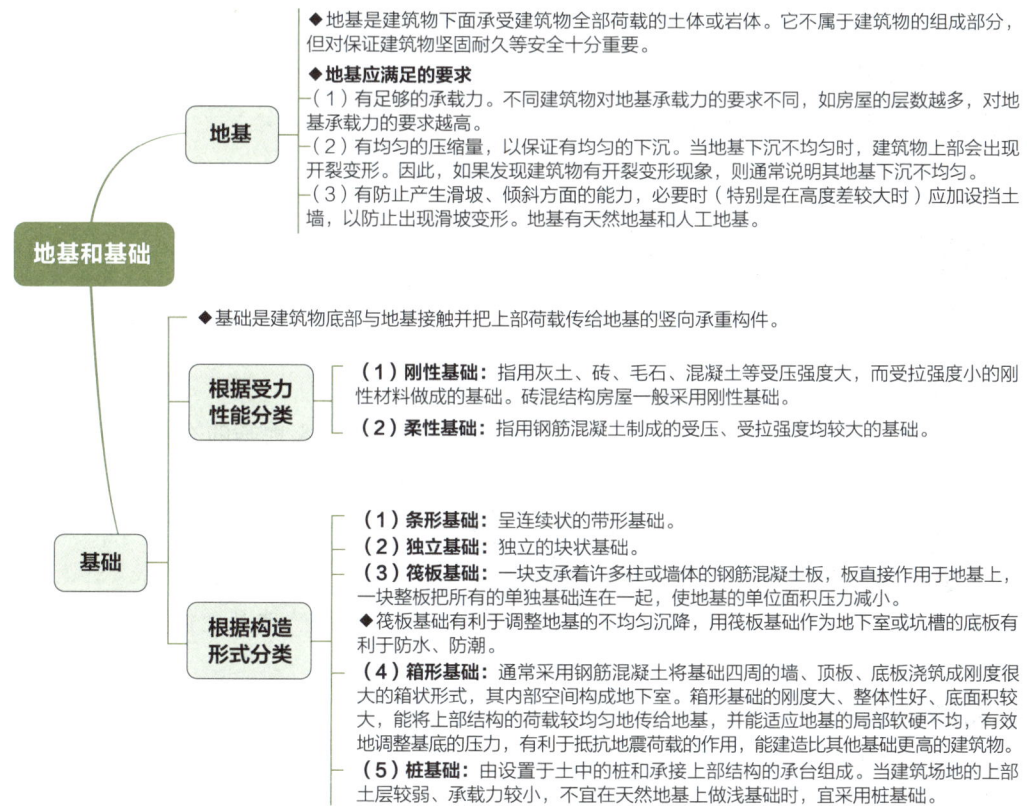

图 2-4　地基和基础

【试题演练】

1. 下列关于地基和基础的说法，错误的是（　　）。
   A. 地基是建筑物下面承受建筑物全部荷载的土体或岩体
   B. 地基是建筑物的重要组成部分
   C. 砖混结构房屋一般采用刚性基础
   D. 房屋的层数越多，对地基承载力的要求越高

   【答案及解析】B　地基不属于建筑物的组成部分，但对保证建筑物坚固耐久等安全十分重要。

2. （　　）是建筑物底部与地基接触并把上部荷载传给地基的竖向承重构件。
   A. 地基　　　　B. 基础　　　　C. 墙体　　　　D. 柱

   【答案及解析】B　基础是建筑物底部与地基接触并把上部荷载传给地基的竖向承重构件。

3. （　　）房屋一般采用刚性基础。
   A. 砖混结构　　　　　　　　B. 框架结构
   C. 砌体结构　　　　　　　　D. 框架筒体结构

   【答案及解析】A　砖混结构房屋一般采用刚性基础。

4. 根据基础的构造形式，分为（　　）等。
   A. 刚性基础　　　　　　　　B. 条形基础
   C. 筏板基础　　　　　　　　D. 柔性基础
   E. 独立基础

   【答案及解析】BCE　根据基础的构造形式，分为条形基础、独立基础、筏板基础、箱形基础、桩基础等。

5. 下列属于筏板基础的特点的是（　　）。
   A. 刚度大　　　　　　　　　B. 防水
   C. 防潮　　　　　　　　　　D. 有利于调整地基的不均匀沉降
   E. 底面积较大

   【答案及解析】BCD　本题考查建筑构造的基础，根据基础的构造形式，筏板基础有利于调整地基的不均匀沉降，用筏板基础作为地下室或坑槽的底板有利于防水、防潮。

6. 当建筑场地的上部土层较弱、承载力较小，不宜在天然地基上做浅基础时，宜采用（　　）。
   A. 箱形基础　　　　　　　　B. 桩基础
   C. 筏板基础　　　　　　　　D. 条形基础

   【答案及解析】B　本题考查建筑构造的基础，当建筑场地的上部土层较弱、承载力较小，不宜在天然地基上做浅基础时，宜采用桩基础。

【考点】墙体和柱

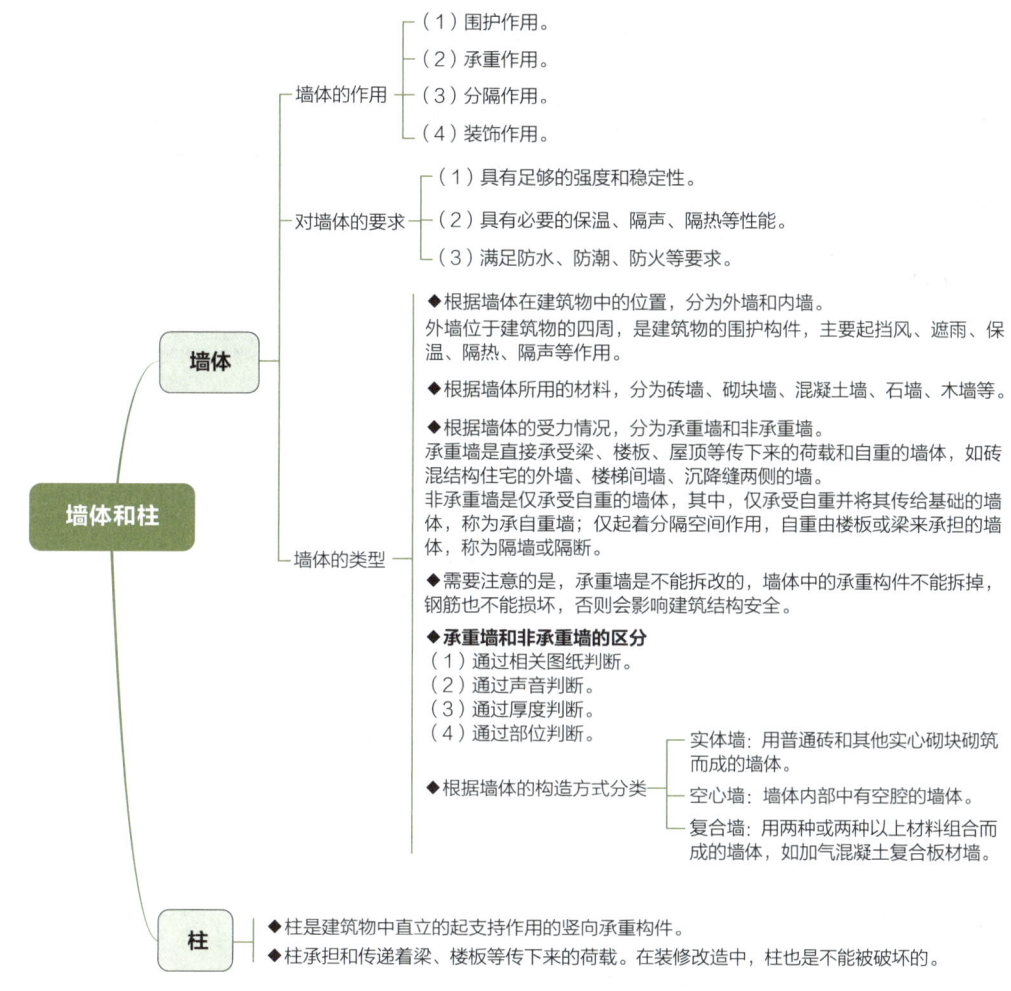

图 2-5　墙体和柱

【试题演练】

1. 根据墙体的构造方式，分为（　　）。

A. 砌块墙　　　　　B. 实体墙　　　　　C. 石墙　　　　　D. 复合墙

E. 空心墙

【答案及解析】BDE　根据墙体的构造方式，分为实体墙、空心墙和复合墙。

2. 仅承受自重并将其传给基础的墙体，称为（　　）。

A. 隔墙　　　　　B. 承重墙　　　　　C. 隔断　　　　　D. 承自重墙

【答案及解析】D　本题考查墙体的类型，仅承受自重并将其传给基础的墙体，称为承自重墙。

【考点】门和窗

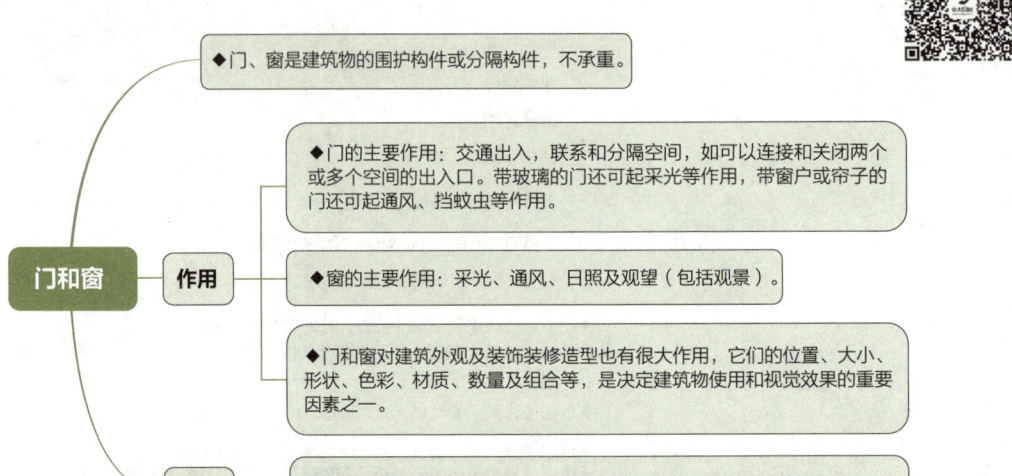

图 2-6 门和窗

【试题演练】

窗的主要作用是（　　）。

A. 出入　　　　B. 分隔空间　　　　C. 采光　　　　D. 观望

E. 日照

【答案及解析】CDE　窗的主要作用是采光、通风、日照及观望（包括观景）。

【考点】地面、楼板和梁

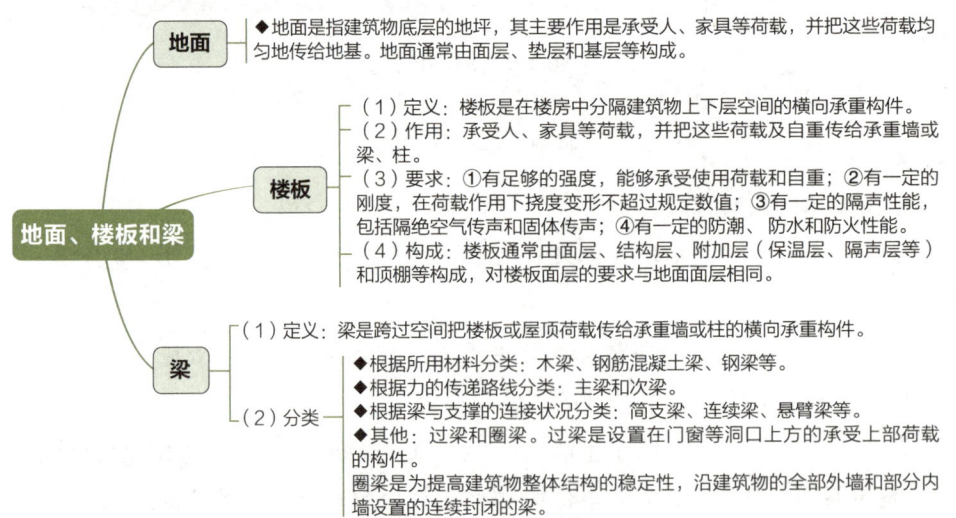

图 2-7 地面、楼板和梁

第二章 建筑和装饰装修

【试题演练】

1. 根据梁与支撑的连接状况，分为（ ）。
A. 钢筋混凝土梁　　B. 简支梁　　　　C. 连续梁　　　　D. 钢梁
E. 悬臂梁

【答案及解析】BCE　根据梁与支撑的连接状况，分为简支梁、连续梁、悬臂梁等。

2. （ ）是设置在门窗等洞口上方的承受上部荷载的构件。
A. 过梁　　　　　B. 圈梁　　　　　C. 连续梁　　　　D. 木梁

【答案及解析】A　过梁是设置在门窗等洞口上方的承受上部荷载的构件。

【考点】楼梯

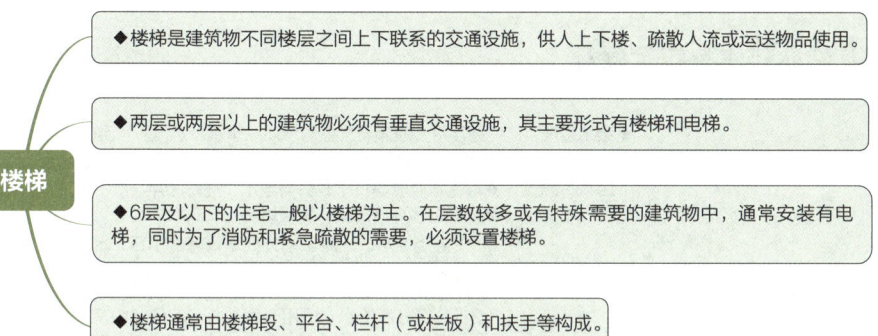

图 2-8　楼梯

【试题演练】

6层及以下的住宅一般以（ ）为主。
A. 电梯　　　　　B. 墙体　　　　　C. 楼梯　　　　　D. 梁

【答案及解析】C　6层及以下的住宅一般以楼梯为主。

【考点】屋顶

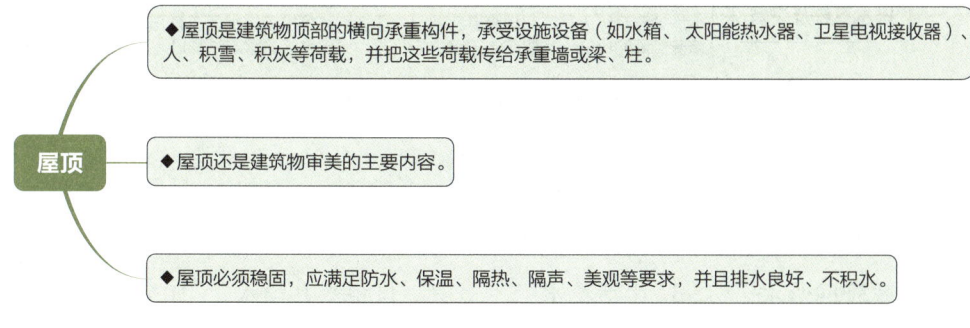

图 2-9　屋顶

25

【试题演练】

下列关于屋顶的说法中，正确的是（　　）。

A. 屋顶是竖向承重构件　　　　　　B. 屋顶必须稳固

C. 屋顶是建筑物审美的主要内容　　D. 屋顶应满足防水要求

E. 屋顶应满足隔声要求

【答案及解析】BCDE　本题考查屋顶内容，A选项应为：屋顶是建筑物顶部的横向承重构件。

第三节　房屋设施设备

【考点】给水排水系统及设备

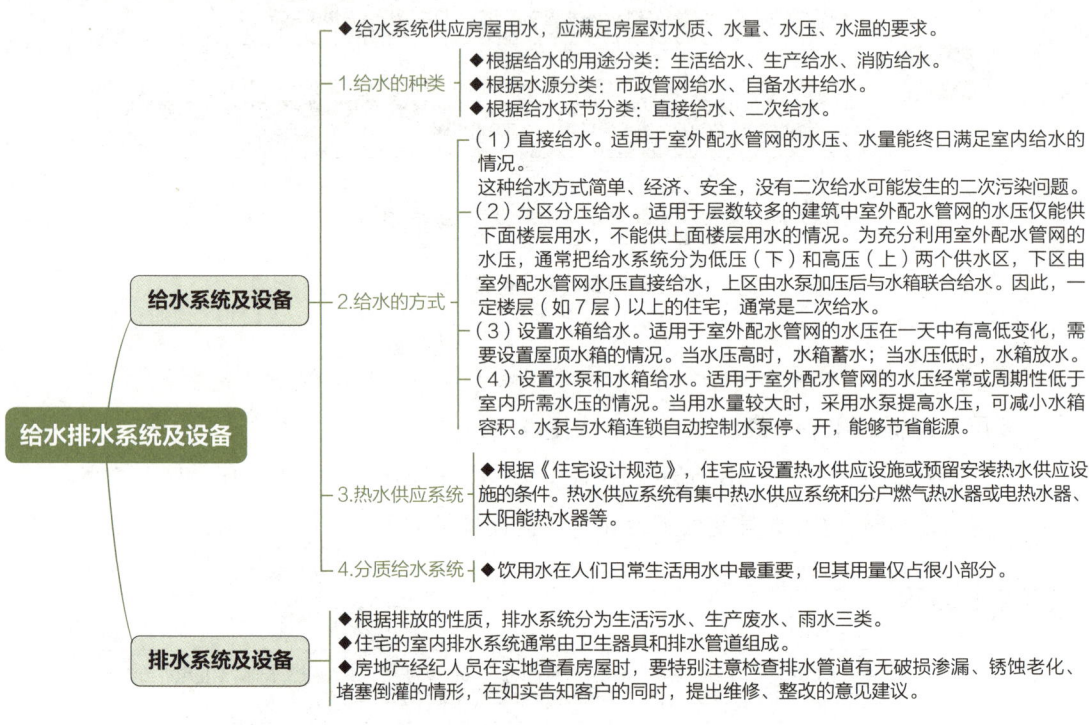

图2-10　给水排水系统及设备

【试题演练】

1. 根据给水的用途，分为（　　）。

A. 市政管网给水　　B. 生活给水　　C. 自备水井给水　　D. 生产给水

E. 消防给水

【答案及解析】BDE 根据给水的用途，分为生活给水、生产给水、消防给水。

2. 根据（   ），分为市政管网给水、自备水井给水。

  A. 给水的用途   B. 给水方式   C. 给水环节   D. 水源

【答案及解析】D 根据给水的用途，分为生活给水、生产给水、消防给水；根据水源，分为市政管网给水、自备水井给水；根据给水环节，分为直接给水、二次给水。

3. 下列给水方式中，适用于室外配水管网的水压在一天中有高低变化，需要设置屋顶水箱的情况的是（   ）。

  A. 直接给水   B. 分区分压给水
  C. 设置水箱给水   D. 设置水泵和水箱给水

【答案及解析】C 本题考查设置水箱给水。

4. 根据排放的性质，排水系统分为（   ）三类。

  A. 生活污水   B. 雨水   C. 生产给水   D. 生产废水
  E. 消防给水

【答案及解析】ABD 根据排放的性质，排水系统分为生活污水、生产废水、雨水三类。

【考点】供电系统及设备

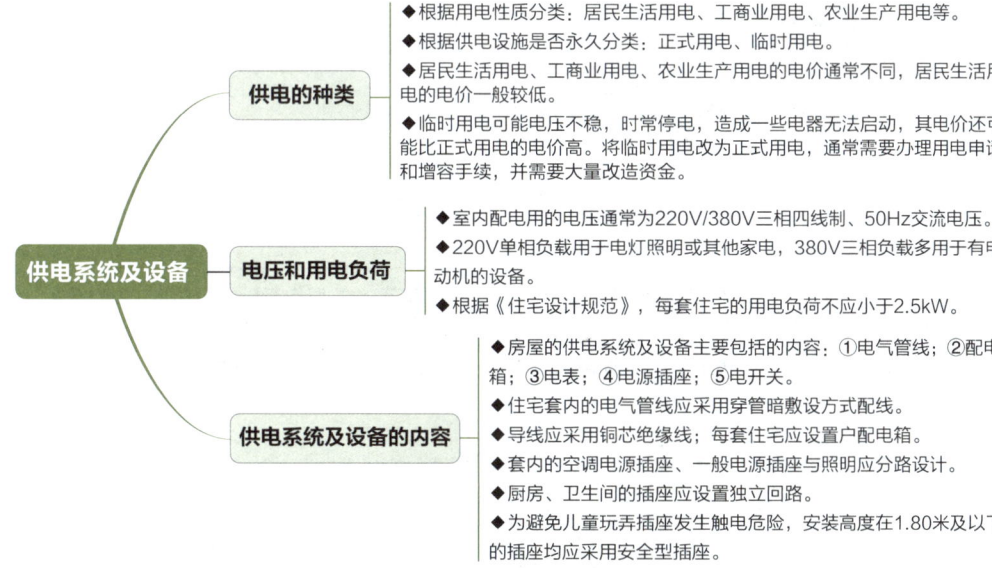

图 2-11 供电系统及设备

【试题演练】

1. （   ）的电价一般较低。

  A. 工业用电   B. 商业用电   C. 居民生活用电   D. 农业生产用电

【答案及解析】C 居民生活用电、工商业用电、农业生产用电的电价通常不同，居民生活用电的电价一般较低。

2. 有电动机的设备通常用（　　）。
A. 220V 单相负载　　　　　　　　　　B. 380V 三相负载
C. 50Hz 交流电压　　　　　　　　　　D. 220V 三相负载

【答案及解析】B 380V 三相负载多用于有电动机的设备。

3. 根据《住宅设计规范》，每套住宅的用电负荷不应小于（　　）kW。
A. 1　　　　　B. 1.5　　　　　C. 2　　　　　D. 2.5

【答案及解析】D 根据《住宅设计规范》，每套住宅的用电负荷不应小于 2.5kW。

4. 根据《住宅设计规范》，为避免儿童玩弄插座发生触电危险，安装高度在（　　）米及以下的插座均应采用安全型插座。
A. 1.00　　　　　B. 1.20　　　　　C. 1.60　　　　　D. 1.80

【答案及解析】D 根据《住宅设计规范》，为避免儿童玩弄插座发生触电危险，安装高度在 1.80 米及以下的插座均应采用安全型插座。

【考点】燃气系统及设备

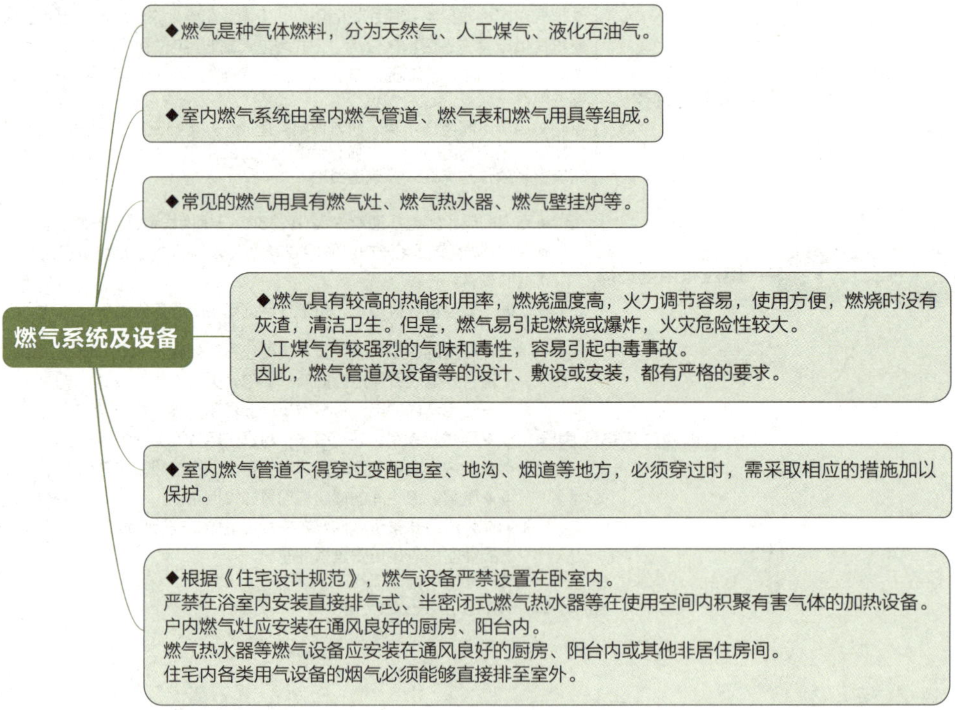

燃气系统及设备
- ◆燃气是种气体燃料，分为天然气、人工煤气、液化石油气。
- ◆室内燃气系统由室内燃气管道、燃气表和燃气用具等组成。
- ◆常见的燃气用具有燃气灶、燃气热水器、燃气壁挂炉等。
- ◆燃气具有较高的热能利用率，燃烧温度高，火力调节容易，使用方便，燃烧时没有灰渣，清洁卫生。但是，燃气易引起燃烧或爆炸，火灾危险性较大。人工煤气有较强烈的气味和毒性，容易引起中毒事故。因此，燃气管道及设备等的设计、敷设或安装，都有严格的要求。
- ◆室内燃气管道不得穿过变配电室、地沟、烟道等地方，必须穿过时，需采取相应的措施加以保护。
- ◆根据《住宅设计规范》，燃气设备严禁设置在卧室内。严禁在浴室内安装直接排气式、半密闭式燃气热水器等在使用空间内积聚有害气体的加热设备。户内燃气灶应安装在通风良好的厨房、阳台内。燃气热水器等燃气设备应安装在通风良好的厨房、阳台内或其他非居住房间。住宅内各类用气设备的烟气必须能够直接排至室外。

图 2-12　燃气系统及设备

【试题演练】

下列关于燃气的说法中，正确的是（　　）。

A. 燃气是一种气体燃料

B. 室内燃气系统由室内燃气管道、燃气表组成

C. 燃气设备可以设置在卧室内

D. 燃气热水器等燃气设备应安装在通风良好的厨房

E. 住宅内各类用气设备的烟气必须能够直接排至室外

【答案及解析】ADE　B 选项应为：室内燃气系统由室内燃气管道、燃气表和燃气用具等组成。C 选项应为：燃气设备严禁设置在卧室内。

【考点】供暖系统及设备

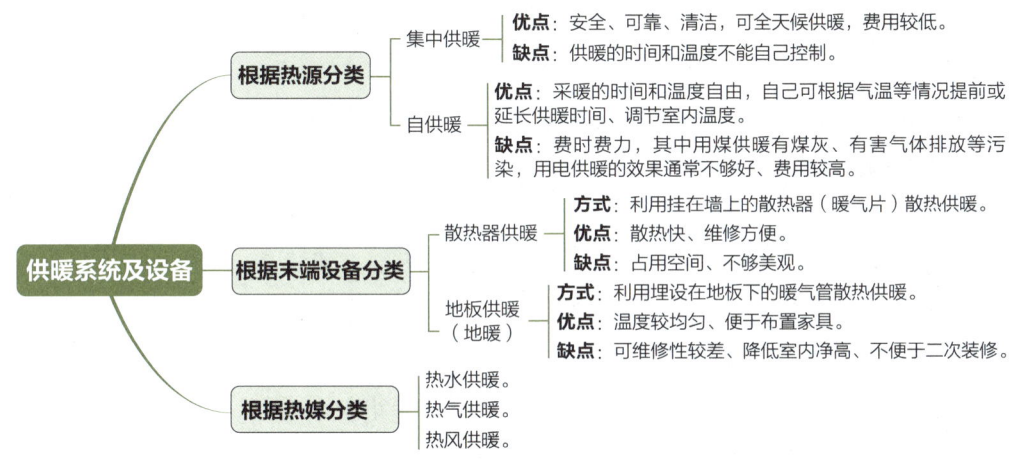

图 2-13　供暖系统及设备

【试题演练】

1. 根据热媒，供暖方式可分为（　　）。

A. 热水供暖　　　　B. 散热器供暖　　　　C. 热气供暖　　　　D. 热风供暖

E. 自供暖

【答案及解析】ACD　本题考查供暖系统及设备。

2. 散热器供暖的缺点是（　　）。

A. 费时费力　　　　　　　　　　　　B. 可维修性较差

C. 占用空间　　　　　　　　　　　　D. 不便于二次装修

E. 不够美观

【答案及解析】CE　散热器供暖是利用挂在墙上的散热器（暖气片）散热供暖，其主要优点是散热快、维修方便，缺点是占用空间、不够美观。

【考点】通风和空调系统及设备

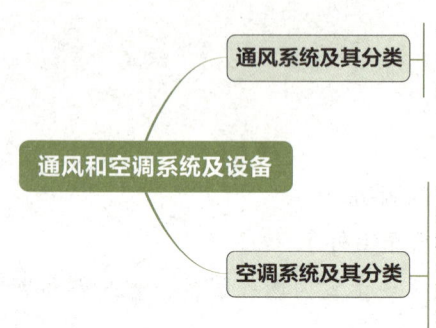

图 2-14 通风和空调系统及设备

【试题演练】

1. 通风系统根据（　　），分为进气式通风和排气式通风。

A. 动力来源　　　　　　　　B. 特征

C. 作用范围　　　　　　　　D. 空气处理的设置情况

【答案及解析】B　根据特征，分为进气式通风和排气式通风。

2. 空调机组按需要直接放置在空调房内或附近房间内，每台机组只供一个或几个小房间，或者一个大房间内放置几台机组，这属于空调系统中的（　　）系统。

A. 集中式　　　　B. 分散式　　　　C. 半集中式　　　　D. 半分散式

【答案及解析】B　本题考查空调系统及其分类。

【考点】电梯

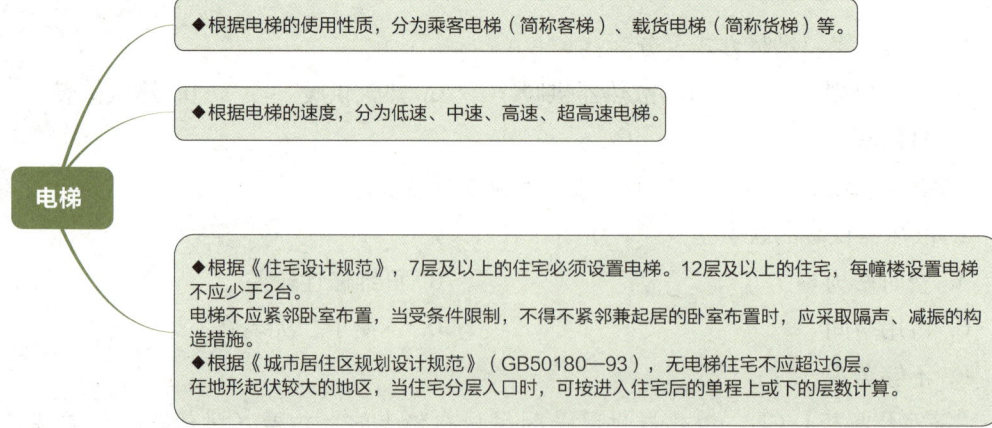

图 2-15 电梯

【试题演练】

根据《住宅设计规范》，（　　）层及以上的住宅必须设置电梯，12层及以上的住宅，每幢楼设置电梯不应少于（　　）台。

A．7，2　　　　　　　　　　　　B．7，3

C．6，2　　　　　　　　　　　　D．6，3

【答案及解析】A　根据《住宅设计规范》，7层及以上的住宅必须设置电梯；12层及以上的住宅，每幢楼设置电梯不应少于2台。

【考点】综合布线系统和楼宇智能化

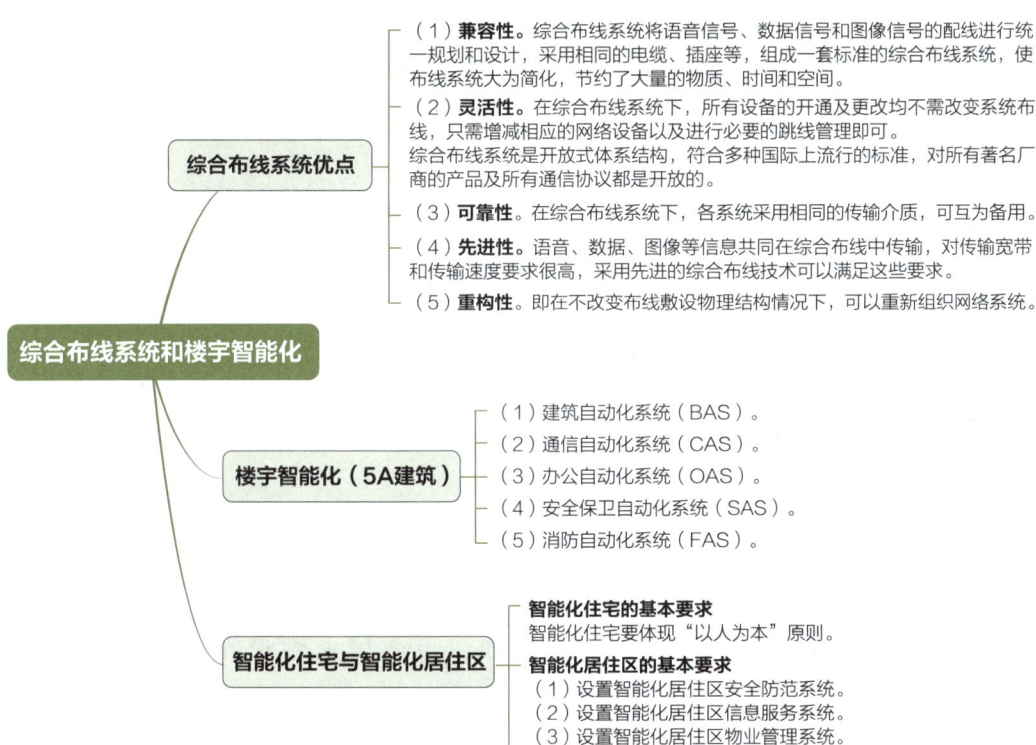

图 2-16　综合布线系统和楼宇智能化

【试题演练】

在综合布线系统下，各系统采用相同的传输介质，可互为备用，上述内容描述的是综合布线系统的（　　）。

A．兼容性　　　　　　　　　　　B．灵活性

C．可靠性　　　　　　　　　　　D．先进性

【答案及解析】C　本题考查综合布线系统的可靠性。

【考点】设备层和管道井

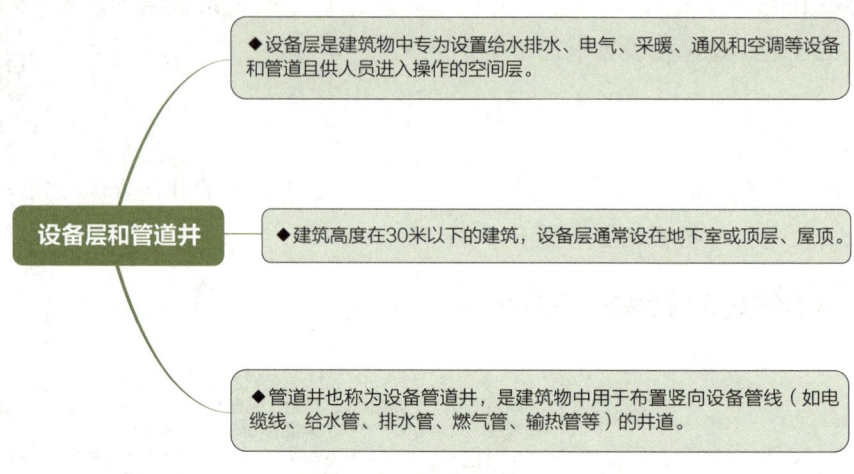

图 2-17　设备层和管道井

【试题演练】

1.（　　）是建筑物中用于布置竖向设备管线（如电缆线、给水管、排水管、燃气管、输热管等）的井道。

A. 设备层

B. 综合布线

C. 管道支架

D. 管道井

【答案及解析】D　管道井也称为设备管道井，是建筑物中用于布置竖向设备管线（如电缆线、给水管、排水管、燃气管、输热管等）的井道。

2. 建筑高度在（　　）米以下的建筑，设备层通常设在地下室或顶层、屋顶。

A. 20 B. 25

C. 30 D. 35

【答案及解析】C　建筑高度在 30 米以下的建筑，设备层通常设在地下室或顶层、屋顶。

第四节　建筑材料

【考点】建筑材料的种类

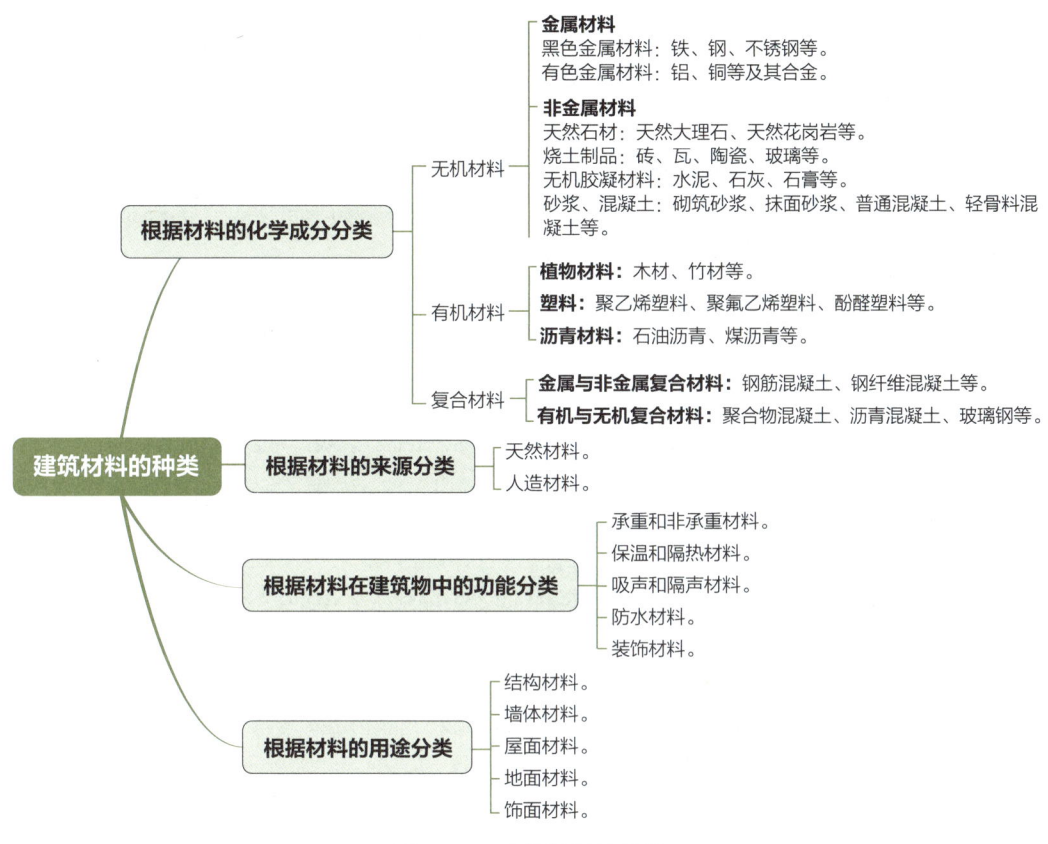

图 2-18　建筑材料的种类

【试题演练】

1. 下列材料中，属于复合材料的是（　　）。

A. 玻璃　　　　　B. 聚乙烯塑料　　　　C. 钢筋混凝土　　　　D. 玻璃钢

E. 石油沥青

【答案及解析】CD　复合材料包含金属与非金属复合材料（钢筋混凝土、钢纤维混凝土等）、有机与无机复合材料（聚合物混凝土、沥青混凝土、玻璃钢等）。

2. 根据材料的用途，建筑材料分为（　　）。

A. 隔声材料　　　B. 墙体材料　　　　　C. 装饰材料　　　　　D. 饰面材料

E. 结构材料

【答案及解析】BDE　根据材料的用途，建筑材料分为结构材料、墙体材料、屋面材料、地面材料、饰面材料等。

【考点】建筑装饰材料的种类

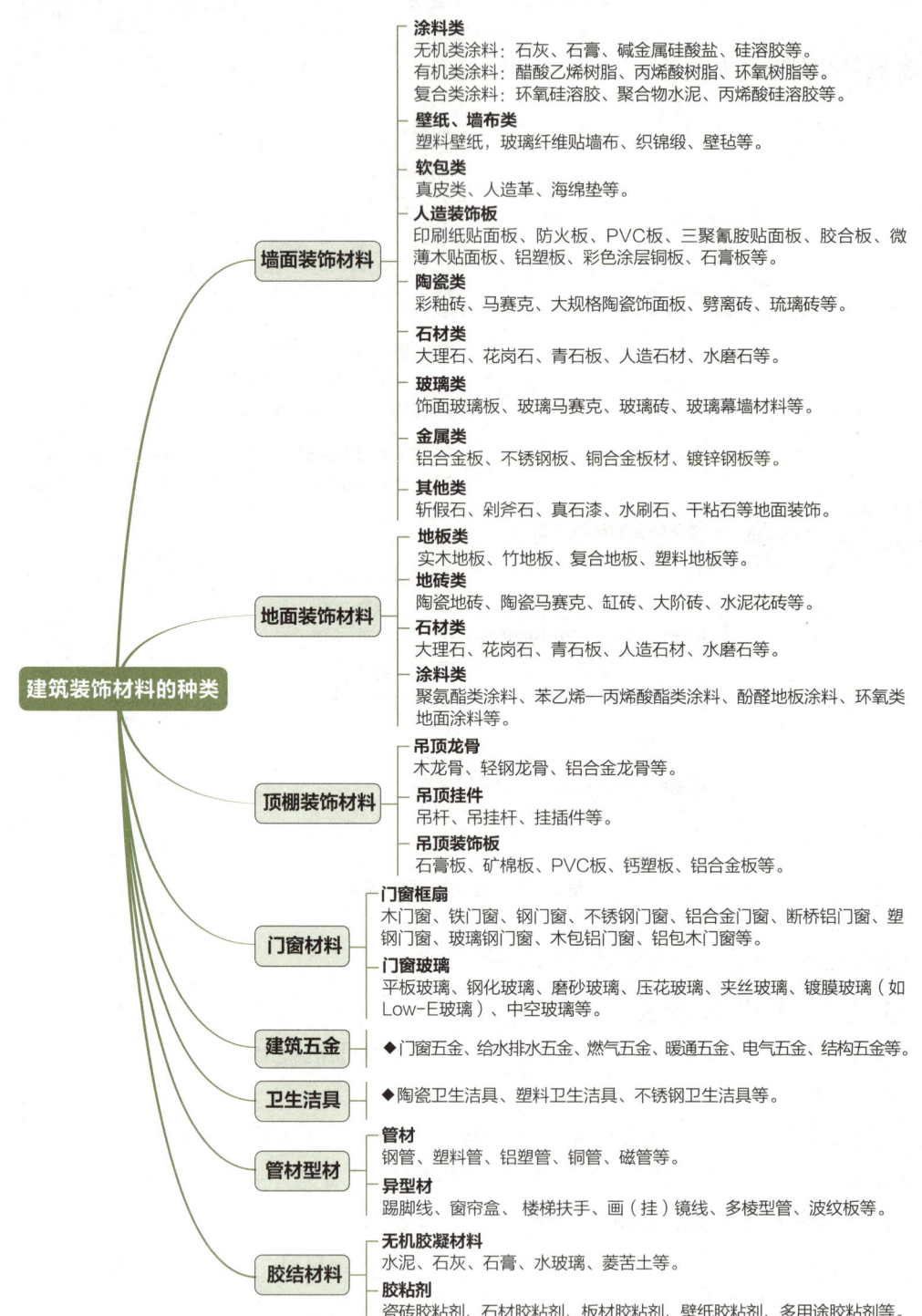

图 2-19 建筑装饰材料的种类

【试题演练】

饰面玻璃板属于（　　）材料。

A. 墙面装饰　　　　　B. 地面装饰　　　　　C. 顶棚装饰　　　　　D. 门窗

【答案及解析】A　本题考查建筑装饰材料根据装饰部位的分类。

【考点】建筑材料的基本性质

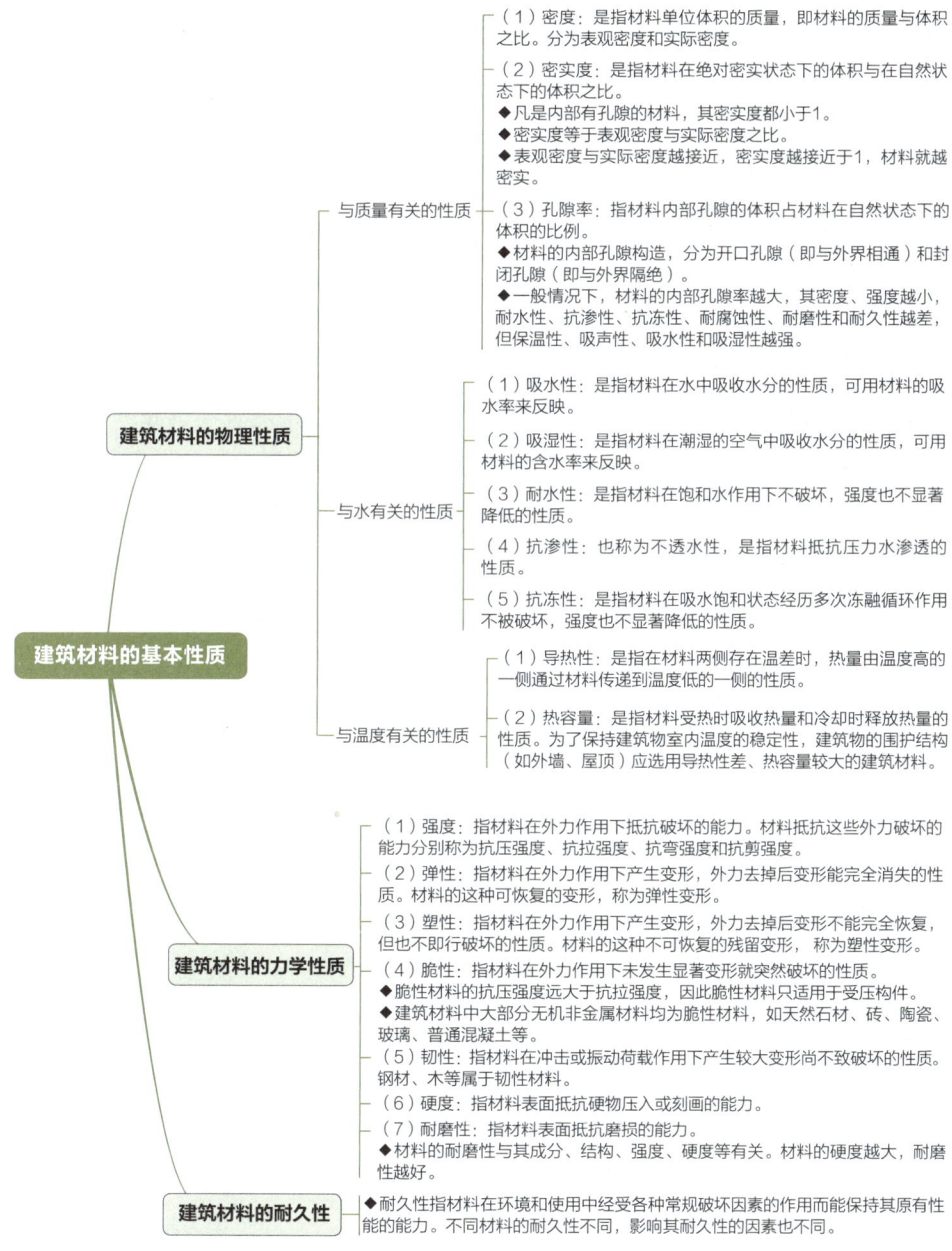

图 2-20　建筑材料的基本性质

【试题演练】

1. 吸水性是指材料在水中吸收水分的性质，可用材料的（　　）来反映。

　　A. 含水率

　　B. 吸水率

　　C. 孔隙率

　　D. 密实度

【答案及解析】B　吸水性是指材料在水中吸收水分的性质，可用材料的吸水率来反映。

2. 为了保持建筑物室内温度的稳定性，建筑物的围护结构（如外墙、屋顶）应选用（　　）的建筑材料。

　　A. 导热性差、热容量较大

　　B. 导热性好、热容量较大

　　C. 导热性差、热容量较小

　　D. 导热性好、热容量较小

【答案及解析】A　为了保持建筑物室内温度的稳定性，建筑物的围护结构（如外墙、屋顶）应选用导热性差、热容量较大的建筑材料。

3. （　　）是指材料在外力作用下产生变形，外力去掉后变形不能完全恢复，但也不即行破坏的性质。

　　A. 弹性

　　B. 脆性

　　C. 塑性

　　D. 韧性

【答案及解析】C　塑性是指材料在外力作用下产生变形，外力去掉后变形不能完全恢复，但也不即行破坏的性质。

第五节 建筑装饰装修

【考点】建筑装饰装修概述

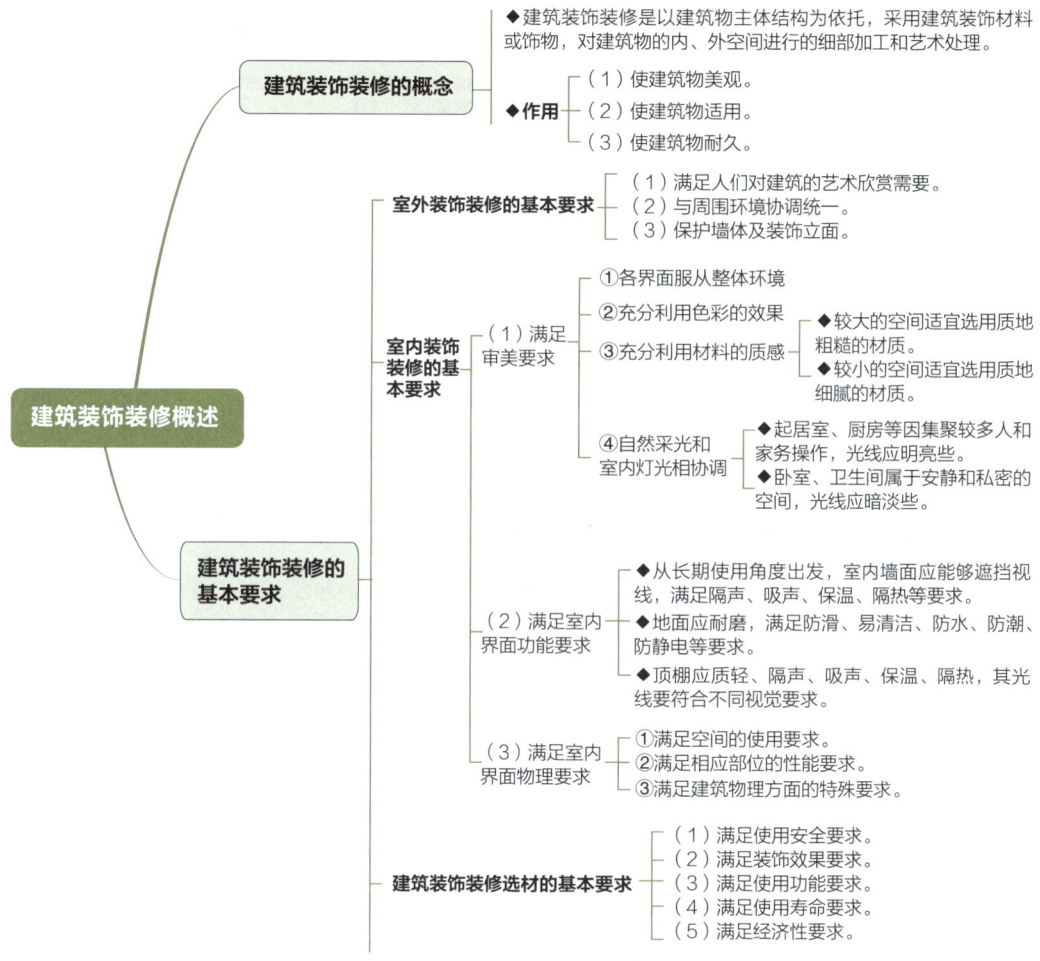

图 2-21 建筑装饰装修概述

【试题演练】

(　　) 光线应明亮些。

A. 卧室　　　　　　　　　　B. 厨房
C. 卫生间　　　　　　　　　D. 起居室
E. 阳台

【答案及解析】BD　起居室、厨房等因集聚较多人和家务操作,光线应明亮些。

【考点】建筑装饰装修风格

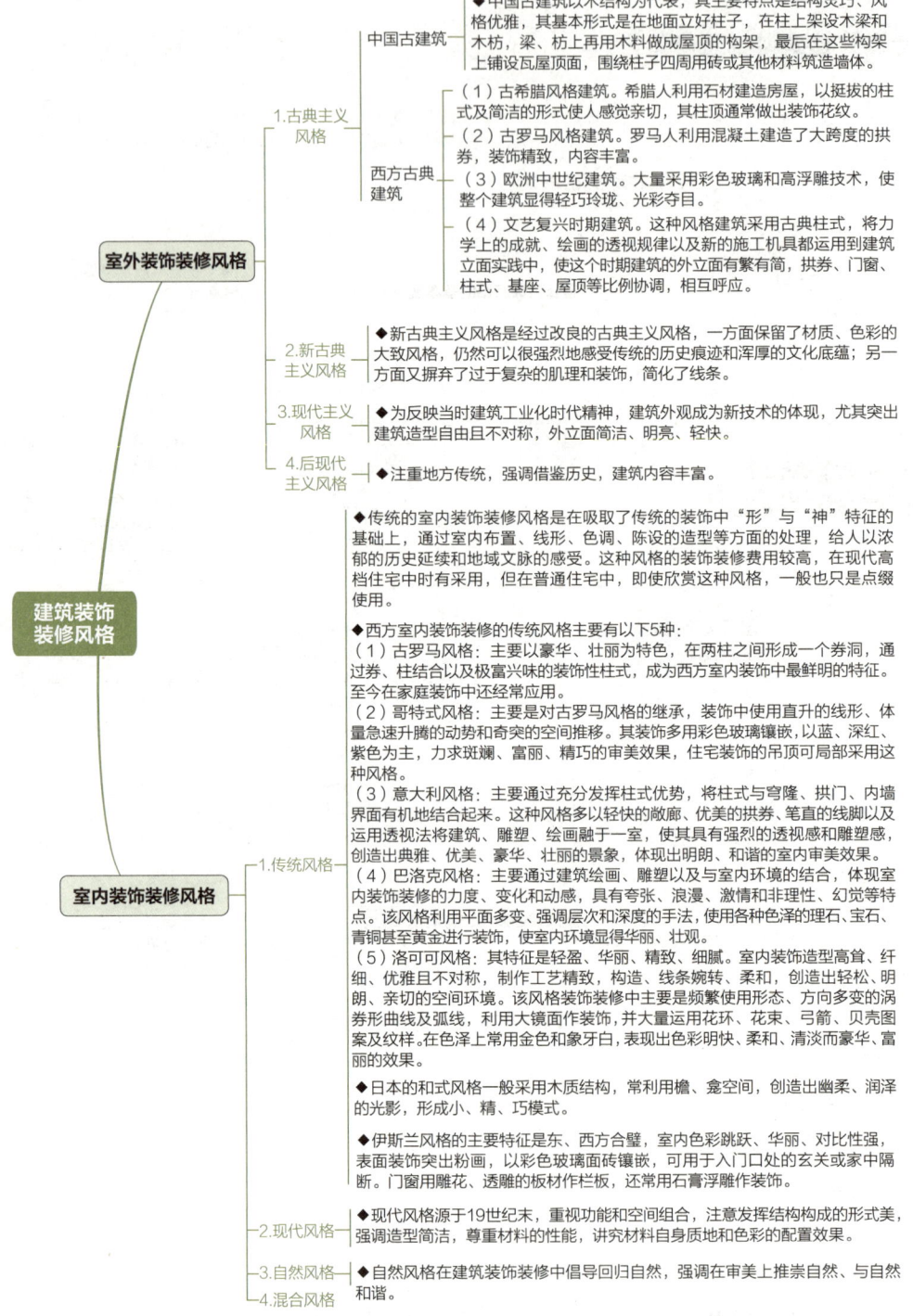

图 2-22　建筑装饰装修风格

【试题演练】

1. ( ) 大量采用彩色玻璃和高浮雕技术，使整个建筑显得轻巧玲珑、光彩夺目。

A. 古希腊风格建筑　　　　　　　　B. 古罗马风格建筑

C. 欧洲中世纪建筑　　　　　　　　D. 文艺复兴时期建筑

【答案及解析】C　欧洲中世纪建筑大量采用彩色玻璃和高浮雕技术，使整个建筑显得轻巧玲珑、光彩夺目。

2. 西方巴洛克风格室内装饰装修的特点有（　　）。

A. 装饰多用彩色玻璃镶嵌，以蓝、深红、紫色为主

B. 夸张

C. 浪漫

D. 以豪华、壮丽为特色

E. 非理性

【答案及解析】BCE　本题考查西方巴洛克风格室内装饰装修的特点。

【考点】室外装饰装修

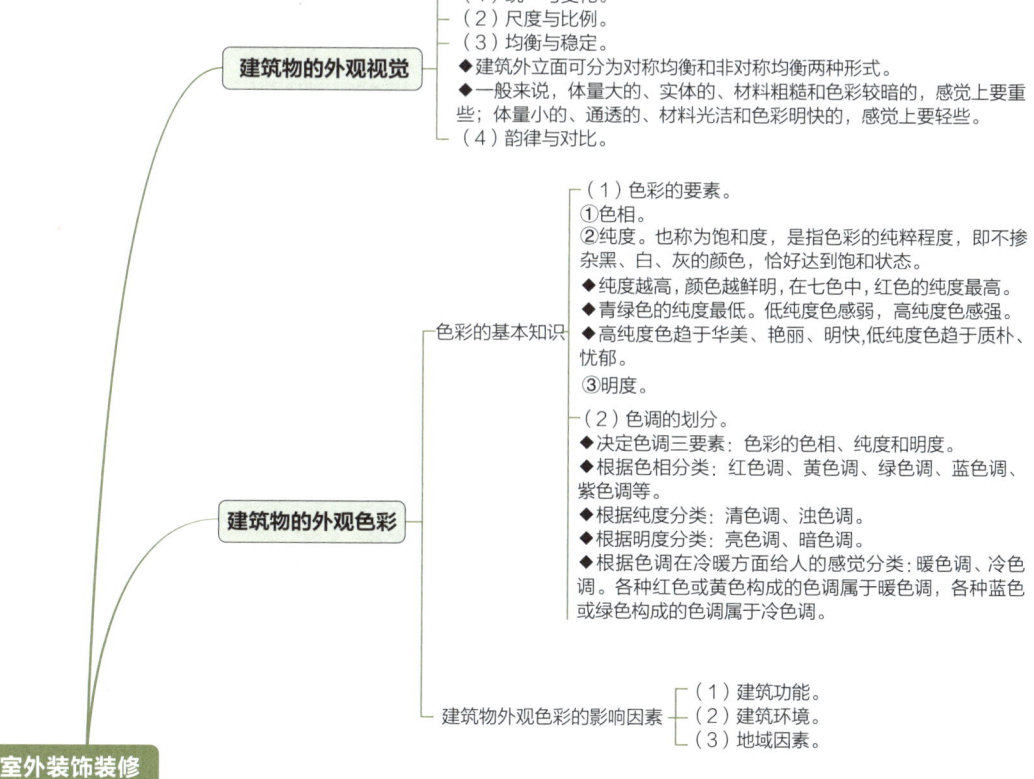

图 2-23　室外装饰装修

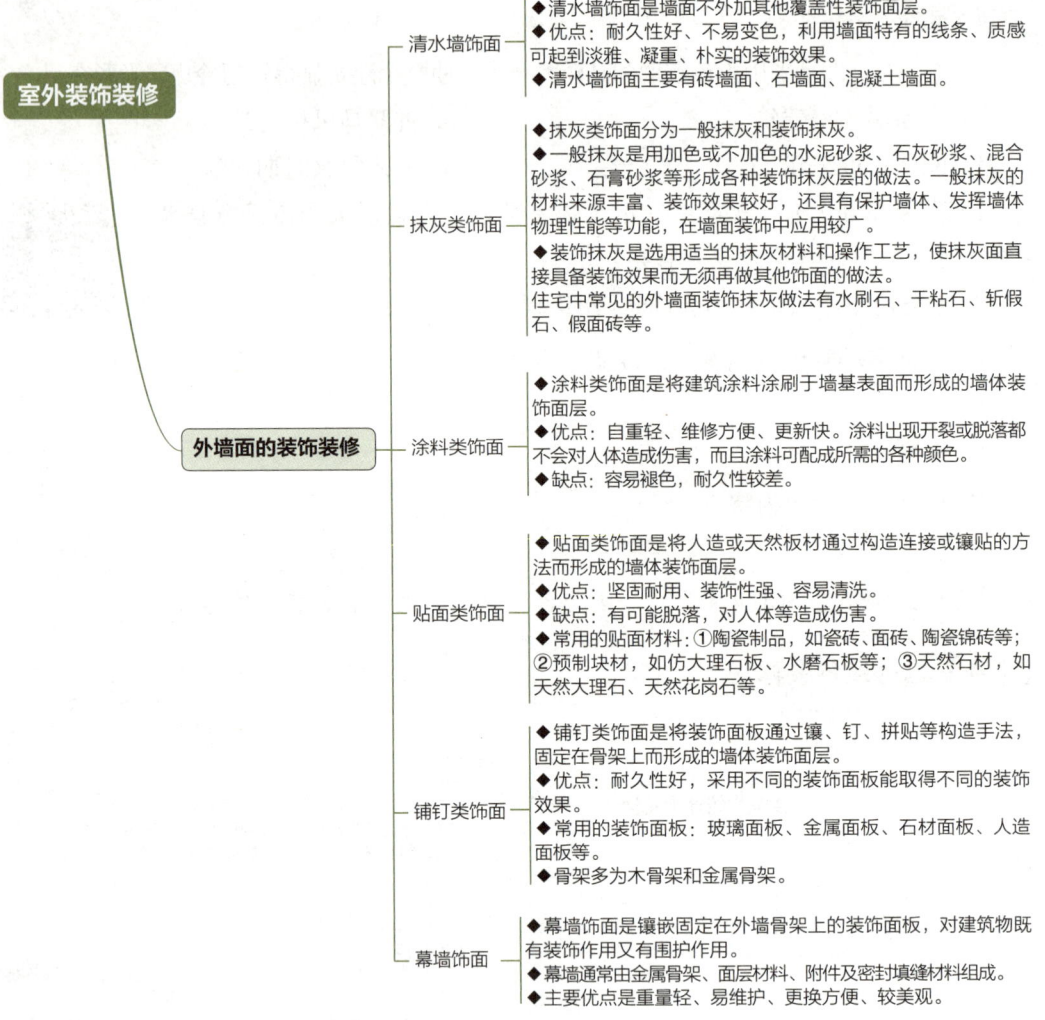

图 2-23 室外装饰装修（续图）

【试题演练】

1. 色调由色彩的（　　）三要素决定。

A. 色相 　　　　　　　　　　B. 纯度

C. 明度 　　　　　　　　　　D. 亮度

E. 色调

【答案及解析】ABC　色调由色彩的色相、纯度和明度三要素决定。

2. （　　）外墙饰面具有坚固耐用、装饰性强、容易清洗，脱落容易对人体造成伤害的特点。

A. 贴面类 　　　　　　　　　B. 铺钉类

C. 抹灰类 　　　　　　　　　D. 涂料类

【答案及解析】 A 贴面类外墙饰面优点是坚固耐用、装饰性强、容易清洗；缺点是有可能脱落，对人体等造成伤害。

【考点】室内装饰装修

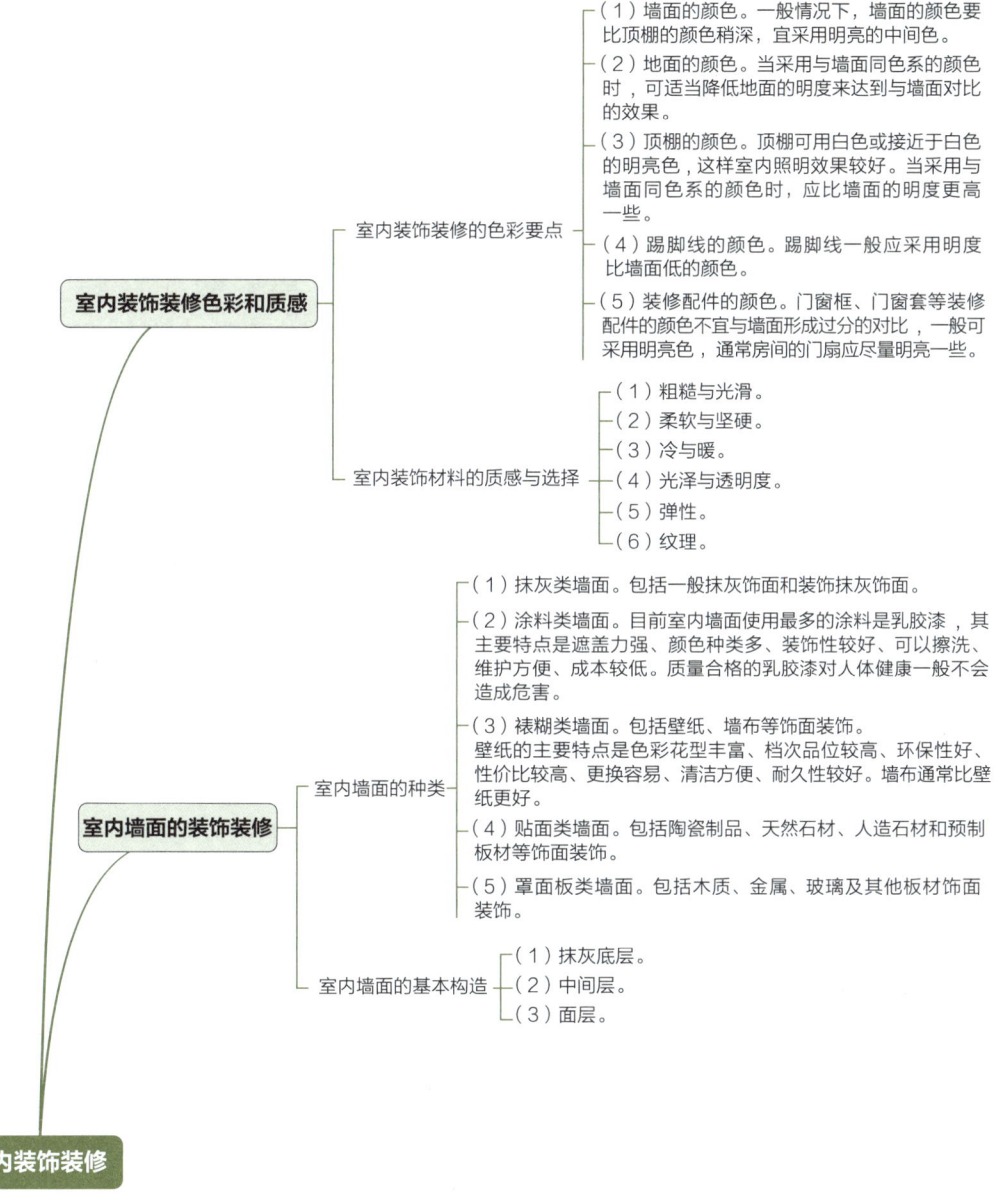

图 2-24 室内装饰装修

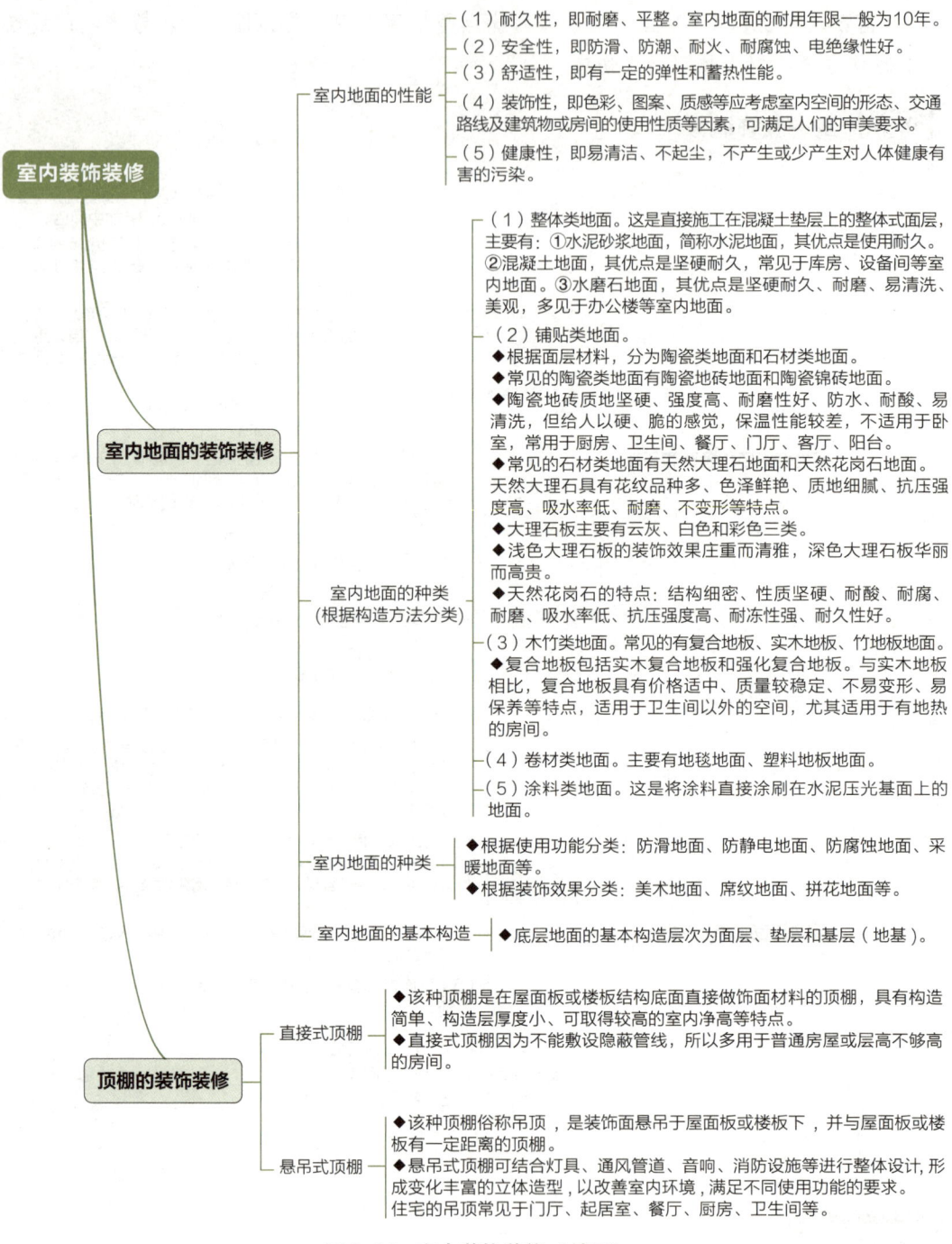

图 2-24 室内装饰装修（续图）

【试题演练】

1. 陶瓷地砖质地坚硬、强度高、耐磨性好，但保温性能较差，不适用于（　　）。

A. 卧室　　　　　　B. 卫生间　　　　　　C. 厨房　　　　　　D. 阳台

【答案及解析】A 陶瓷地砖质地坚硬、强度高、耐磨性好、防水、耐酸、易清洗，但给人以硬、脆的感觉，保温性能较差，不适用于卧室，常用于厨房、卫生间、餐厅、门厅、客厅、阳台。

2. 室内地面的耐用年限一般为（　　）。

A. 5 年 　　　　　　　　　　　　B. 10 年

C. 15 年 　　　　　　　　　　　　D. 20 年

【答案及解析】B 室内地面的耐用年限一般为 10 年。

3. （　　）多用于普通房屋或层高不够高的房间。

A. 悬吊式顶棚 　　　　　　　　　B. 直接式顶棚

C. 涂料类墙面 　　　　　　　　　D. 木竹类地面

【答案及解析】B 直接式顶棚因为不能敷设隐蔽管线，所以多用于普通房屋或层高不够高的房间。

第三章 城市和环境景观

目前，作为经纪对象的房地产主要是城市房地产，其中又以住宅为主。一个城市房地产市场的规模大小（如成交套数或成交面积、成交金额）、价格高低及其长期走势等，与这个城市的性质、规模、人口增长（例如是人口净流入还是人口净流出）等密切相关，并受其城市规划的影响。

【试题演练】

一个城市房地产市场的规模大小、价格高低等，与这个城市的（　　）密切相关。

A. 性质　　　　　　　　　　B. 规模
C. 人口素质　　　　　　　　D. 人口增长
E. 人口密度

【答案及解析】ABD　一个城市房地产市场的规模大小（如年成交套数或成交面积、成交金额）、价格高低及其长期走势等，与这个城市的性质、规模、人口增长（例如是人口净流入还是人口净流出）等密切相关，并受其城市规划的影响。

第一节　城市和城市化

【考点】城市的概念和类型

（一）城市的概念

（二）城市的类型

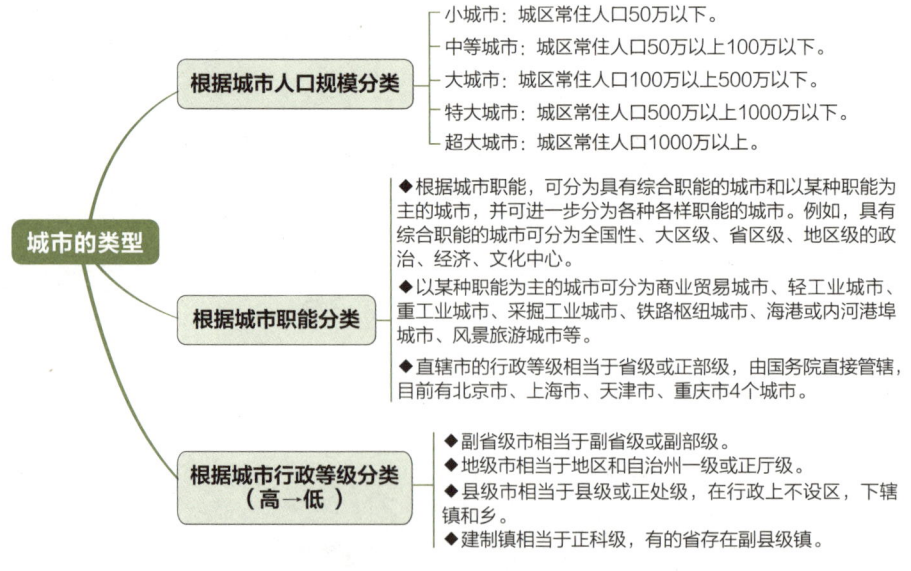

图 3-1　城市的类型

第三章 城市和环境景观

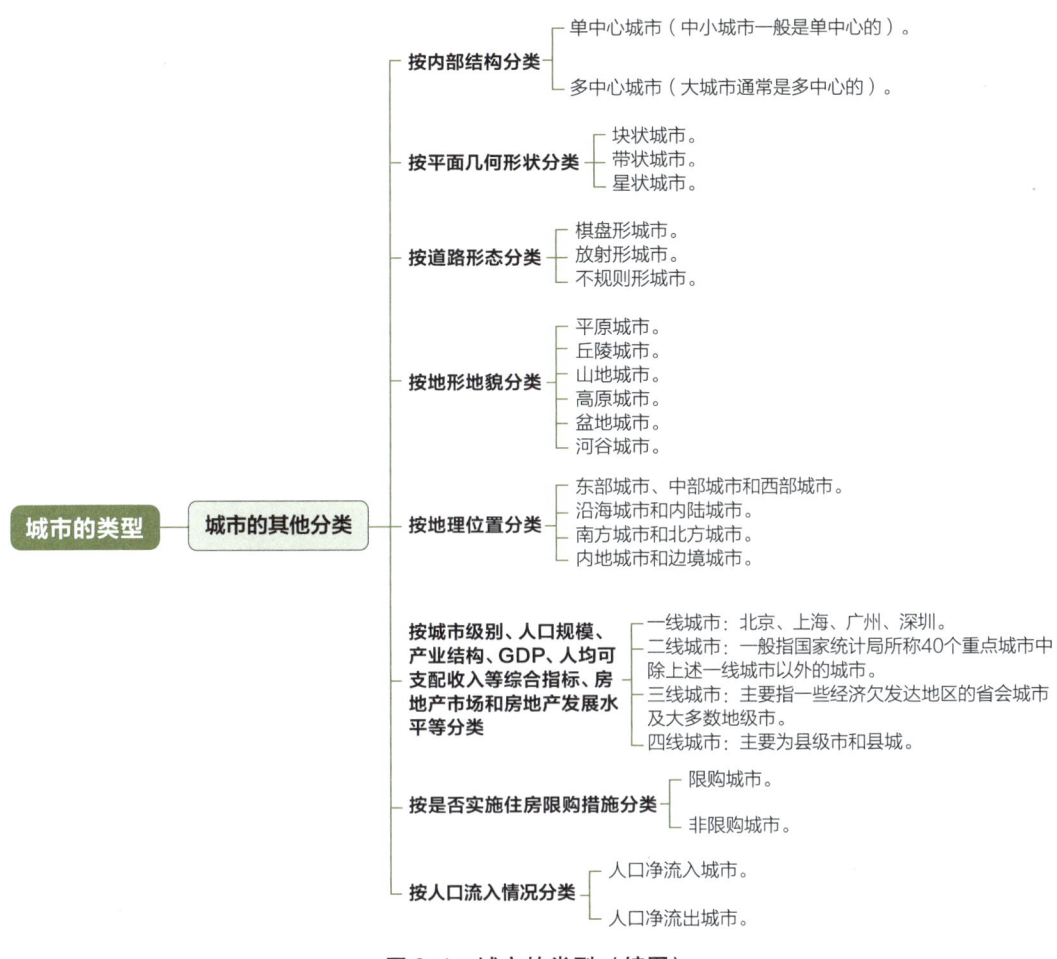

图 3-1 城市的类型（续图）

【试题演练】

1. 某城市城区常住人口约 350 万人，根据当前城市规模划定标准，该城市是（   ）。

A. 小城市　　　　　　　　　　B. 中等城市

C. 大城市　　　　　　　　　　D. 特大城市

【答案及解析】C　大城市人口规模是 100 万以上 500 万以下，故选择 C 选项。

2. 具有综合职能的城市可分为（   ）。

A. 海港　　　　　　　　　　　B. 大区级

C. 省区级　　　　　　　　　　D. 地区级

E. 商业贸易

【答案及解析】BCD　具有综合职能的城市可分为全国性、大区级、省区级、地区级的政治、经济、文化中心。

3. 直辖市由国务院直接管辖，其行政等级相当于省级或正部级，（ ）不是直辖市。

A. 北京市　　　　　　　　　B. 上海市

C. 重庆市　　　　　　　　　D. 武汉市

【答案及解析】D　直辖市的行政等级相当于省级或正部级，由国务院直接管辖，目前有北京市、上海市、天津市、重庆市 4 个城市。

4. 下列分类中，不属于根据城市地形地貌分类结果的是（ ）。

A. 平原城市　　　　　　　　B. 丘陵城市

C. 山地城市　　　　　　　　D. 星状城市

【答案及解析】D　城市根据地形地貌分为平原城市、丘陵城市、山地城市、高原城市、盆地城市和河谷城市等。D 选项应为根据平面几何形状划分的类型。

【考点】城市的区域范围

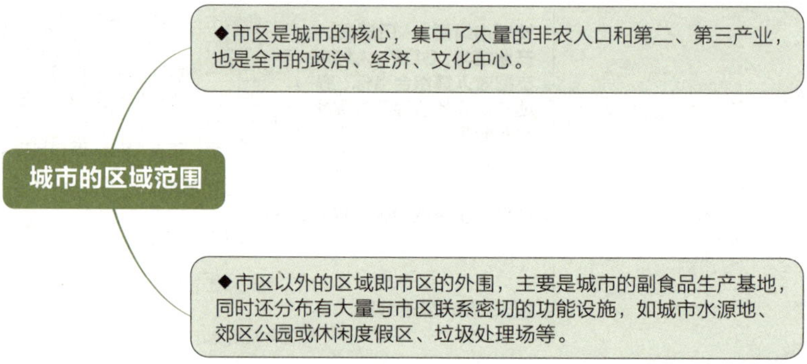

城市的区域范围
- ◆市区是城市的核心，集中了大量的非农人口和第二、第三产业，也是全市的政治、经济、文化中心。
- ◆市区以外的区域即市区的外围，主要是城市的副食品生产基地，同时还分布有大量与市区联系密切的功能设施，如城市水源地、郊区公园或休闲度假区、垃圾处理场等。

图 3-2　城市的区域范围

【试题演练】

下列有关市区的说法，错误的是（ ）。

A. 市区是城市的核心

B. 市区集中了大量的非农人口和第二、第三产业

C. 市区是全市的政治、经济、文化中心

D. 市区的外围称为郊区，其主要功能是城市的工业基地

【答案及解析】D　D 选项应为：市区以外的区域，即市区的外围为郊区，主要是城市的副食品生产基地。

【考点】城市功能分区

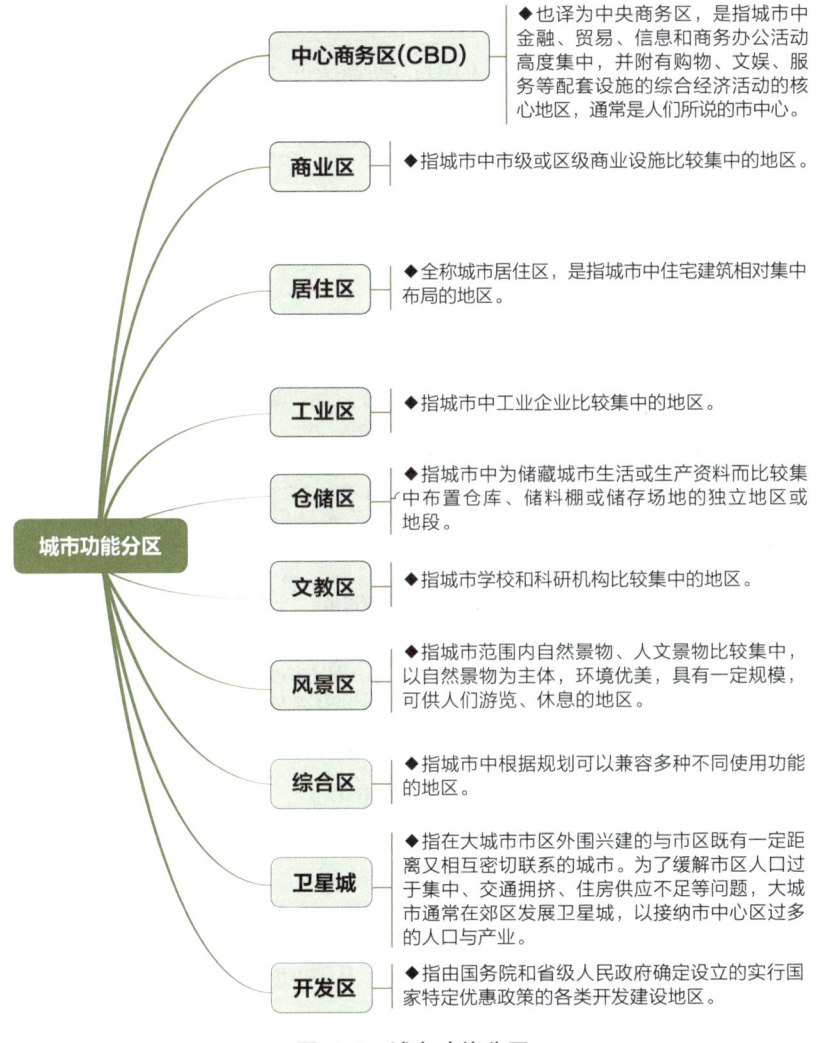

图 3-3　城市功能分区

【试题演练】

1. 为了缓解市区人口过于集中、交通拥挤、住房供应不足等问题，大城市通常在郊区发展（　　），以接纳市中心区过多的人口与产业。

A. 开发区　　　　　　　　　　B. 高新区
C. 卫星城　　　　　　　　　　D. 综合区

【答案及解析】C　为了缓解市区人口过于集中、交通拥挤、住房供应不足等问题，大城市通常在郊区发展卫星城，以接纳市中心区过多的人口与产业。

2. 通常人们所说的市中心是指（　　）。

A. 商业区　　　　　　　　　　　B. 居住区

C. 卫星城　　　　　　　　　　　D. CBD

【答案及解析】D　中心商务区（CBD）也译为中央商务区，是指城市中金融、贸易、信息和商务办公活动高度集中，并附有购物、文娱、服务等配套设施的综合经济活动的核心地区，通常是人们所说的市中心。

【考点】城市化

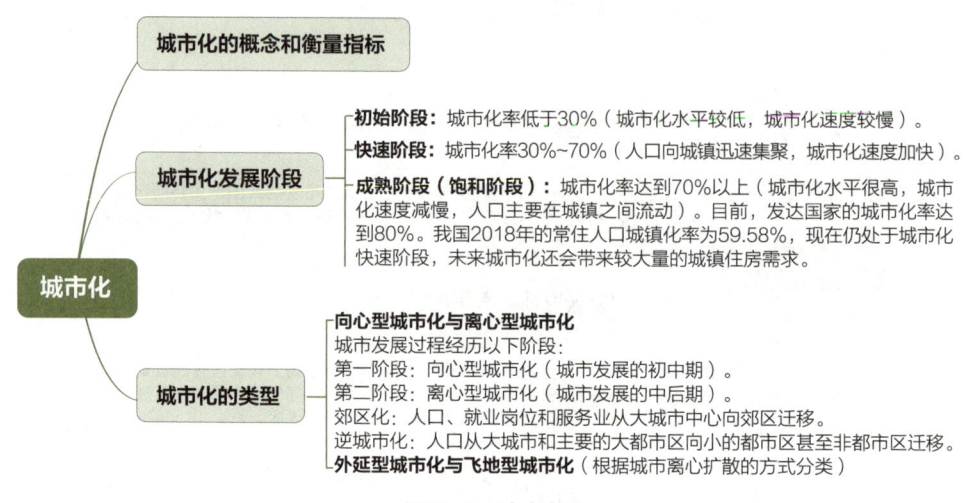

图 3-4　城市化

【试题演练】

（　　）是指人口从大城市和主要的大都市区向小的都市区甚至非都市区迁移。

A. 郊区化　　　　　　　　　　　B. 逆城市化

C. 城市化　　　　　　　　　　　D. 郊区城镇化

【答案及解析】B　逆城市化是指人口从大城市和主要的大都市区向小的都市区甚至非都市区迁移。

第二节 城市规划和居住区

【考点】城市规划相关术语和指标

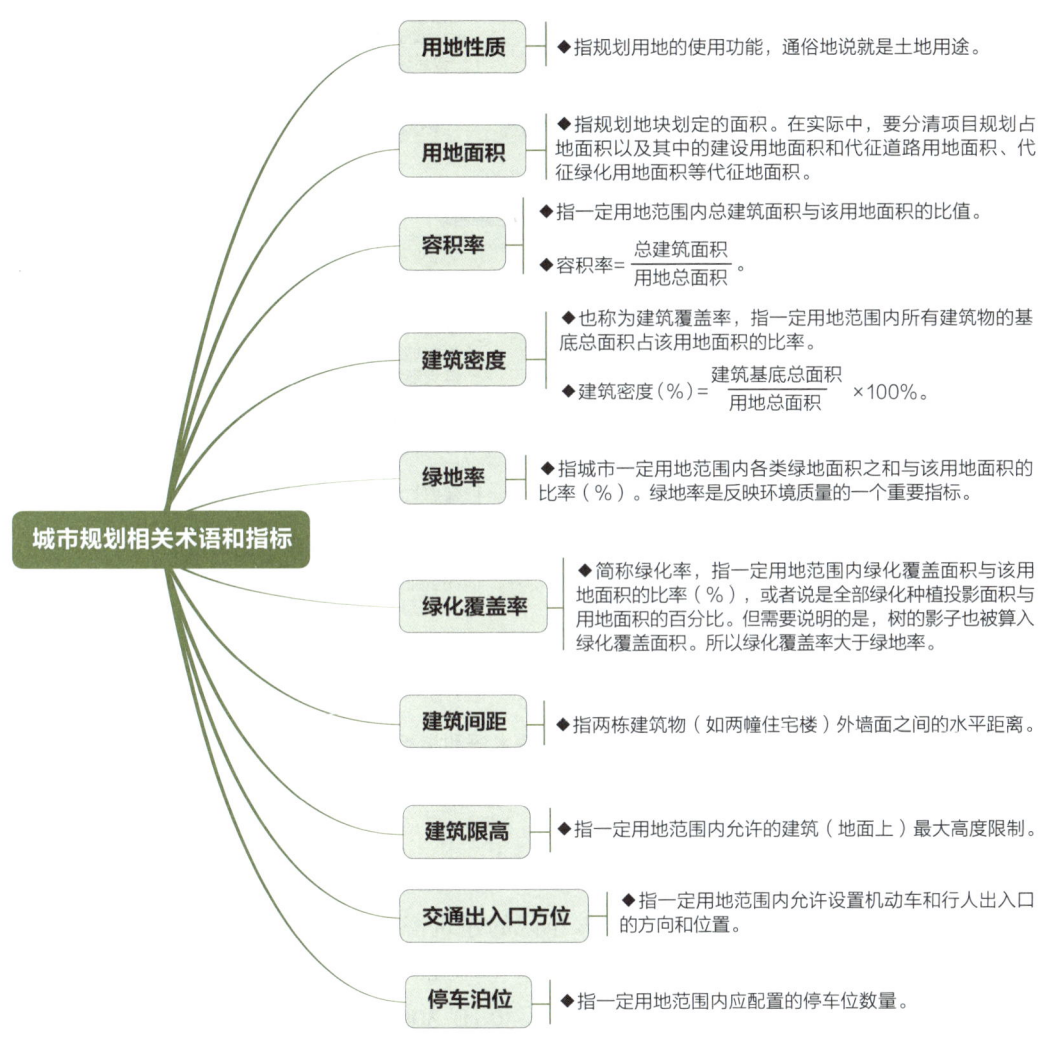

图 3-5 城市规划相关术语和指标

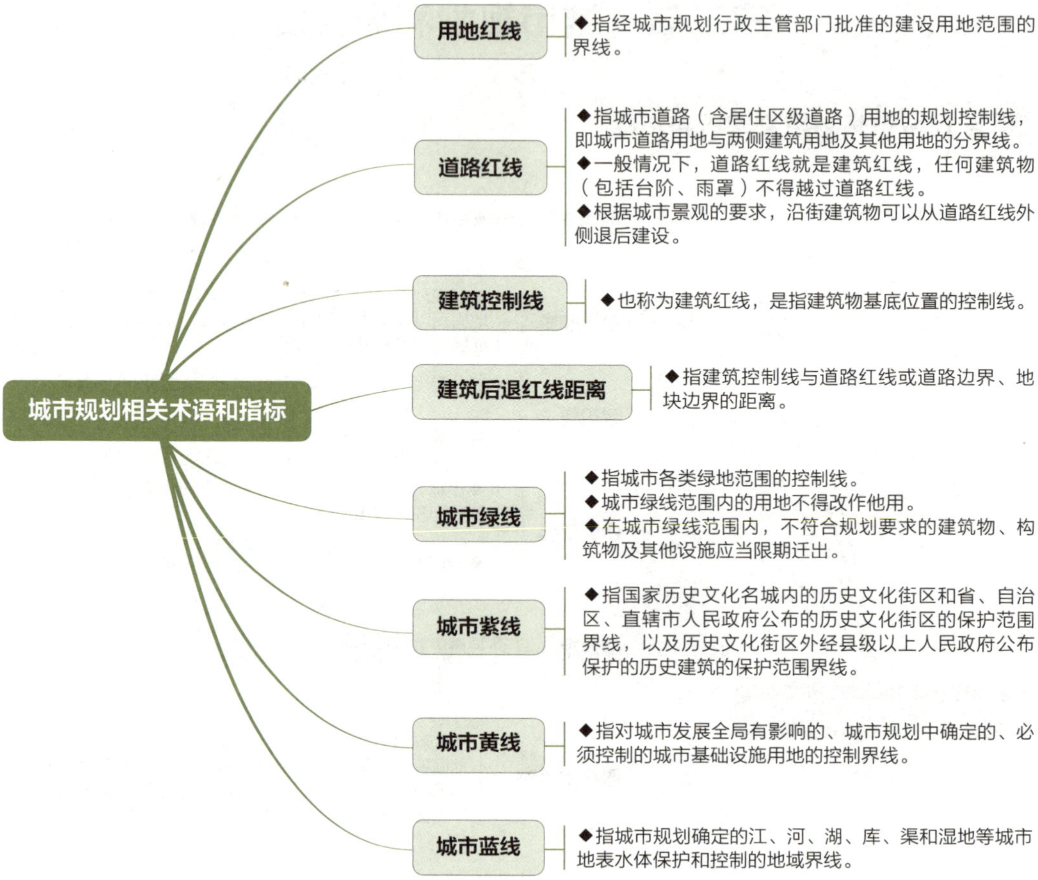

```
                                    ┌─ 用地红线 ──── ◆指经城市规划行政主管部门批准的建设用地范围的界线。
                                    │
                                    │                ◆指城市道路（含居住区级道路）用地的规划控制线，
                                    │                  即城市道路用地与两侧建筑用地及其他用地的分界线。
                                    ├─ 道路红线 ──── ◆一般情况下，道路红线就是建筑红线，任何建筑物
                                    │                  （包括台阶、雨罩）不得越过道路红线。
                                    │                ◆根据城市景观的要求，沿街建筑物可以从道路红线外
                                    │                  侧退后建设。
                                    │
                                    ├─ 建筑控制线 ── ◆也称为建筑红线，是指建筑物基底位置的控制线。
                                    │
城市规划相关术语和指标 ─┤
                                    ├─ 建筑后退红线距离 ─ ◆指建筑控制线与道路红线或道路边界、地
                                    │                      块边界的距离。
                                    │
                                    │                ◆指城市各类绿地范围的控制线。
                                    ├─ 城市绿线 ──── ◆城市绿线范围内的用地不得改作他用。
                                    │                ◆在城市绿线范围内，不符合规划要求的建筑物、构
                                    │                  筑物及其他设施应当限期迁出。
                                    │
                                    │                ◆指国家历史文化名城内的历史文化街区和省、自治
                                    │                  区、直辖市人民政府公布的历史文化街区的保护范围
                                    ├─ 城市紫线 ────   界线，以及历史文化街区外经县级以上人民政府公布
                                    │                  保护的历史建筑的保护范围界线。
                                    │
                                    ├─ 城市黄线 ──── ◆指对城市发展全局有影响的、城市规划中确定的、必
                                    │                  须控制的城市基础设施用地的控制界线。
                                    │
                                    └─ 城市蓝线 ──── ◆指城市规划确定的江、河、湖、库、渠和湿地等城市
                                                      地表水体保护和控制的地域界线。
```

图 3-5　城市规划相关术语和指标（续图）

【试题演练】

1. 某住宅小区总建筑面积为 10000 平方米，建筑物基底面积之和为 2000 平方米，小区规划用地面积为 5000 平方米，则该小区的建筑密度为（　　）。

A. 40%　　　　　　　　　　　B. 20%

C. 50%　　　　　　　　　　　D. 30%

【答案及解析】A　建筑密度＝建筑基地总面积/用地总面积＝2000÷5000＝40%。

2. 城市各类绿地范围的控制线指的是（　　）。

A. 城市绿线　　　　　　　　　B. 城市紫线

C. 城市黄线　　　　　　　　　D. 城市蓝线

【答案及解析】A　城市绿线：是指城市各类绿地范围的控制线。城市绿线范围内的用地不得改作他用；在城市绿线范围内，不符合规划要求的建筑物、构筑物及其他

设施应当限期迁出。

3. 下列关于绿化覆盖率的说法，错误的是（　　）。

A. 指一定用地范围内绿化覆盖面积与该用地面积的比率

B. 是全部绿化种植垂直投影面积与占地面积之和

C. 树的影子也被算入绿化覆盖面积

D. 绿化覆盖率大于绿地率

【答案及解析】B　绿化覆盖率：简称绿化率，是指一定用地范围内绿化覆盖面积与该用地面积的比率，或者说是全部绿化种植投影面积与用地面积的百分比。

【考点】城市居住区的规模和分级

城市居住区的规模和分级
- ◆十五分钟生活圈居住区：一般由城市干道或用地边界线所围合，人口规模：50000~100000人，17000~32000套住宅。
- ◆十分钟生活圈居住区：一般由城市干道、支路或用地界线所围合，居住人口规模为15000~25000人。
- ◆五分钟生活圈居住区：一般由支路及以上城市道路或用地边界线所围合，居住人口规模为5000~12000人。
- ◆居住街坊：是由支路等城市道路或用地边界线围合的住宅用地，是住宅建筑组合形成的居住基本单元，居住人口规模为1000~3000人。

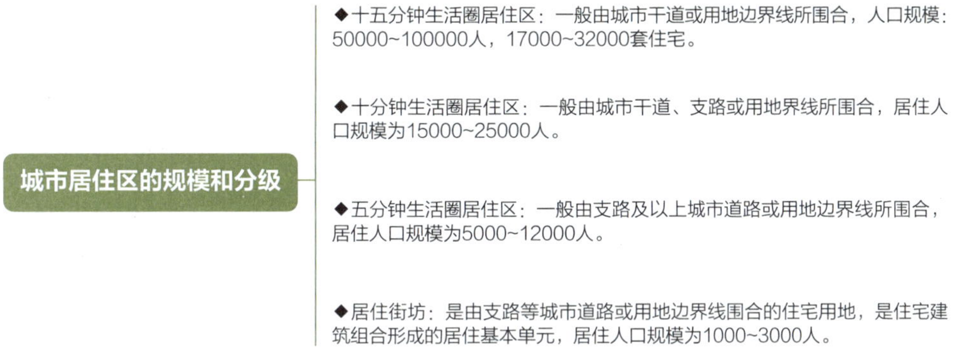

图3-6　城市居住区的规模和分级

【试题演练】

十分钟生活圈居住区，一般由城市干道、支路或用地边界线所围合，居住区人口规模为（　　）人。

A. 50000~100000　　　　　　　　B. 15000~25000

C. 5000~12000　　　　　　　　　D. 1000~3000

【答案及解析】B　十分钟生活圈居住区，一般由城市干道、支路或用地边界线所围合，居住人口规模为15000~25000人。

【考点】城市居住区的区位选择

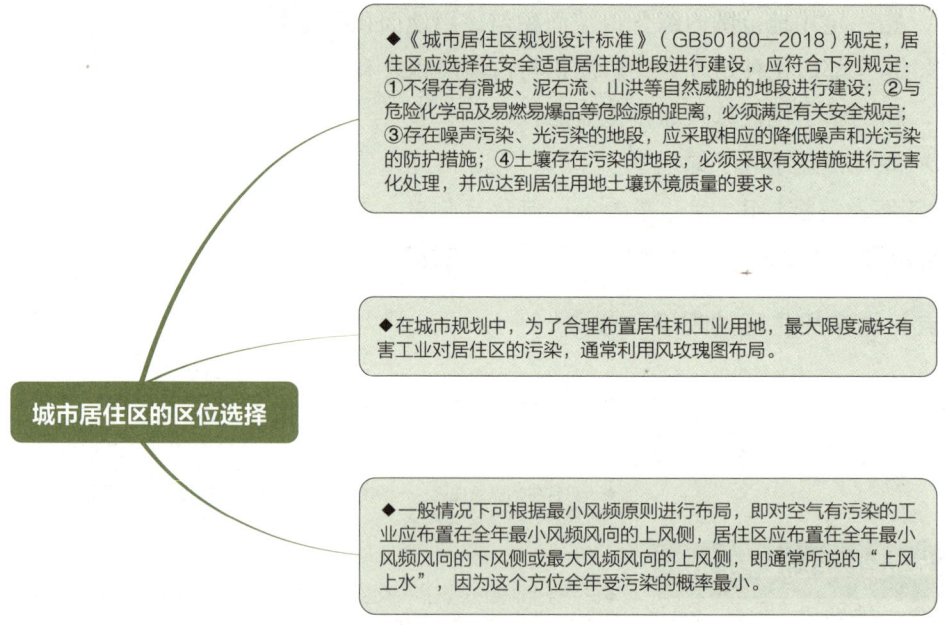

图 3-7 城市居住区的区位选择

【试题演练】

1. 居住区应布置在（　　）。

A. 全年最小风频风向的下风侧

B. 全年最小风频风向的上风侧

C. 全年最大风频风向的下风侧

D. 全年最大风频风向的上风侧

E. 以上说法全部正确

【答案及解析】AD　居住区应布置在全年最小风频风向的下风侧或最大风频风向的上风侧，即通常所说的"上风上水"，因为这个方位全年受污染的概率最小。

2.《城市居住区规划设计标准》（GB50180—2018）规定，居住区应选择在安全、适宜居住的地段进行建设，下列不符合规定的是（　　）。

A. 不得在自然灾害威胁的地段进行建设

B. 与危险化学品及易燃易爆品等危险源的距离符合规定

C. 不得在噪声污染、光污染的地段进行建设

D. 土壤存在污染的地段进行无害化处理后，达到居住用地土壤环境质量的要求

【答案及解析】C　本题考查的是《城市居住区规划设计标准》（GB50180—2018）规定，居住区应选择在安全、适宜居住的地段进行建设，应符合的4项规定。

【考点】城市居住区的配套设施

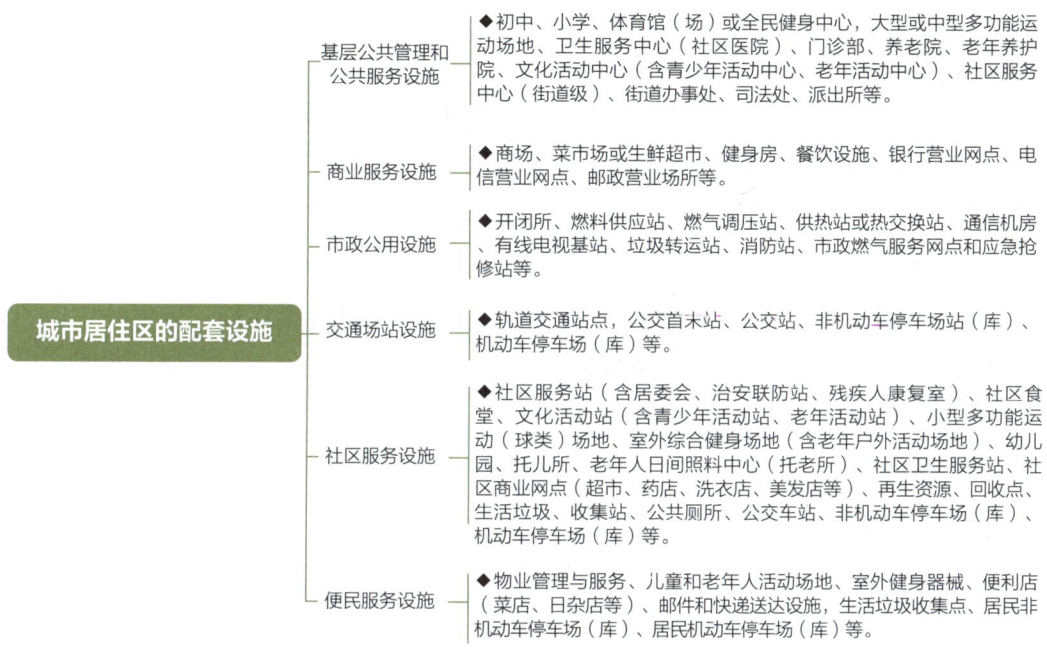

图 3-8　城市居住区的配套设施

【试题演练】

下列不属于基层公共管理和公共服务设施的是（　　）。

A. 小学　　　　　　　　　　　B. 幼儿园

C. 老年活动中心　　　　　　　D. 老年人活动场所

E. 老年养护院

【答案及解析】BD　幼儿园属于社区服务设施，老年人活动场所属于便民服务设施。

【考点】城市居住区的绿地和道路

居住区内绿地主要有公共绿地、宅旁绿地等。公共绿地是为居住区配套建设、可供居民游憩或开展体育活动的公园绿地。宅旁绿地是指住宅四旁的绿地。衡量居住区内绿地状况的指标，主要有绿地率和人均公共绿地面积。

【试题演练】

衡量居住区内绿地状况的指标，主要有（　　）。

A. 绿化覆盖率　　B. 城市绿线　　C. 绿地率　　D. 建筑密度

E. 人均公共绿地面积

【答案及解析】CE　衡量居住区内绿地状况的指标，主要有绿地率和人均公共绿地面积。

第三节　环境和景观

【考点】环境的概念

环境是以处于特定房地产（如某套住宅）之中的人为主体的环境，是指人处于特定房地产之中时，该房地产的室内外直接或间接影响人的生活、学习休息和工作等的各种自然因素和人文因素的总体，如空气质量、园林绿化、卫生状况、居民素质等。

【试题演练】

环境是以处于特定房地产（如某套住宅）之中的人为主体的环境，包含（　　）。
A. 空气质量　　　B. 园林绿化　　　C. 卫生状况　　　D. 居民素质
E. 居民信仰

【答案及解析】ABCD　本题考查环境的概念。

【考点】环境的分类

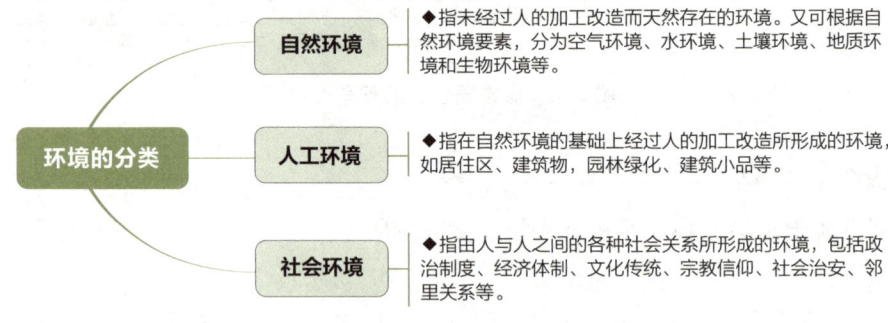

图3-9　环境的分类

【试题演练】

以下不属于根据环境属性划分的是（　　）。
A. 自然环境　　　　　　　　　　B. 人工环境
C. 人造环境　　　　　　　　　　D. 社会环境

【答案及解析】C　通常根据环境属性分为自然环境、人工环境和社会环境。

【考点】住宅的环境好坏

厌恶性设施一般是指会使人们产生厌恶、恐惧等心理的设施或场所，如公共厕所、垃圾收集站、垃圾转运站、垃圾填埋场、垃圾焚烧厂、污水处理厂、高压线、变电站、火葬场、殡仪馆、公墓、传染病医院、牲畜屠宰场、危险化学品及易燃易爆仓库或工厂、核电站、化工厂、加油站、加气站、液化气供应站等。

第三章 城市和环境景观

【试题演练】

厌恶性设施一般是指会使人们产生厌恶、恐惧等心理的设施或场所，（　　）不是一般意义上的厌恶性设施。

A. 变电站　　　　B. 污水处理厂　　　　C. 加油站　　　　D. 医院

【答案及解析】D　本题考查厌恶性设施。

【考点】景观及其相关概念

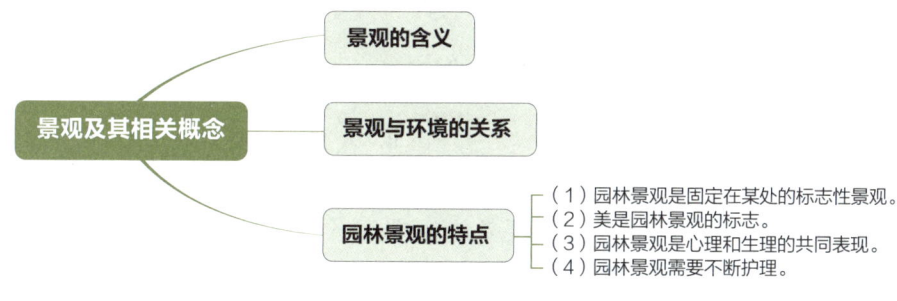

图 3-10　景观及其相关概念

【试题演练】

下列关于园林景观特点的说法，错误的是（　　）。

A. 园林景观是固定在某处的标志性景观

B. 适宜性是园林景观的标志

C. 园林景观是心理和生理的共同表现

D. 园林景观需要不断护理

【答案及解析】B　本题考查园林景观的特点。

【考点】景观的分类

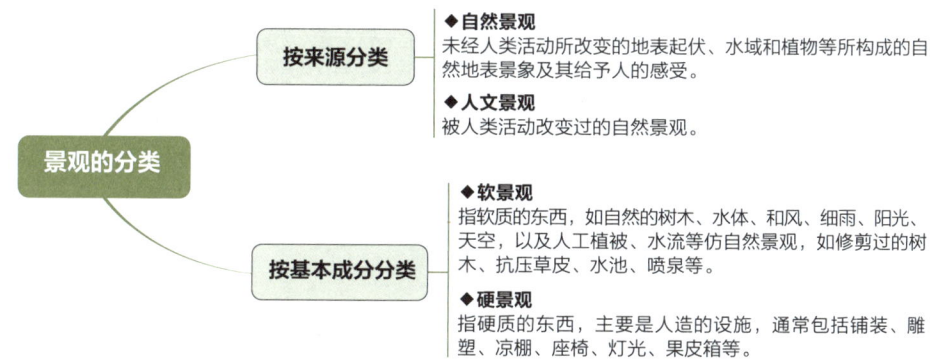

图 3-11　景观的分类

【试题演练】

根据景观的基本成分，景观可分为（　　）。

A. 自然景观　　　　B. 人文景观　　　　C. 软景观

D. 硬景观　　　　　E. 园林景观

【答案及解析】CD　根据景观的基本成分，景观可分为软景观和硬景观。

【考点】景观要素

景观要素包括自然景观要素和人工景观要素。

【试题演练】

景观要素包括自然景观要素和（　　）。

A. 人工景观要素　　　　　　　　B. 人文景观要素

C. 软景观要素　　　　　　　　　D. 硬景观要素

【答案及解析】A　本题考查景观要素的种类。

【考点】景观评价

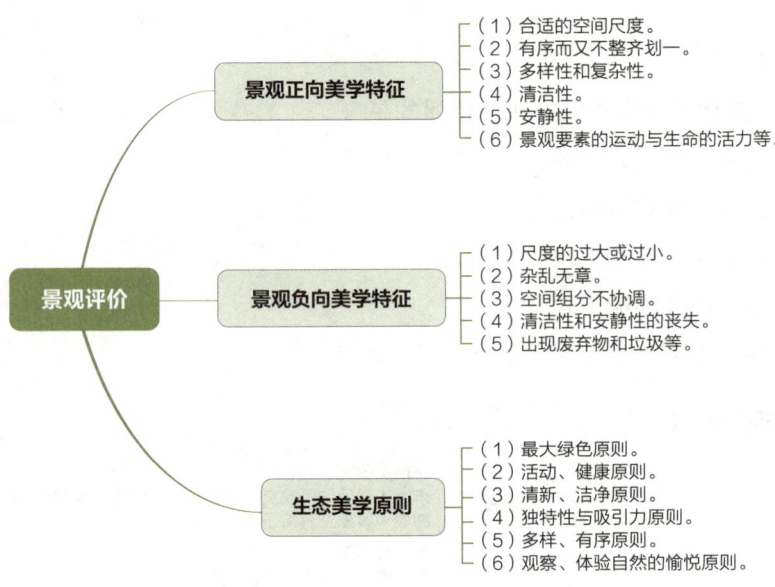

图 3-12　景观评价

【试题演练】

景观正向美学特征有（　　）。

A. 多样性　　　　B. 清洁性　　　　C. 安静性　　　　D. 尺度的过大

【答案及解析】ABC　本题考查景观正向美学特征。

第四节 环境污染

【考点】环境污染概述

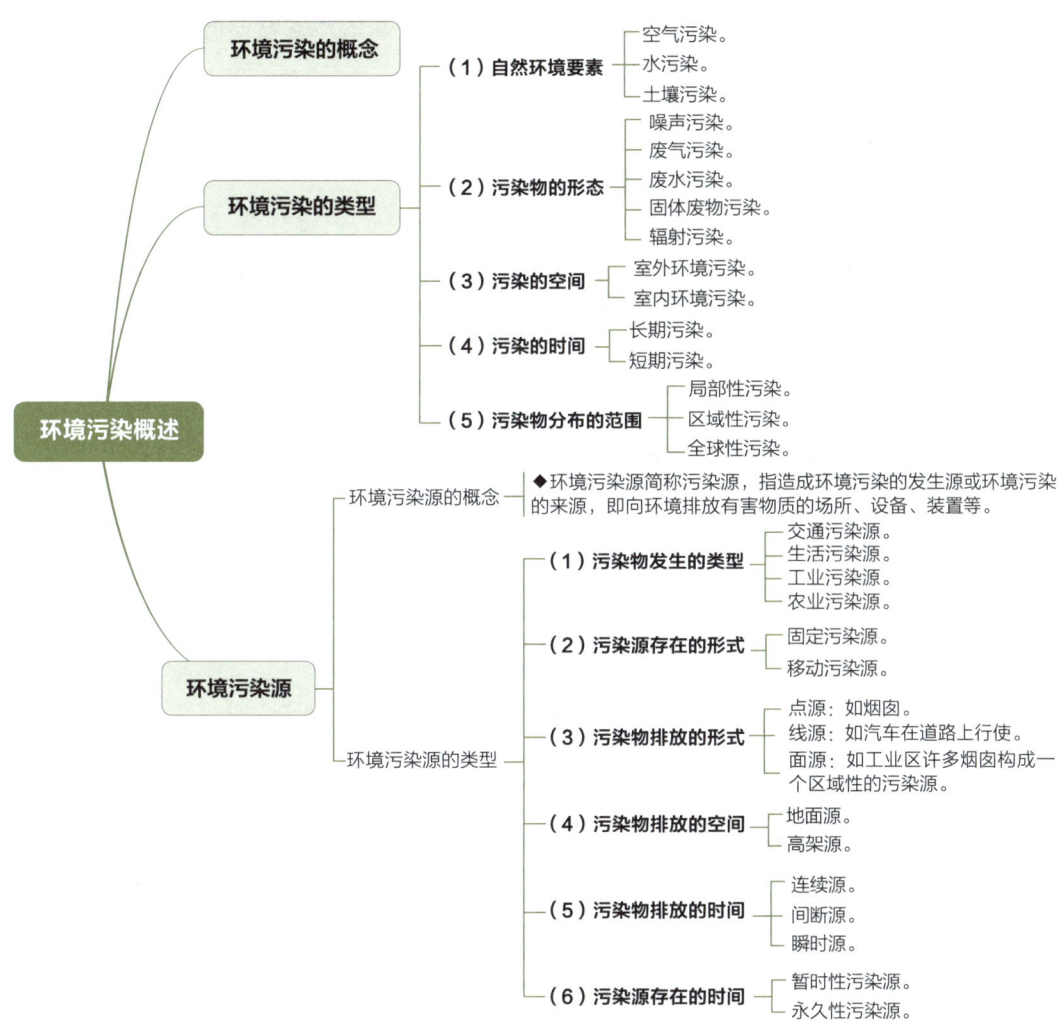

图 3-13 环境污染概述

【试题演练】

1. 根据污染物的形态，环境污染可以分为（　　）。

A. 噪声污染　　　　　　　　　　B. 水污染

C. 废气污染　　　　　　　　　　D. 空气污染

E. 固体污染

【答案及解析】ACE　水污染、空气污染是根据自然环境要素划分的。

2. 根据污染物发生的类型，环境污染源分为（   ）。

A. 移动污染源　　　　　　　　B. 交通污染源

C. 生活污染源　　　　　　　　D. 工业污染源

E. 农业污染源

【答案及解析】BCDE　A选项属于根据污染物源存在的形式划分的。

【考点】噪声污染

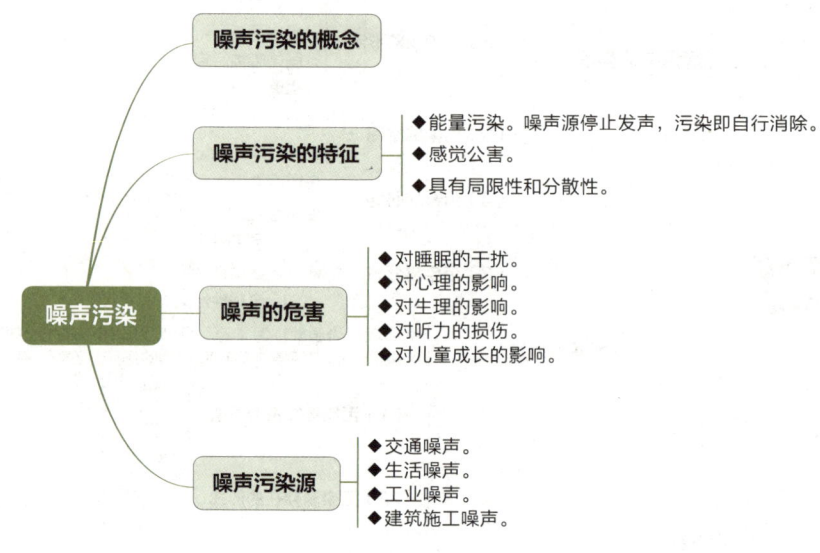

图 3-14　噪声污染

【试题演练】

下列属于噪声污染源的是（   ）。

A. 交通噪声　　　　　　　　　B. 生活噪声

C. 工业噪声　　　　　　　　　D. 建筑施工噪声

E. 音乐噪声

【答案及解析】ABCD　噪声污染源分为：①交通噪声；②生活噪声；③工业噪声；④建筑施工噪声。

【考点】空气污染

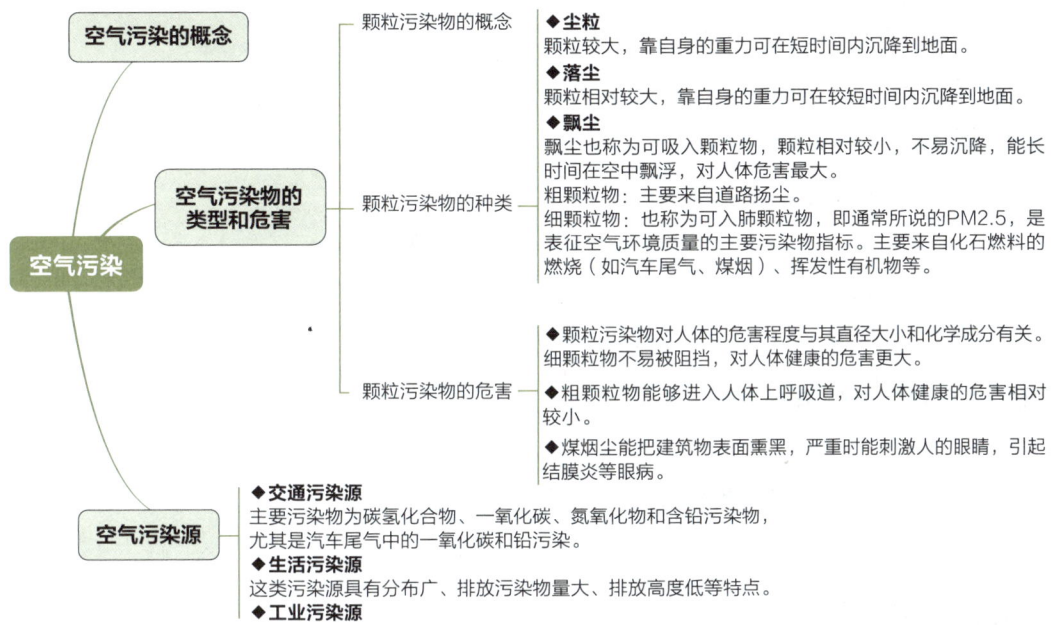

图 3-15 空气污染

【试题演练】

1. 通常所说的 PM2.5 是指（　　）。

   A. 细颗粒物　　　B. 粗颗粒物　　　C. 尘粒　　　D. 落尘

   【答案及解析】A　细颗粒物，也称为可入肺颗粒物，即通常所说的 PM2.5，是表征空气环境质量的主要污染物指标。主要来自化石燃料的燃烧（如汽车尾气、煤烟）、挥发性有机物等。

2. 下列关于颗粒污染物的危害，说法错误的是（　　）。

   A. 颗粒污染物对人体的危害程度与其直径大小和化学成分有关

   B. 细颗粒物不易被阻挡，对人体健康的危害更大

   C. 粗颗粒物能够进入人体上呼吸道，对人体健康的危害相对较小

   D. 煤烟尘能把建筑物表面熏黑，严重时能引起肺病

   【答案及解析】D　煤烟尘能把建筑物表面熏黑，严重时能刺激人的眼睛，引起结膜炎等眼病。

3. 生活污染源的特点包括（　　）。

   A. 把建筑物表面熏黑　　　　　　B. 刺激人的眼睛

   C. 分布广　　　　　　　　　　　D. 排放污染物量大

   E. 排放高度低

   【答案及解析】CDE　生活污染源具有分布广、排放污染物量大、排放高度低等特点。

【考点】水污染

（一）水污染的分类

水污染可分为地表水污染、地下水污染和海洋污染。

（二）水污染物及其危害

【试题演练】

下列不属于水污染的分类的是（　　）。

A. 河流污染　　　　　　　　B. 海洋污染

C. 地表水污染　　　　　　　D. 地下水污染

【答案及解析】A　A选项不属于水污染。

【考点】固体废物污染

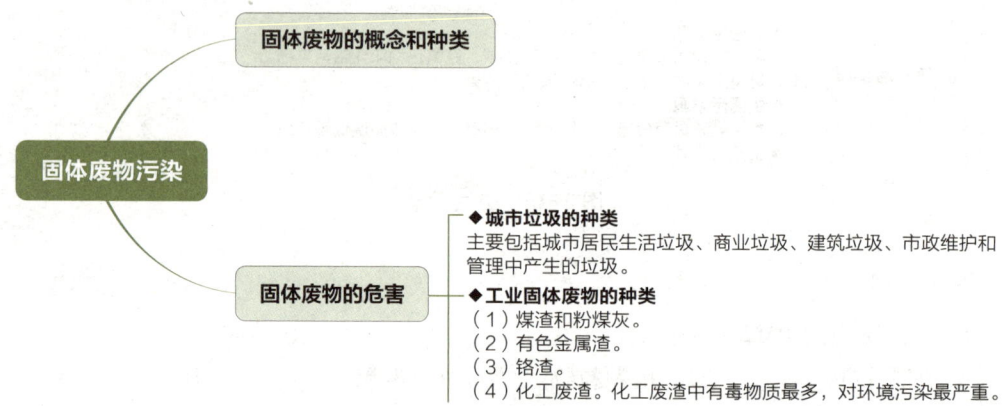

图3-16　固体废物污染

【试题演练】

1. 下列不属于城市垃圾的是（　　）。

A. 城市居民生活垃圾　　　　B. 商业垃圾

C. 市政维护和管理中产生的垃圾　　D. 固体废物垃圾

【答案及解析】D　城市垃圾主要包括城市居民生活垃圾、商业垃圾、建筑垃圾、市政维护和管理中产生的垃圾。

2. 在工业固体废物危害中，（　　）中有毒物质最多，对环境污染最严重。

A. 煤渣和粉煤灰　　　　　　B. 有色金属渣

C. 铬渣　　　　　　　　　　D. 化工废渣

【答案及解析】D　化工废渣中有毒物质最多，对环境污染最严重。

【考点】辐射污染

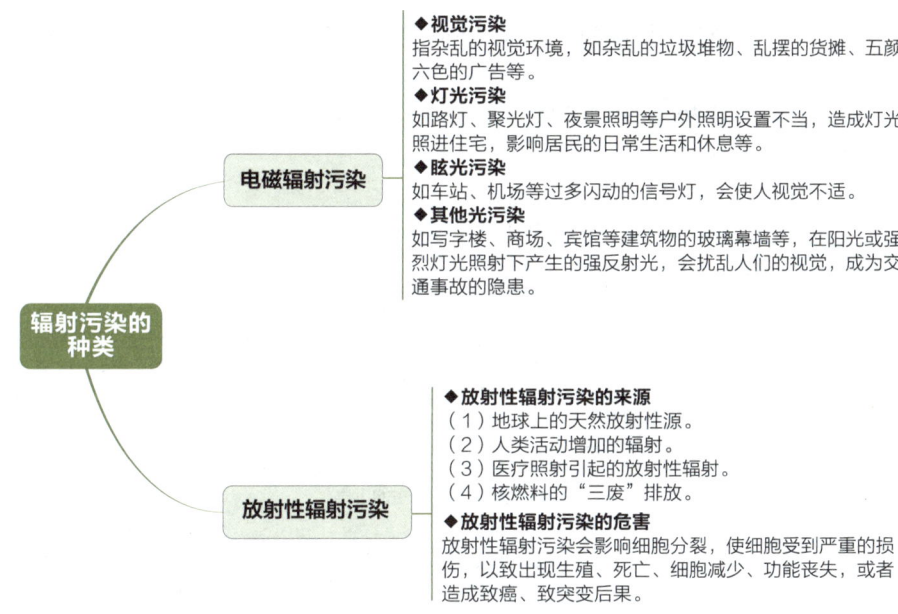

图 3-17 辐射污染的种类

【试题演练】

1. 路灯、夜景照明等户外照明设置不当，造成灯光照进住宅，影响居民的日常生活和休息属于（　　）。

A. 灯光污染　　　　　　　　B. 眩光污染

C. 视觉污染　　　　　　　　D. 亮光污染

【答案及解析】A　灯光污染：如路灯、聚光灯、夜景照明等户外照明设置不当，造成灯光照进住宅，影响居民的日常生活和休息等。

2. 放射性辐射污染的来源包括（　　）。

A. 地球上的天然放射性源

B. 人类活动增加的辐射

C. 核燃料的"三废"排放

D. 医疗照射引起的放射性辐射

E. 电离辐射

【答案及解析】ABCD　本题考查放射性辐射污染的主要来源。

【考点】室内环境污染

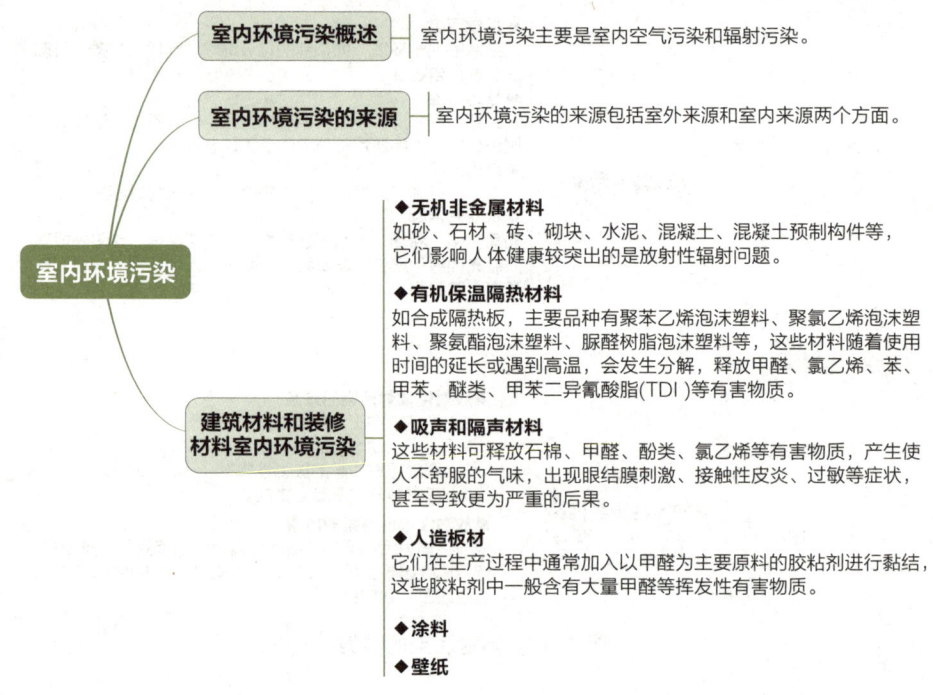

图 3-18　室内环境污染

【试题演练】

在室内环境污染源中，能够使人出现眼结膜刺激、接触性皮炎、过敏等症状的是（　　）。

A. 吸声和隔声材料　　　　　　　　B. 涂料
C. 人造板材　　　　　　　　　　　D. 有机保温隔热材料

【答案及解析】A　吸声和隔声材料。这些材料可释放石棉、甲醛、酚类、氯乙烯等有害物质，产生使人不舒服的气味，出现眼结膜刺激、接触性皮炎、过敏等症状，甚至导致更为严重的后果。

第四章 房地产市场及其运行

第一节 房地产市场概述

【考点】房地产市场的要素

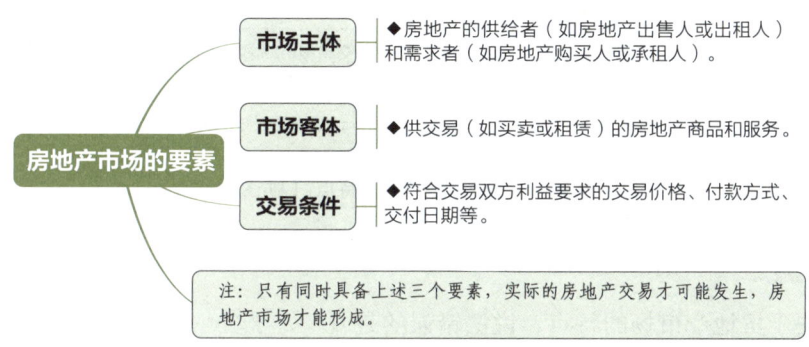

图 4-1 房地产市场的要素

【试题演练】

房地产市场的要素是指构成房地产市场的必要因素,下列属于房地产市场的构成要素的有（   ）。

A. 市场主体　　　　　　　　B. 市场购买力
C. 市场客体　　　　　　　　D. 交易条件
E. 购买欲望

【答案及解析】ACD　本题考查房地产市场的要素。

【考点】房地产市场的特点

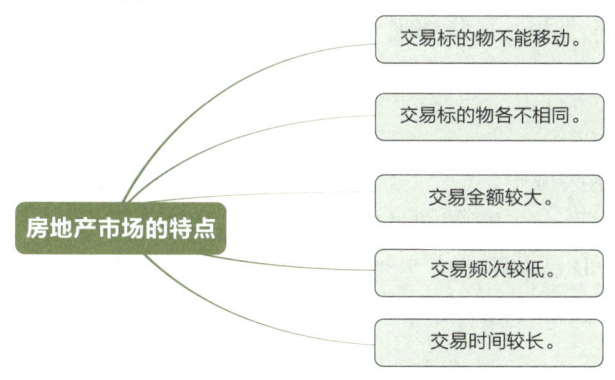

图 4-2 房地产市场的特点

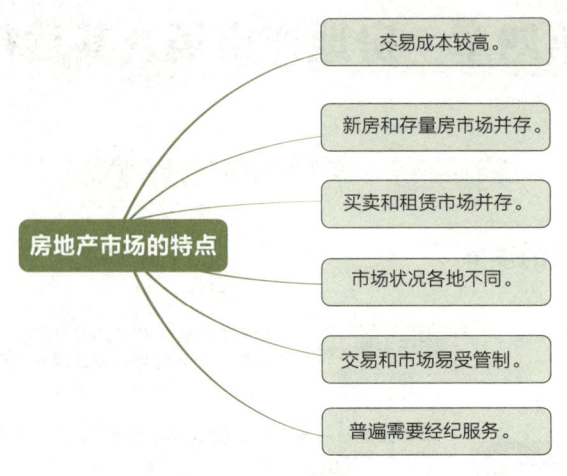

图 4-2 房地产市场的特点（续图）

【试题演练】

下列关于房地产市场的特点，说法错误的是（　　）。
A. 交易标的物各不相同　　　　　　B. 交易金额较大
C. 交易频次较高　　　　　　　　　D. 交易时间较长

【答案及解析】C　本题考查房地产市场的特点。房地产市场的特点中包括交易频次较低，因此 C 选项错误。

【考点】房地产市场的主要参与者

根据购买房地产的目的或动机，房地产需求分为下列 5 种类型：

（1）自用性需求是购买房地产后自己使用的需求，即"为用而买"的需求。

（2）投资性需求是购买房地产后长期用于出租或出租较长时间（通常 5 年以上）再转售未获取回报的需求，即"为租而买"的需求。

（3）投机性需求是为了再出售而暂时购买房地产，利用房地产价格涨落变化，以期从价差中获利的需求，即"为卖而买"的需求。

（4）保值性需求是担心通货膨胀（物价上涨、货币贬值）而购买房地产。

（5）特殊性需求是为了特殊需要而购买房地产，购买后可能自用，也可能空置或出租。

【试题演练】

下列房地产需求类型中，（　　）是担心通货膨胀而购买房地产。
A. 投资性需求　　　B. 投机性需求　　　C. 特殊性需求　　　D. 保值性需求

【答案及解析】D　本题考查房地产需求的种类。保值性需求，是担心通货膨胀（物价上涨、货币贬值）而购买房地产。

第二节 房地产市场的分类

【考点】按房地产流转次数分类

按房地产流转次数分类
- ◆按房地产流转次数，房地产市场分为一级市场、二级市场和三级市场。
- ◆房地产一级市场是建设用地使用权出让市场，也称为土地一级市场。
- ◆房地产二级市场是建设用地使用权出让后的房地产开发和经营，包括建设用地使用权转让市场，新建商品房销售（包括预售、现售）、租赁市场。

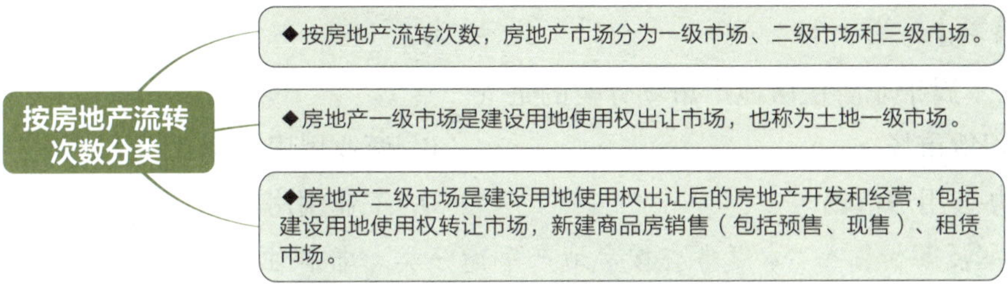

图 4-3　按房地产流转次数分类

【试题演练】

房地产（　　）是建设用地使用权出让后的房地产开发和经营，包括建设用地使用权转让市场，新建商品房销售、租赁市场。

A. 一级市场　　　　　　　　　　B. 二级市场
C. 三级市场　　　　　　　　　　D. 存量房市场

【答案及解析】B　本题考查按房地产流转次数的分类。

【考点】按房地产交易方式分类

按房地产交易方式分类
- ◆按房地产交易方式，房地产市场分为买卖市场和租赁市场。
- ◆住房、公寓、商铺、写字楼等类房地产，同时存在着买卖市场和租赁市场，有时租赁市场比买卖市场还要活跃，交易频次较高。
- ◆随着大力培养和发展住房租赁市场、建立租购并举的住房制度，住房市场会从买卖为主转向租购并举。

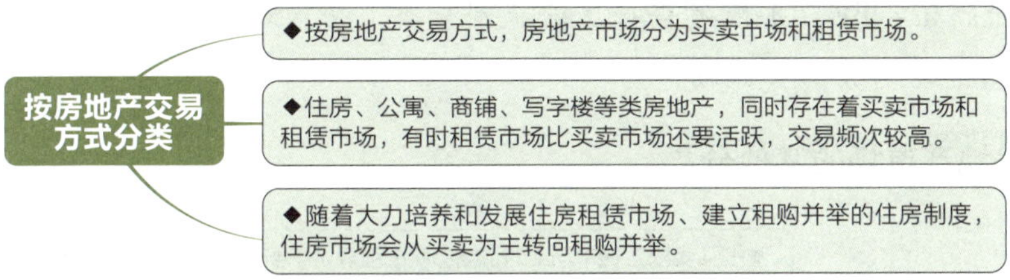

图 4-4　按房地产交易方式分类

【试题演练】

按房地产交易方式，房地产市场分为（　　）。

A. 预售市场　　　　　　　　　　B. 现售市场
C. 买卖市场　　　　　　　　　　D. 租赁市场
E. 二手住房市场

【答案及解析】CD　本题考查按房地产交易方式分类。按房地产交易方式，房地产市场分为买卖市场和租赁市场。

【考点】按房地产用途分类

按房地产用途，房地产市场分为居住房地产市场和非居住房地产市场。居住房地产市场主要是住房市场。非居住房地产市场又可分为商业用房市场、办公用房市场、工业用房市场等。

【试题演练】

下列不属于非居住房地产市场分类的是（　　）。

A．租赁市场　　　　　　　　　　B．商业用房市场
C．办公用房市场　　　　　　　　D．工业用房市场

【答案及解析】A　本题考查按房地产用途分类。非居住房地产市场又可分为商业用房市场、办公用房市场、工业用房市场等。

【考点】按区域范围分类

按区域范围，房地产市场分为区域房地产市场和整体房地产市场。具体可分为某个城市、某个地区或者全国房地产市场。

【试题演练】

按区域范围，房地产市场分为（　　）。

A．商业用房市场　　　　　　　　B．区域房地产市场
C．办公用房市场　　　　　　　　D．工业用房市场
E．整体房地产市场

【答案及解析】BE　本题考查按区域范围分类。按区域范围，房地产市场分为区域房地产市场和整体房地产市场。

【考点】房地产市场的其他分类

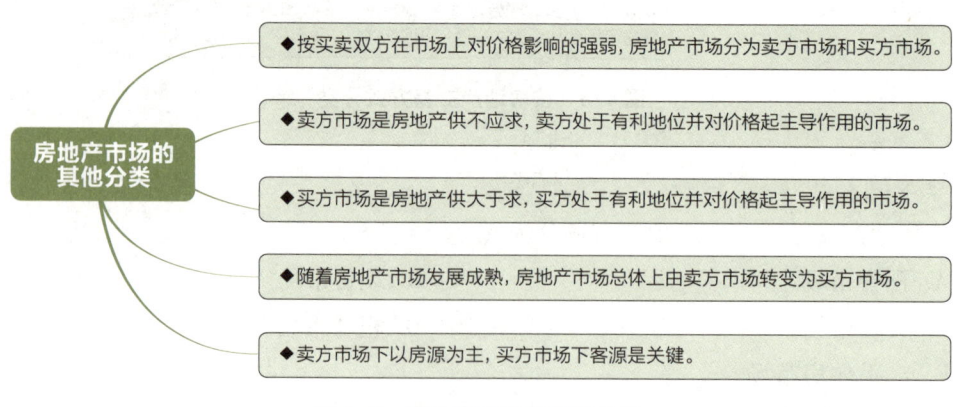

图 4-5　房地产市场的其他分类

第四章 房地产市场及其运行

【试题演练】

按买卖双方在市场上对价格影响的强弱，房地产市场分为（　　）。

A. 卖方市场　　　　　　　　　B. 买方市场
C. 高档房地产市场　　　　　　D. 中档房地产市场
E. 低档房地产市场

【答案及解析】AB　本题考查房地产市场的其他分类。按买卖双方在市场上对价格影响的强弱，房地产市场分为卖方市场和买方市场。

第三节　房地产市场供给与需求

【考点】房地产市场需求

```
房地产市场需求 ─┬─ 替代品 ─ ◆某种房地产的价格虽然不变，但与它相关的物品价格发生变化时，该种房地产的需求也会发生变化。
                │            ◆与某种房地产相关的物品，是该种房地产的替代品和互补品。
                │            ◆在替代品的房地产之间，如果一种房地产的价格不变，而另一种房地产的价格上涨，则消费者就会把需求转移到这种价格不变的房地产上，从而该种房地产的需求会增加；反之，该种房地产的需求会减少。
                └─ 互补品 ─ ◆某种房地产的互补品，是与该种房地产相互配合的其他房地产或物品，如住宅和与其配套的商业、娱乐房地产，郊区住房和收费的高速公路，商业办公用房和与其配套的停车场。
                             ◆在互补品之间，如果一种物品的消费多了，则另一种物品的消费也会多起来。因此，当一种房地产的互补品价格降低时，对该种房地产的需求会增加，如郊区住房，当降低或取消连接它与市区的高速公路收费时，对其需求会增加；反之，对其需求会减少。
```

图4-6　房地产市场需求

【试题演练】

当一种房地产的替代品价格上涨时，则消费者对该房地产的需求（　　），当一种房地产的互补品价格降低时，则消费者对该房地产的需求（　　）。

A. 上升，下降　　　　　　　　B. 上升，上升
C. 下降，上升　　　　　　　　D. 下降，下降

【答案及解析】B　本题考查房地产市场需求。

【考点】房地产市场供给

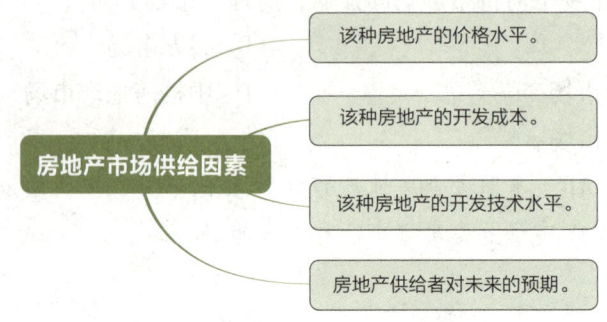

图 4-7　房地产市场供给因素

【试题演练】

下列不属于房地产供给量的决定因素的是（　　）。

A. 房地产的价格水平

B. 房地产的开发技术水平

C. 房地产供给者对未来的预期

D. 相关物品的价格水平

【答案及解析】D　本题考查房地产市场供给因素。

【考点】房地产供求关系

房地产价格和房地产供求相互影响，具体如图 4-8 所示。

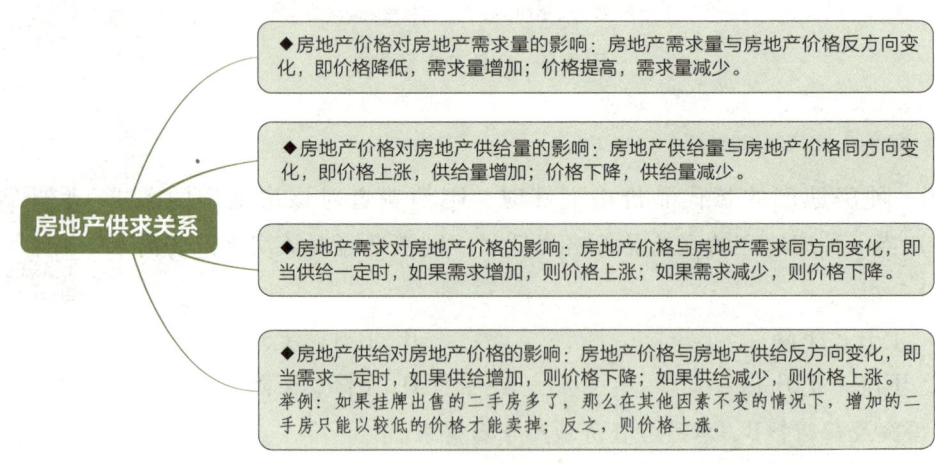

图 4-8　房地产供求关系

【试题演练】

房地产价格与房地产供求是相互影响的,当价格降低时,需求量(　　);当供给一定时,如果需求增加,则价格(　　)。

A. 上升,下降　　　　　　　　B. 上升,上升
C. 下降,上升　　　　　　　　D. 下降,下降

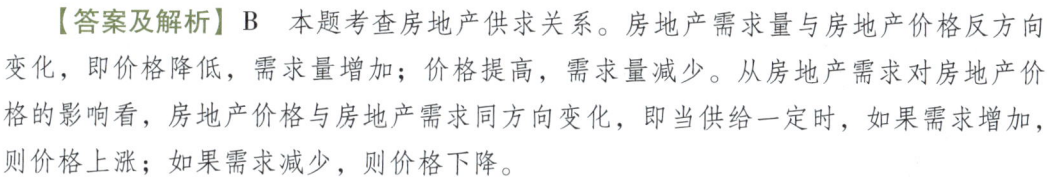

【答案及解析】B　本题考查房地产供求关系。房地产需求量与房地产价格反方向变化,即价格降低,需求量增加;价格提高,需求量减少。从房地产需求对房地产价格的影响看,房地产价格与房地产需求同方向变化,即当供给一定时,如果需求增加,则价格上涨;如果需求减少,则价格下降。

第四节　房地产市场竞争与结构

【考点】房地产市场竞争

在卖方与卖方之间的竞争中,特别是在买方"货比三家"的情况下,各个卖方为争夺买家,会进行价格竞争,使卖方原本要贵卖的愿望适得其反,结果是压低价格。

在买方与买方之间的竞争中,特别是在卖方采取"价高者得"的情况下,各个买方为买到手,会进行价格竞争,使买方原本要贱买的愿望适得其反,结果是抬高价格。

【试题演练】

在房地产市场卖方与卖方之间的竞争中,特别是在买方"货比三家"的情况下,各个卖方为争夺买家,会进行价格竞争,使卖方(　　);在买方与买方之间的竞争中,为买到手,会使买方(　　)。

A. 抬高价格,压低价格
B. 抬高价格,抬高价格
C. 压低价格,抬高价格
D. 压低价格,压低价格

【答案及解析】C　本题考查房地产市场竞争。

【考点】房地产市场结构

（一）根据市场结构分类

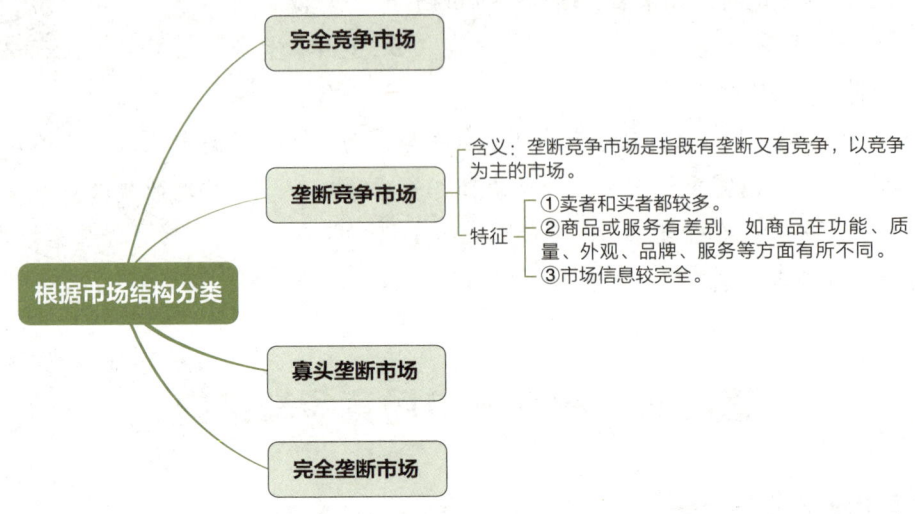

图 4-9　根据市场结构分类

（二）根据市场中卖方和买方的数量分类

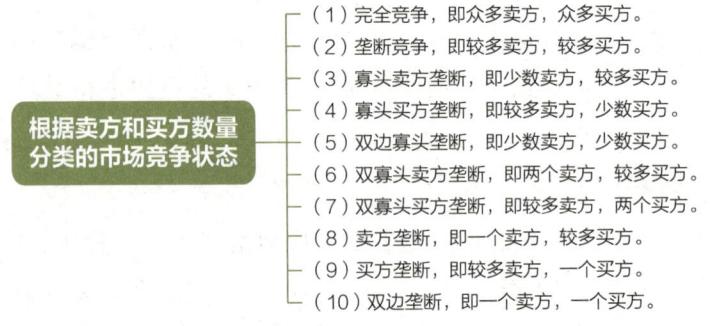

图 4-10　根据卖方和买方数量分类的市场竞争状态

【试题演练】

1. 下列不属于房地产根据市场结构分类的是（　　）。

A. 完全竞争市场

B. 不完全竞争市场

C. 垄断竞争市场

D. 完全垄断市场

【答案及解析】B　本题考查房地产市场结构。根据市场结构，房地产市场分为完全竞争市场、垄断竞争市场、寡头垄断市场和完全垄断市场。

2. 某房地产市场结构具有卖者和买者都较多、商品或服务有差别、市场信息较完全等特征，则该市场结构属于（　　）。

A. 完全竞争市场　　　　　　　　B. 寡头垄断市场

C. 垄断竞争市场　　　　　　　　D. 完全垄断市场

【答案及解析】C　本题考查房地产市场结构。

3. 下列关于房地产市场竞争状态，说法错误的是（　　）。

A. 垄断竞争，即较多卖方，较多买方

B. 寡头卖方垄断，即少数买方，较多卖方

C. 双边寡头垄断，即少数卖方，少数买方

D. 卖方垄断，即一个卖方，较多买方

【答案及解析】B　本题考查房地产市场结构。寡头卖方垄断，即少数卖方，较多买方，因此 B 选项表述错误。

第五节　房地产市场波动与调控

【考点】房地产市场波动

反映房地产市场变化状况的指标主要有成交价和成交量（有成交套数、成交面积、成交金额。对房地产经纪来说，主要是成交套数）。一般来说，房地产的成交量比成交价对市场的反应及时、敏感，即成交量比成交价变化速度快、变化幅度大，从而对房地产经纪机构和房地产经纪从业人员的收入产生很大影响，甚至使其"饱一顿饿一顿"，因为房地产经纪佣金收入与成交量密切相关。

【试题演练】

反映房地产市场变化状况的指标主要有（　　）。

A. 成交价　　　　　　　　　　　B. 房地产供给量

C. 房地产需求量　　　　　　　　D. 成交量

E. 宏观政策

【答案及解析】AD　本题考查房地产市场波动。反映房地产市场变化状况的指标主要有成交价和成交量（有成交套数、成交面积、成交金额。对房地产经纪来说，主要是成交套数）。

【考点】房地产市场周期

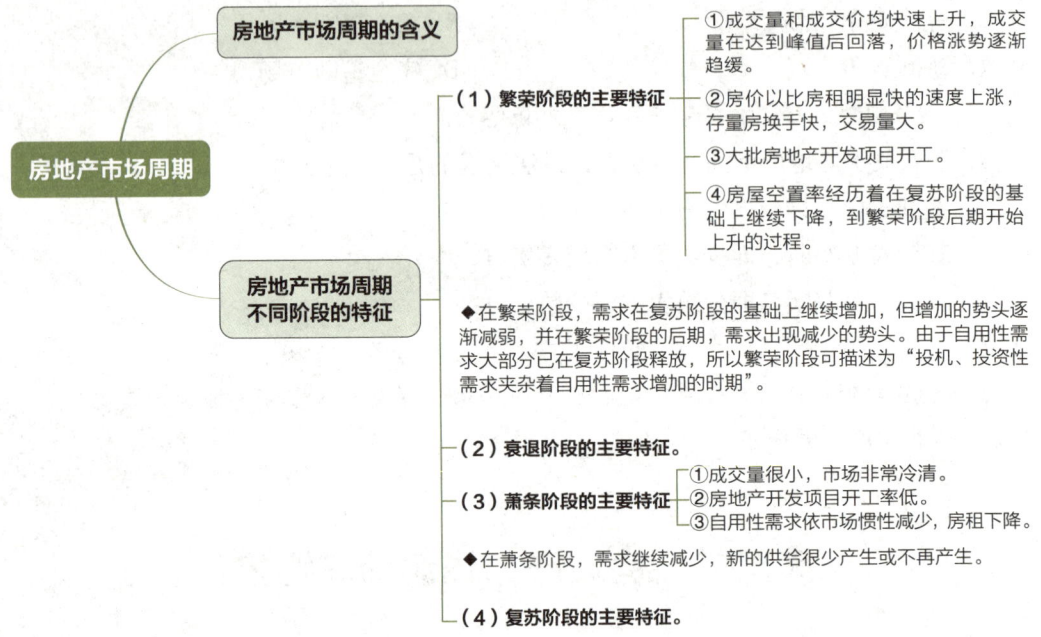

图 4-11　房地产市场周期

【试题演练】

1. 下列关于繁荣阶段的主要特征，说法错误的是（　　）。

A. 先是成交量和成交价均快速上升，成交量达到峰值，价格处于涨势

B. 房价以比房租明显快的速度上涨，存量房换手快，交易量大

C. 大批房地产开发项目开工

D. 房屋空置率经历着在复苏阶段的基础上继续下降，到繁荣阶段后期开始上升的过程

【答案及解析】A　本题考查房地产市场周期不同阶段的特征。

2. 下列属于房地产市场萧条阶段的主要特征的是（　　）。

A. 投机、投资者纷纷设法将自己持有的房地产脱手

B. 成交量很小，市场非常冷清

C. 房屋空置率不断上升

D. 房地产开发项目开工率低

E. 自用性需求依市场惯性减少，房租下降

【答案及解析】BDE　本题考查房地产市场周期不同阶段的特征。萧条阶段的主要特征有：成交量很小，市场非常冷清；房地产开发项目开工率低；自用性需求依市场惯性减少，房租下降。

【考点】房地产市场走势判断

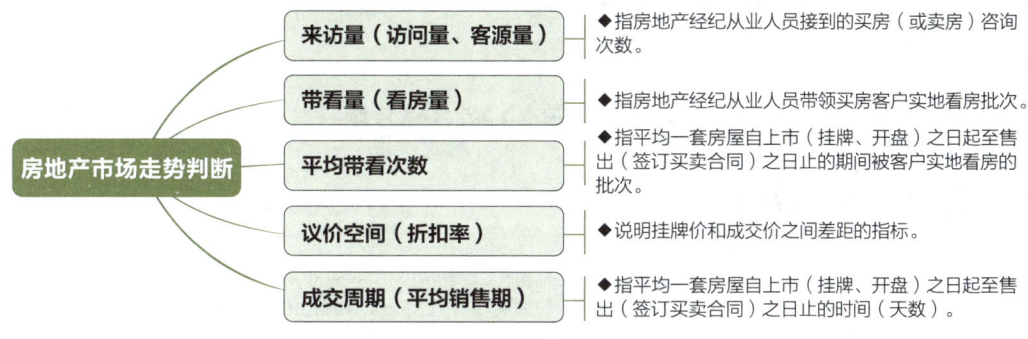

图 4-12 房地产市场走势判断

【试题演练】

下列关于分析判断房地产市场短期走势和房地产市场冷热程度的主要指标中，描述错误的是（　　）。

A. 客源量是指房地产经纪人员接到的买房（或卖房）咨询次数
B. 看房量是指房地产经纪从业人员带领买房客户实地看户人次
C. 平均带看次数指平均一套房屋自上市之日起至售出之日止的期间被客户实地看房的批次
D. 平均销售期指平均一套房屋自上市之日起至售出之日止的时间

【答案及解析】B　本题考查的是房地产市场走势判断。带看量也称为看房量，是指房地产经纪从业人员带领买房客户实地看房批次。

【考点】房地产市场调控

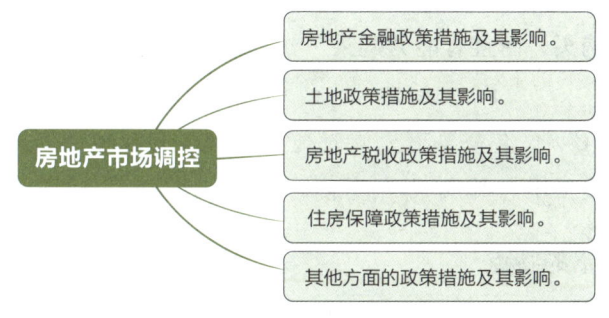

图 4-13 房地产市场调控

【试题演练】

下列不属于房地产市场调控政策措施的是（　　）。

A. 房地产金融政策　　　　　　　　B. 房地产税收政策
C. 房地产财政政策　　　　　　　　D. 土地政策

【答案及解析】C　本题考查房地产市场调控。

第五章 房地产价格及其评估

第一节 房地产价格概述

【考点】房地产价格的含义

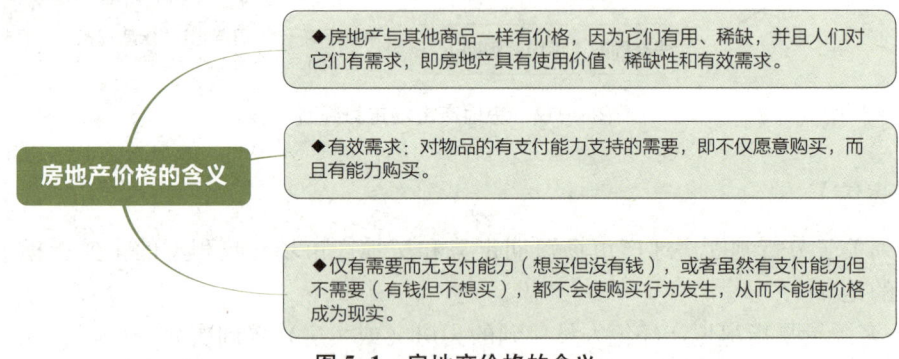

图 5-1 房地产价格的含义

【试题演练】

1. 房地产有价格的原因,是其具有( )。

A. 使用价值　　　　B. 收藏价值　　　　C. 稀缺性　　　　D. 有效需求

E. 增益性强

【答案及解析】ACD　本题考查房地产价格的含义。

2. "不仅愿意购买,而且有能力购买"这种现象体现了房地产的( )。

A. 使用价值　　　　B. 稀缺性　　　　C. 有效需求　　　　D. 增益性强

【答案及解析】C　仅有需要而无支付能力(想买但没有钱),或者虽然有支付能力但不需要(即有钱但不想买),都不会使购买行为发生,从而不能使价格成为现实。

【考点】房地产价格的特点

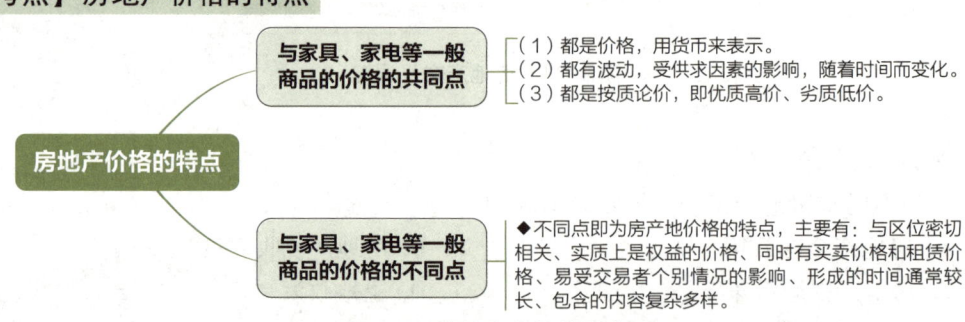

图 5-2 房地产价格的特点

【试题演练】

房地产与一般商品价格的不同之处为（　　）。

A. 房地产受供求因素的影响，随着时间而变化

B. 房地产实质上是权益的价格

C. 房地产容易受交易者个别情况的影响

D. 房地产具有优质高价、劣质低价的特点

E. 房地产形成的时间通常较长

【答案及解析】BCE　本题考查房地产价格的特点。

第二节　房地产价格的主要种类

【考点】挂牌价格、成交价格和市场价格

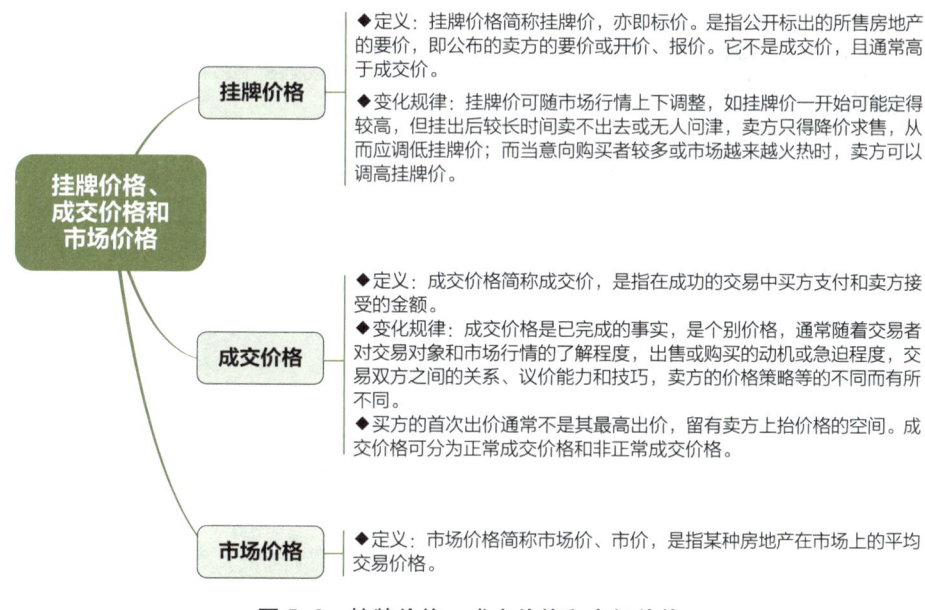

图 5-3　挂牌价格、成交价格和市场价格

【试题演练】

1. 下列有关房地产价格的说法中，正确的是（　　）。

A. 挂牌价格就是成交价

B. 挂牌价不能随市场行情上下调整

C. 买方的首次出价通常是其最高出价

D. 成交价格可分为正常成交价格和非正常成交价格

【答案及解析】D 本题考查挂牌价格、成交价格的相关内容。

2. 成交价格是已完成价格，是（　　）。

A. 特定价格　　　　　　　　B. 协议价格

C. 最终价格　　　　　　　　D. 个别价格

【答案及解析】D 成交价格简称成交价，是指在成功的交易中买方支付和卖方接受的金额。它是已完成的事实，是个别价格。

3. 市场价格是市场上的（　　）。

A. 正常价格　　　　　　　　B. 平均价格

C. 常见价格　　　　　　　　D. 偶然价格

【答案及解析】B 市场价格是指某种房地产在市场上的平均交易价格。

【考点】总价格、单位价格和楼面地价

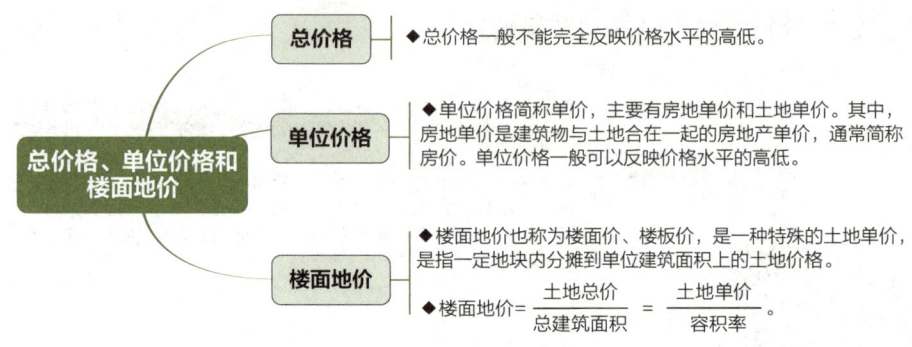

图 5-4　总价格、单位价格和楼面地价

【试题演练】

1. （　　）一般可以反映价格水平的高低。

A. 总价格　　　　　　　　　B. 房地产单价

C. 土地单价　　　　　　　　D. 单位价格

【答案及解析】D 单位价格一般可以反映价格水平的高低。

2. 某住宅小区建筑总面积 10000 平方米，建筑物基底面积之和为 2000 平方米，项目规划地块的土地单价为 5000 元/平方米，容积率为 2，则该小区的楼面地价是（　　）元/平方米。

A. 1000　　　　　　　　　　B. 1500

C. 2000　　　　　　　　　　D. 2500

【答案及解析】D 楼面地价＝土地单价/容积率＝5000÷2＝2500（元/平方米）。

第五章 房地产价格及其评估

【考点】正常负担价、卖方净得价和买方实付价

> ◆ 同一房地产在价格水平相同的情况下，卖方净得价最低，买方实付价最高，正常负担价居中。
> 三者的关系：
> （1）正常负担价−卖方应缴纳的税费＝卖方净得价。
> （2）正常负担价＋买方应缴纳的税费＝买方实付价。
> （3）买方实付价−卖方净得价＝买方应缴纳的税费＋卖方应缴纳的税费。

正常负担价、卖方净得价和买方实付价

> ◆ 如果卖方、买方应缴纳的税费是正常负担价的一定比率，即卖方应缴纳的税费＝正常负担价×卖方应缴纳的税费比率，买方应缴纳的税费＝正常负担价×买方应缴纳的税费比率。

$$正常负担价 = \frac{卖方净得价}{1-卖方应缴纳的税费比率}$$

$$正常负担价 = \frac{买方实付价}{1+买方应缴纳的税费比率}$$

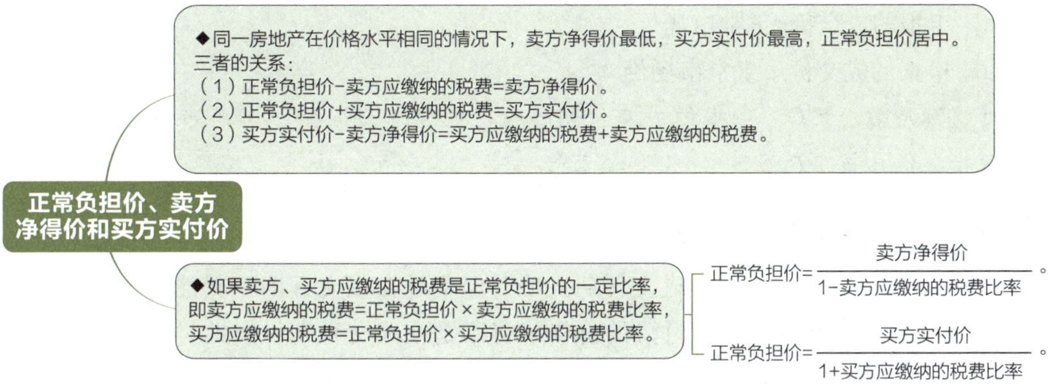

图 5−5 正常负担价、卖方净得价和买方实付价

【试题演练】

正常负担价、卖方净得价和应缴纳的税费的关系为（　　）。

A. 正常负担价＝卖方净得价＋卖方应缴纳的税费
B. 正常负担价＝卖方净得价−卖方应缴纳的税费
C. 正常负担价＝卖方净得价×卖方应缴纳的税费比率
D. 正常负担价＝卖方净得价÷(1＋卖方应缴纳的税费比率)

【答案及解析】 A　正常负担价−卖方应缴纳的税费＝卖方净得价。

【考点】真实成交价、网签备案价、计税指导价和贷款评估价

> ◆ 根据《城市房地产管理法》，国家实行房地产成交价格申报制度，因此房地产交易应如实申报成交价，按照申报的成交价缴纳税费。

真实成交价、网签备案价、计税指导价和贷款评估价

> ◆ 申报的成交价明显低于正常市场价的，参照市场价或评估价（计税指导价）核定税费。
> ◆ 为遏制"阴阳合同"和"高评高贷"现象，要求商业银行办理房屋贷款业务，要以网签备案合同价款和房屋评估价（贷款评估价）的最低值作为计算基数确定贷款额度。

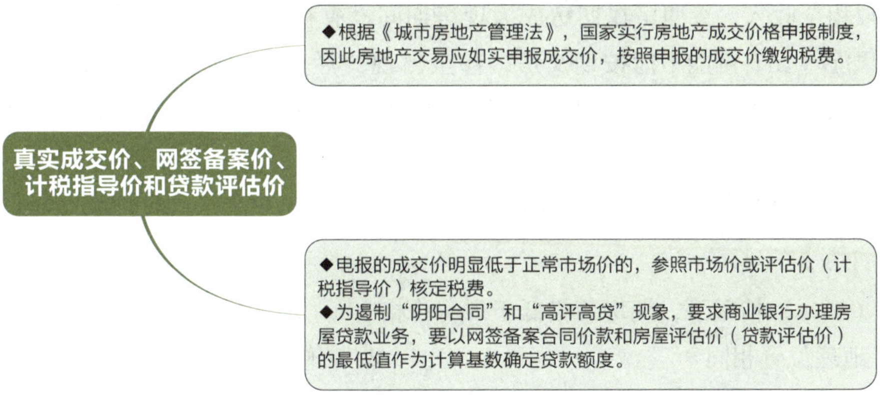

图 5−6 真实成交价、网签备案价、计税指导价和贷款评估价

【试题演练】

《城市房地产管理法》中，参照评估价核定税费的前提是（　　）。

A. 申报的成交价>正常市场价
B. 申报的成交价≥正常市场价
C. 申报的成交价<正常市场价
D. 申报的成交价≤正常市场价

【答案及解析】C　申报的成交价明显低于正常市场价的,参照市场价或评估价(计税指导价)核定税费。

【考点】名义价格和实际价格

在不同的付款方式下,在成交日期讲明,但不是在成交日期一次性付清的价格为名义价格;在成交日期一次性付清的价格或将不是在成交日期一次性付清的价格折现到成交日期的价格为实际价格。

【试题演练】

一套建筑面积为 100 平方米、单价为 6000 元/平方米、总价为 60 万元的住宅,现有一优惠政策,在成交日期一次性付清,则给予 10% 的优惠。则优惠后的实际总价为(　)万元。

A. 60　　　　　　　　　　　B. 55
C. 54　　　　　　　　　　　D. 54.5

【答案及解析】C　6000×(1-10%)×100＝540000(元)。

【考点】现房价格和期房价格

在期房与现房品质相同(包括位置、结构、设备、装修、环境和配套设施等方面相同)的情况下,期房价格应低于现房价格。以可以出租的住宅为例,由于买现房可出租获取租金收入,买期房在期房成为现房期间没有租金收入,由于买期房存在风险(如有可能不能按期交房,甚至出现"烂尾",或者实际交付的品质比预售时约定的差),所以期房价格必然低于现房价格,且两者的关系为:

期房价格＝现房价格-预计从期房达到现房期间现房出租的净收益的折现值-风险补偿

【试题演练】

在(　)情况下,期房价格低于现房价格。

A. 地理位置相同　　　　　　B. 装修风格相同
C. 品质相同　　　　　　　　D. 一般

【答案及解析】C　在期房与现房品质相同(包括位置、结构、设备、装修、环境和配套设施等方面相同)的情况下,期房价格应低于现房价格。

【考点】起价、标价、成交价和均价

均价，是新建商品房的平均价格，一般有标价的平均价格和成交价的平均价格两种。均价一般可以反映所销售商品房的总体价格水平。

【试题演练】

可以反映所销售商品房的总体价格水平的是（　　）。

A. 起价　　　　　B. 标价　　　　　C. 成交价　　　　　D. 均价

【答案及解析】D　本题考查起价、标价、成交价和均价。

【考点】买卖价格和租赁价格

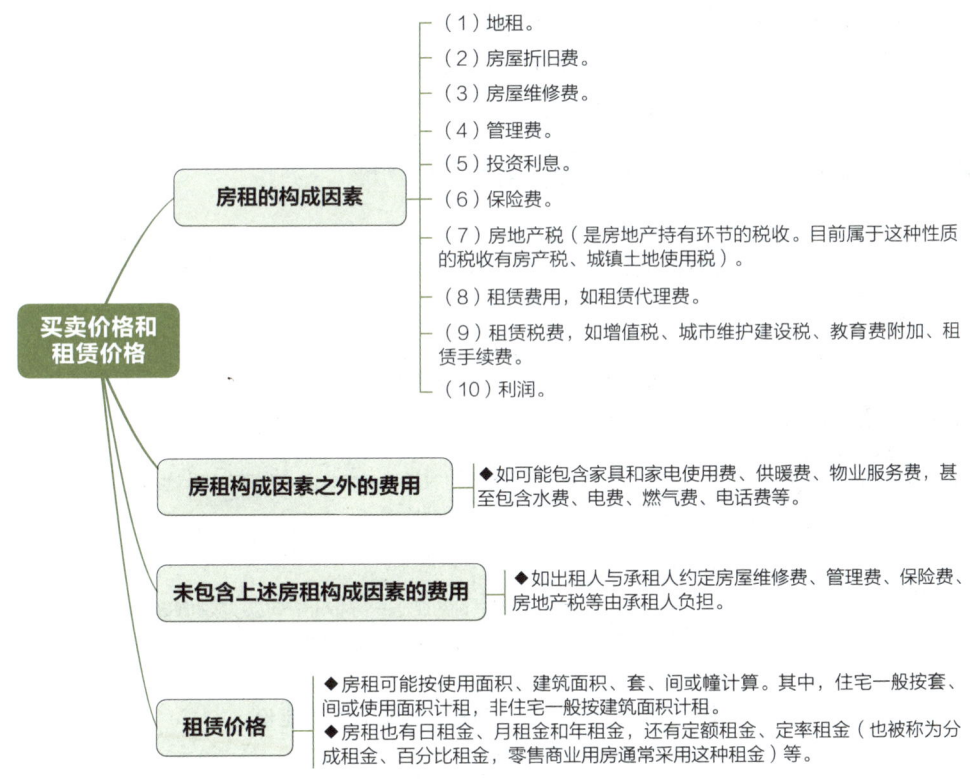

图 5-7　买卖价格和租赁价格

【试题演练】

下列（　　）属于房租的构成因素。

A. 地租　　　　　B. 物业服务费　　　　　C. 房地产税　　　　　D. 房屋维修费

E. 水费

【答案及解析】ACD　本题考查房租的构成因素。

【考点】补地价

需要补地价的情形主要有：①转让、出租、抵押以划拨方式取得建设用地使用权的房地产；②改变土地用途等规划条件；③延长土地使用期限（包括建设用地使用权期间届满后续期）。

【试题演练】

（　　）以划拨方式取得建设用地使用权的房地产需要补地价。

A. 转让　　　　　　　　　　　B. 出租
C. 抵押　　　　　　　　　　　D. 买卖
E. 继承

【答案及解析】ABC　需要补地价的情形主要有：①转让、出租、抵押以划拨方式取得建设用地使用权的房地产；②改变土地用途等规划条件；③延长土地使用期限（包括建设用地使用权期间届满后续期）。

【考点】市场调节价、政府指导价和政府定价

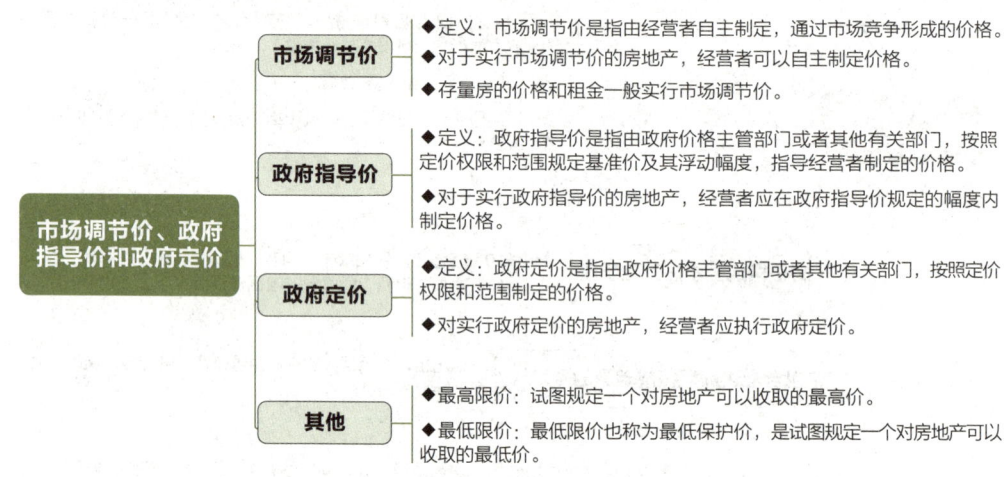

图 5-8　市场调节价、政府指导价和政府定价

【试题演练】

由经营者自主定价的是（　　）。

A. 市场调节价　　　　　　　　B. 政府指导价
C. 政府定价　　　　　　　　　D. 最高、低限价

【答案及解析】A　本题考查市场调节价。市场调节价是指由经营者自主制定，通过市场竞争形成的价格。

第三节 房地产价格的影响因素

【考点】房地产价格的影响因素概述

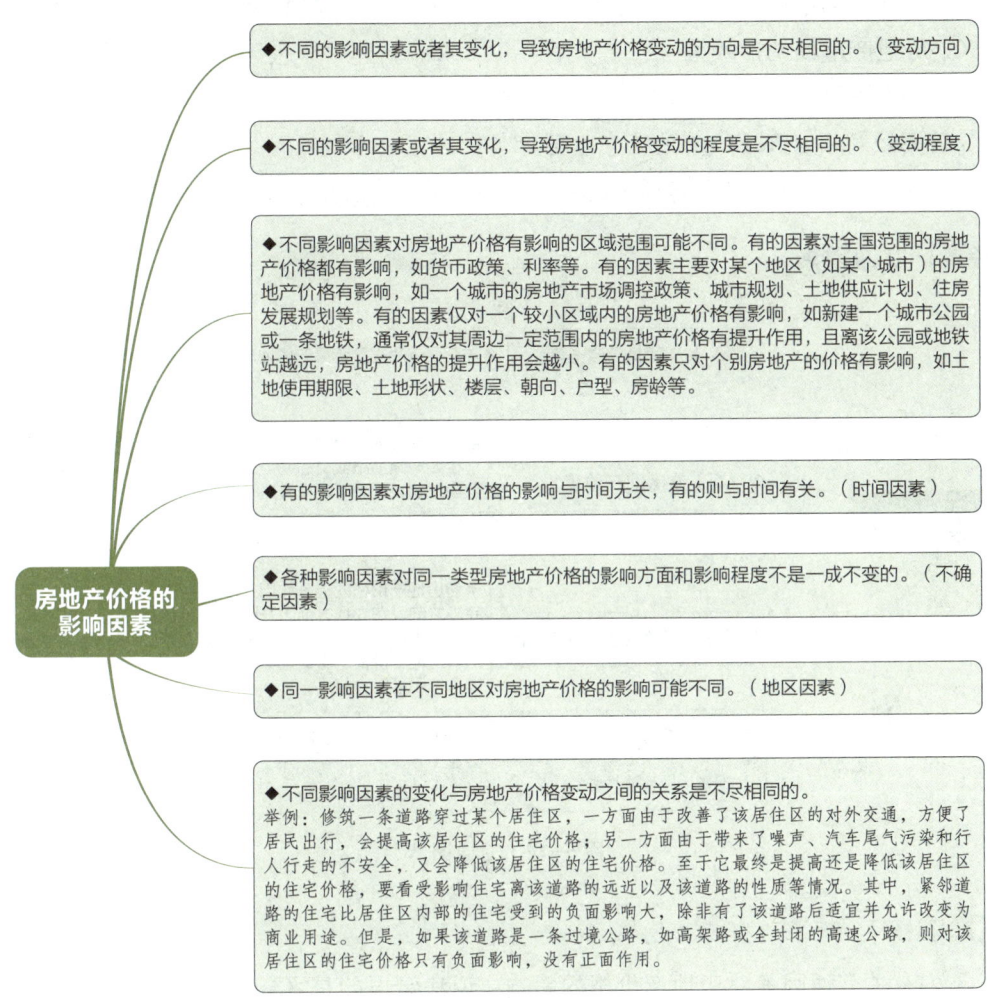

图 5-9 房地产价格的影响因素

【试题演练】

1. 下列关于房地产价格影响因素，说法正确的是（   ）。

A. 如果在居住区内建设一条路，则铁路通常是增值因素

B. 商场与住宅相反，楼层对价格的影响要比朝向小

C. 现在城市住房的消费普遍出现高层住宅的价格高于低层、多层住宅的价格，甚至塔式高层住宅的价格高于板式低层、多层住宅的价格

D. 现修筑一条全封闭的高速公路穿过某居住区，则对该居住区的住宅价格只有负面影响，没有正面作用

【答案及解析】D　本题考查房地产价格的影响因素。

2. 下列因素中，主要对某个地区的房地产价格有影响的有（　　）。

A. 土地使用期限　　　　　　　　B. 土地供应计划
C. 房地产市场调控政策　　　　　D. 新建一个公园
E. 住房发展规划

【答案及解析】BCE　有的因素主要对某个地区（如某个城市）的房地产价格有影响，如一个城市的房地产市场调控政策、城市规划、土地供应计划、住房发展规划等。

【考点】交通因素

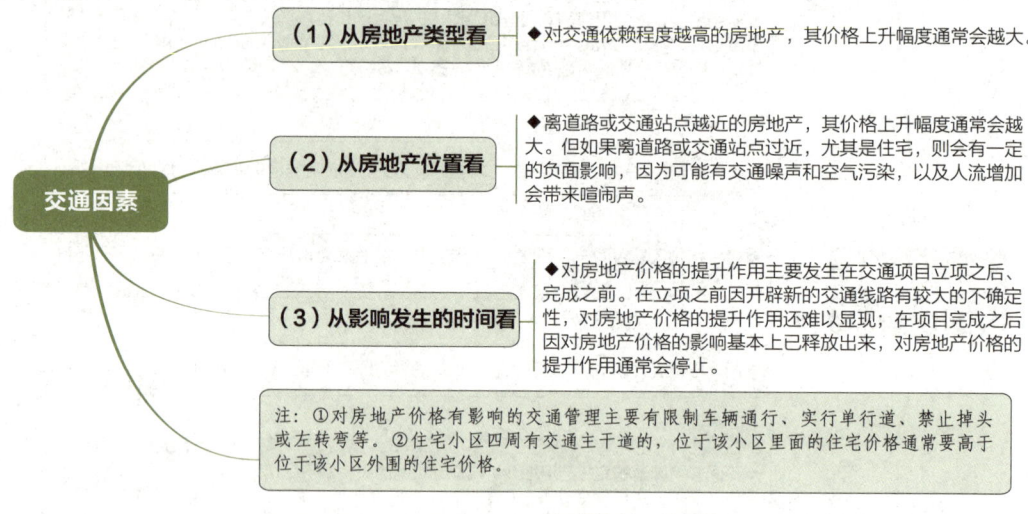

图5-10　交通因素

【试题演练】

下列有关交通因素对房地产价格的影响，说法错误的是（　　）。

A. 对交通依赖程度越高的房地产，其价格上升幅度通常会越大
B. 离道路或交通站点越近的房地产，其价格上升幅度通常会越大
C. 住宅小区四周有交通主干道的，位于该小区里面的住宅价格通常要低于位于该小区外围的住宅价格
D. 限制车辆通行会对房地产价格有影响

【答案及解析】C　本题考查的是交通因素对房地产价格的影响。

【考点】人口因素

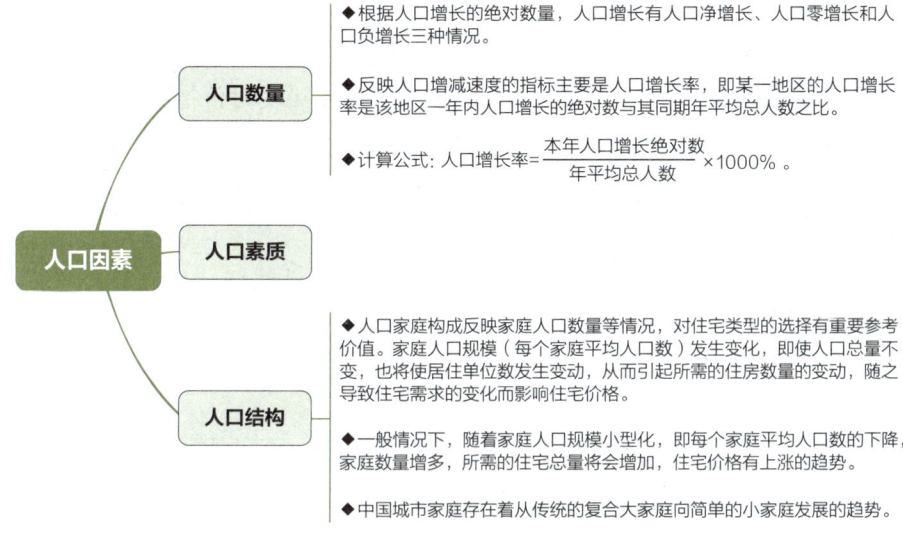

图 5-11 人口因素

【试题演练】

1. 反映人口增减速度的指标是（　　）。

A. 人口增长量　　　B. 人口增长率　　　C. 人口净增长　　　D. 人口机械增长率

【答案及解析】B　反映人口增减速度的指标主要是人口增长率。

2. （　　）对住宅类型的选择有重要参考价值。

A. 人口家庭构成　　　　　　　　　　B. 人口家庭数量

C. 人口家庭人员的远近　　　　　　　D. 人口年龄构成

【答案及解析】A　人口家庭构成反映家庭人口数量等情况，对住宅类型的选择有重要参考价值。

【考点】居民收入因素

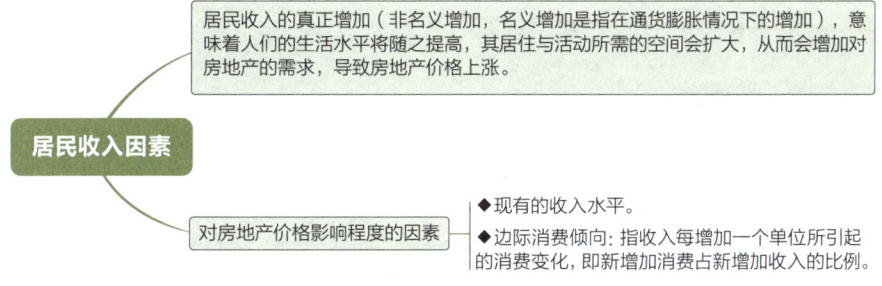

图 5-12 居民收入因素

【试题演练】

房地产价格的影响程度，主要取决于（   ）。

A. 房屋买卖市场的好坏　　　　　　B. 现有的收入水平

C. 边际消费倾向的大小　　　　　　D. 房屋买卖时价格的高低

E. 新建商品房是否空缺

【答案及解析】BC　对房地产价格的影响程度，要看现有的收入水平及边际消费倾向的大小。

【考点】物价因素

反映一般物价变动的指标主要有居民消费价格指数和生产资料价格指数。具体如图5-13所示。

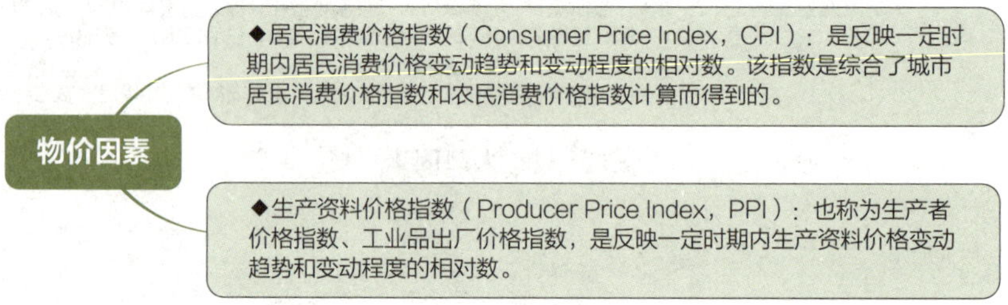

物价因素
- ◆居民消费价格指数（Consumer Price Index，CPI）：是反映一定时期内居民消费价格变动趋势和变动程度的相对数。该指数是综合了城市居民消费价格指数和农民消费价格指数计算而得到的。
- ◆生产资料价格指数（Producer Price Index，PPI）：也称为生产者价格指数、工业品出厂价格指数，是反映一定时期内生产资料价格变动趋势和变动程度的相对数。

图5-13　物价因素

中国目前统计口径中，房地产价格变动没有被纳入居民消费价格指数和生产资料价格指数核算，房地产被列入固定资产投资。因此，居民消费价格指数和生产资料价格指数的变动不反映房地产价格的变动。

【试题演练】

居民消费价格指数和生产资料价格指数主要反映（   ）。

A. 房地产价格变动　　　　　　　　B. 一般物价变动

C. 房屋租赁价格变动　　　　　　　D. 新建商品房价格变动

【答案及解析】B　反映一般物价变动的指标主要有居民消费价格指数和生产资料价格指数。居民消费价格指数和生产资料价格指数的变动并不反映房地产价格的变动。

【考点】货币政策因素

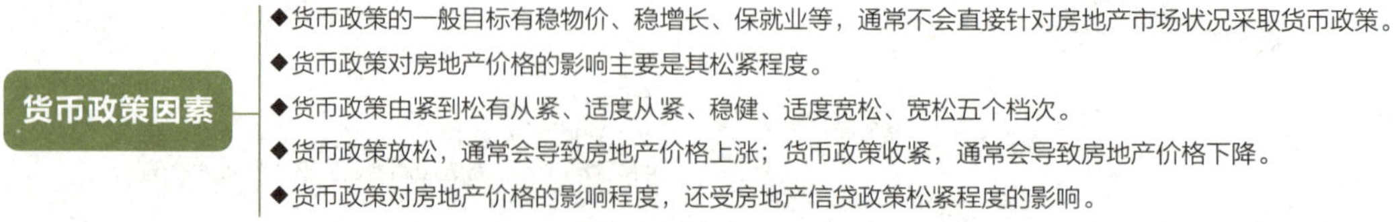

货币政策因素
- ◆货币政策的一般目标有稳物价、稳增长、保就业等，通常不会直接针对房地产市场状况采取货币政策。
- ◆货币政策对房地产价格的影响主要是其松紧程度。
- ◆货币政策由紧到松有从紧、适度从紧、稳健、适度宽松、宽松五个档次。
- ◆货币政策放松，通常会导致房地产价格上涨；货币政策收紧，通常会导致房地产价格下降。
- ◆货币政策对房地产价格的影响程度，还受房地产信贷政策松紧程度的影响。

图5-14　货币政策因素

第五章 房地产价格及其评估

【试题演练】

下列有关货币政策的说法中，错误的是（　　）。

A. 通常会直接针对房地产市场状况采取货币政策

B. 货币政策放松，通常会导致房地产价格上涨

C. 货币政策对房地产价格的影响主要是其松紧程度

D. 货币政策对房地产价格的影响程度，还受房地产信贷政策的影响

【答案及解析】A　本题考查货币政策对房地产价格的影响。

【考点】利率因素

从综合效应看，利率升降对房地产需求的影响大于对房地产供给的影响，从而使房地产价格与利率负相关：利率上升，房地产价格会下降；利率下降，房地产价格会上涨。另外，降息通常被认为是刺激经济的政策工具，由此来看，利率下降也有利于房地产价格上升。

【试题演练】

房地产价格与利率呈（　　）。

A. 正相关　　　　B. 负相关　　　　C. 不相关　　　　D. 都不是

【答案及解析】B　本题考查利率因素。

【考点】税收因素

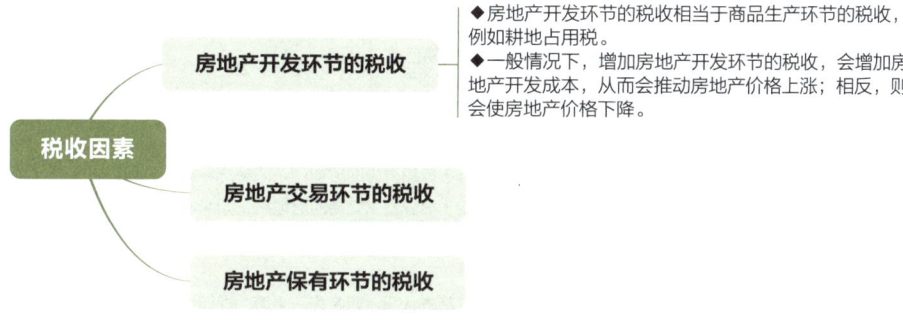

图5-15　税收因素

【试题演练】

在房地产开发环节增加税收，其结果是（　　）。

A. 买方市场交易率上升　　　　B. 卖方市场交易率下降

C. 房地产价格上涨　　　　D. 房地产价格下降

【答案及解析】C　增加房地产开发环节的税收，会增加房地产开发成本，从而会推动房地产价格上涨；相反，则会使房地产价格下降。

【考点】心理因素

影响房地产价格的心理因素主要有：①购买或出售时的心态；②个人的欣赏趣味或偏好；③时尚风气、跟风或从众心理；④接近名家住宅的心理；⑤讲究"风水"或吉祥号码。

【试题演练】

下列现象中，可能会出现成交价格高于正常市场价格的是（　　）。
A. 李某因急需周转要卖掉名下的一套房产
B. 王某对自己名下的一处房产保持惜售态度
C. 王某想购买一栋被外人称为"凶宅"的住宅
D. 李某想卖了名下一栋处于4层的住宅

【答案及解析】B　本题考查影响房地产价格的心理因素。

第四节　房地产价格的评估方法

【考点】比较法

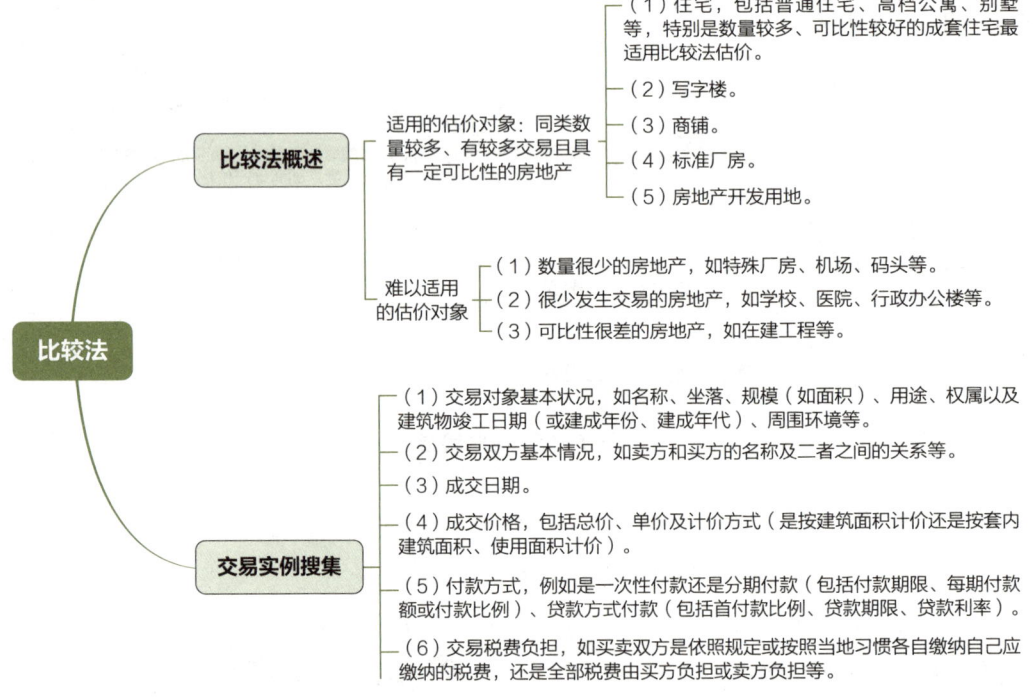

图 5-16　比较法

图 5-16 比较法（续图）

【试题演练】

1. 比较法的适用对象包括（　　）。

A. 高档公寓　　　B. 行政办公楼　　　C. 机场　　　D. 写字楼

E. 房地产开发用地

【答案及解析】ADE　比较法适用的估价对象是同类数量较多、有较多交易且具有一定可比性的房地产，例如：①住宅，包括普通住宅、高档公寓、别墅等。特别是数量较多、可比性较好的成套住宅最适用比较法估价。②写字楼。③商铺。④标准厂房。⑤房地产开发用地。

2. 选取可比实例时，数量不可过多，（　　）个为宜。

A. 1~3　　　B. 2~4　　　C. 3~5　　　D. 4~6

【答案及解析】C　如果要求选取的可比实例过多，一是可能由于交易实例的数量有限而难以做到，二是会增加估价的成本。因此从某种意义上讲，选取可比实例主要在于精而不在于多，一般选取 3~5 个可比实例即可。

3. 建立比较基础一般要做到（　　）。

A. 统一财产范围　　　　　　　　B. 统一付款方式

C. 统一贷款方式　　　　　　　　D. 统一税费负担

E. 统一计价单位

【答案及解析】ABDE 建立比较基础一般要统一财产范围、统一付款方式、统一融资条件、统一税费负担及统一计价单位。

4. 下列情形中，（　　）会导致成交价格低于正常市场价格。

A. 对交易对象有特殊偏好　　　　B. 相邻房地产合并的交易

C. 利害关系人之间的交易　　　　D. 人为哄抬价格

【答案及解析】C 本题考查成交价格往往会偏离正常价格的因素。

【考点】收益法

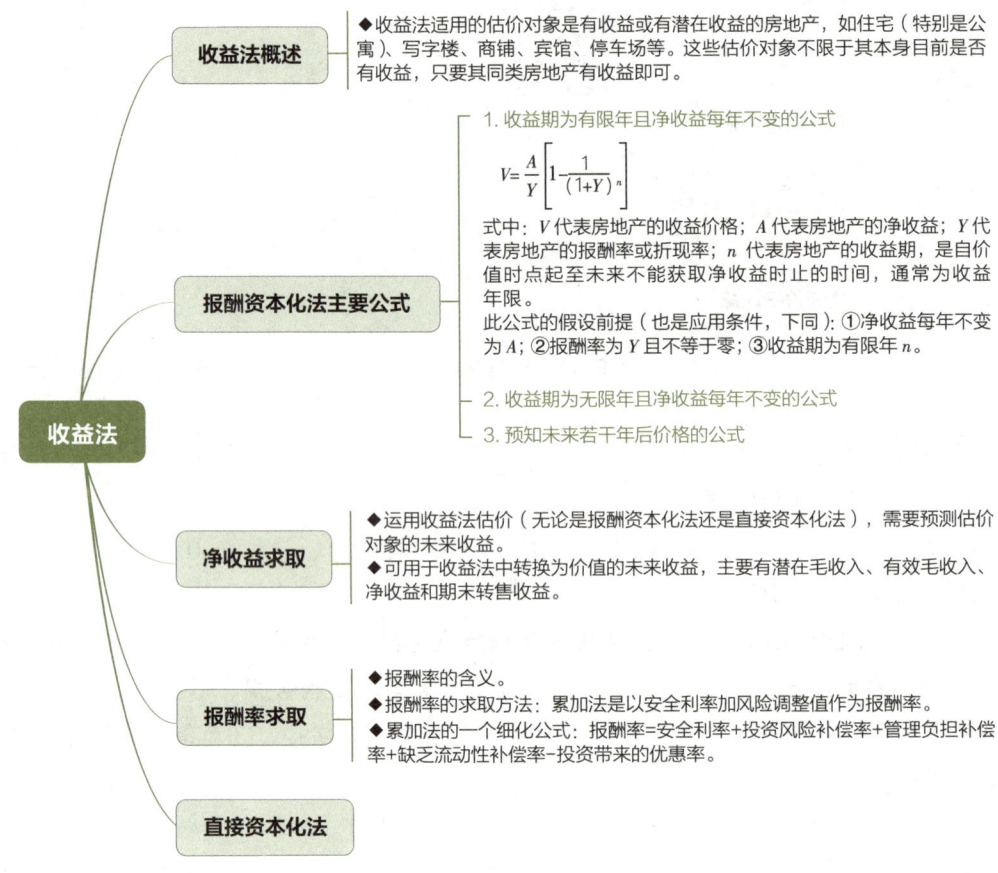

图 5-17　收益法

【试题演练】

1. 收益法适用的估价对象为（　　）。

A. 游乐场　　　B. 新建商品房　　　C. 行政办公楼　　　D. 写字楼

【答案及解析】D 本题考查收益法适用的估价对象。

2. 某办公用房的使用年限为 50 年,预计该办公用房正常情况下每年的净收益为 10 万元;该类房地产的报酬率为 5%。则该办公用房的收益价格是（　　）万元。

A. 182　　　　　　B. 182.55　　　　　　C. 182.56　　　　　　D. 183

【答案及解析】C　$V = \dfrac{A}{Y}\left[1 - \dfrac{1}{(1+Y)^n}\right] = \dfrac{10}{5\%}\left[1 - \dfrac{1}{(1+5\%)^{50}}\right] = 182.56$（万元）。

3. 可用于收益法中转换为价值的未来收益,主要有（　　）。

A. 潜在毛收入　　B. 有效毛收入　　C. 期末转售收益　　D. 净收益

E. 营业利润

【答案及解析】ABCD　可用于收益法中转换为价值的未来收益,主要有潜在毛收入、有效毛收入、净收益和期末转售收益。

4. 累加法是以安全利率加风险调整值作为报酬率,其报酬率中包含（　　）。

A. 管理负担补偿率　　　　　　B. 净收益率

C. 资本化率年收益率　　　　　　D. 净利润率

【答案及解析】A　累加法的一个细化公式为：报酬率=安全利率+投资风险补偿率+管理负担补偿率+缺乏流动性补偿率-投资带来的优惠率。

【考点】成本法

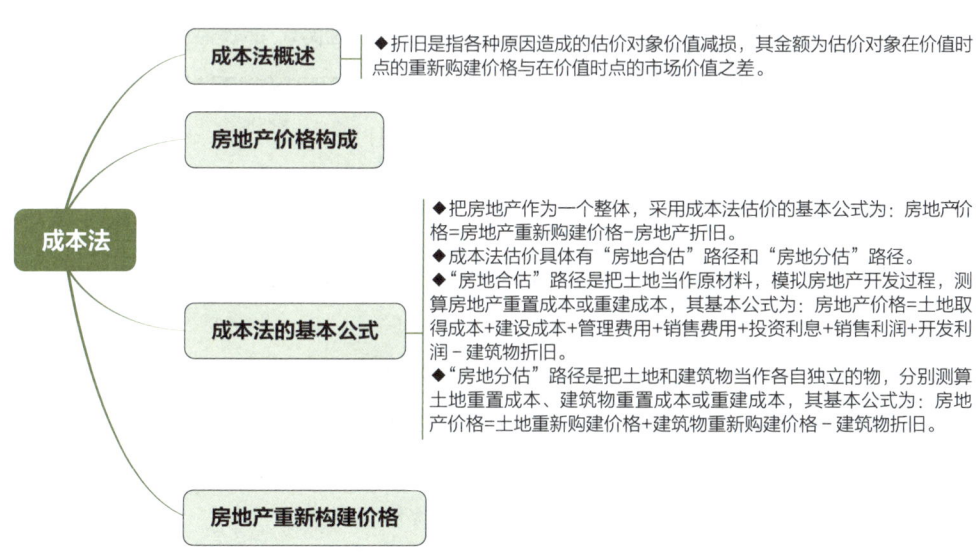

图 5-18　成本法

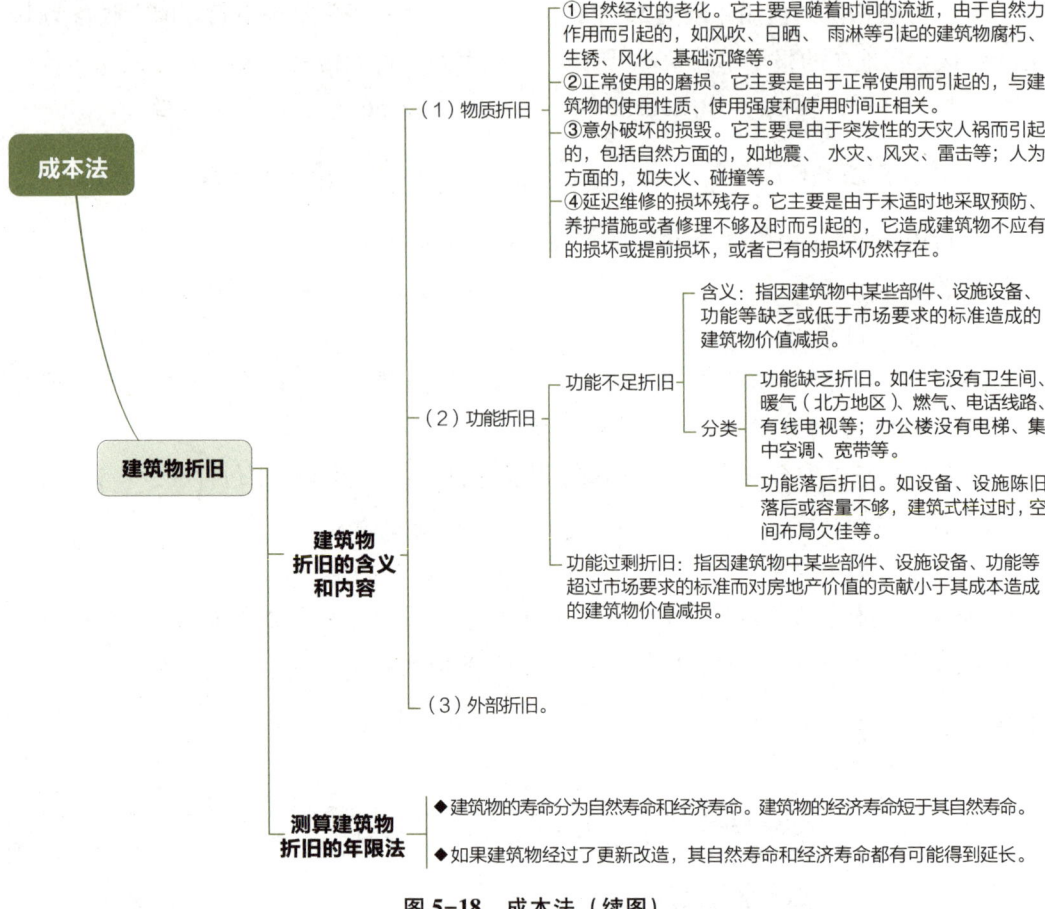

图 5-18 成本法（续图）

【试题演练】

1. 折旧时，其金额为估价对象在价值时点的重新购建价格与在价值时点的（　　）之差。

A. 市场价值　　　　　　　　　　B. 成本价值

C. 收益价值　　　　　　　　　　D. 原价值

【答案及解析】A　折旧是指各种原因造成的估价对象价值减损，其金额为估价对象在价值时点的重新购建价格与在价值时点的市场价值之差。

2. 房地产作为一个整体，采用成本法估价的基本公式为（　　）。

A. 房地产价格＝土地重新购建价格＋建筑物重新购建价格－建筑物折旧

B. 房地产价格＝土地重新购建价格－建筑物折旧

C. 房地产价格＝土地取得成本＋建设成本＋管理费用＋销售费用＋投资利息＋销售税费＋开发利润－建筑物折旧

D. 房地产价格＝房地产重新购建价格－房地产折旧

【答案及解析】D 把房地产作为一个整体，采用成本法估价的基本公式为：房地产价格=房地产重新购建价格-房地产折旧。

3. 某旧住宅因没有独立的卫生间所造成的价值损失，属于（ ）。

A. 物质折旧 B. 功能折旧
C. 经济折旧 D. 外部性折旧

【答案及解析】B 没有独立卫生间属于功能缺乏，造成的损失属于功能折旧。

4. 建筑物的自然寿命与经济寿命的关系为（ ）。

A. 自然寿命>经济寿命 B. 自然寿命<经济寿命
C. 自然寿命=经济寿命 D. 没有关系

【答案及解析】A 建筑物的经济寿命短于其自然寿命。如果建筑物经过了更新改造，其自然寿命和经济寿命都有可能得到延长。

第六章 房地产投资及其评价

第一节 房地产投资概述

【考点】房地产投资的含义

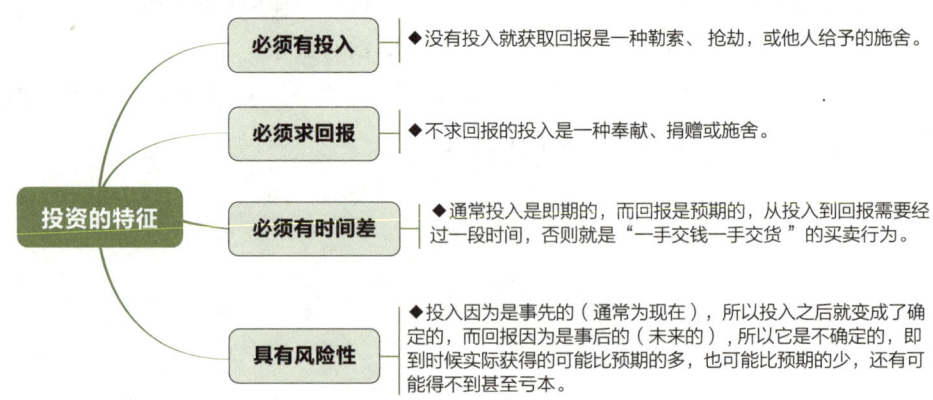

图 6-1 投资的特征

【试题演练】

下列不属于投资特征的是（　　）。

A. 必须有投入　　B. 必须求回报　　C. 必须时间短　　D. 具有风险性

【答案及解析】C　本题考查投资的特征。

【考点】房地产投资的类型

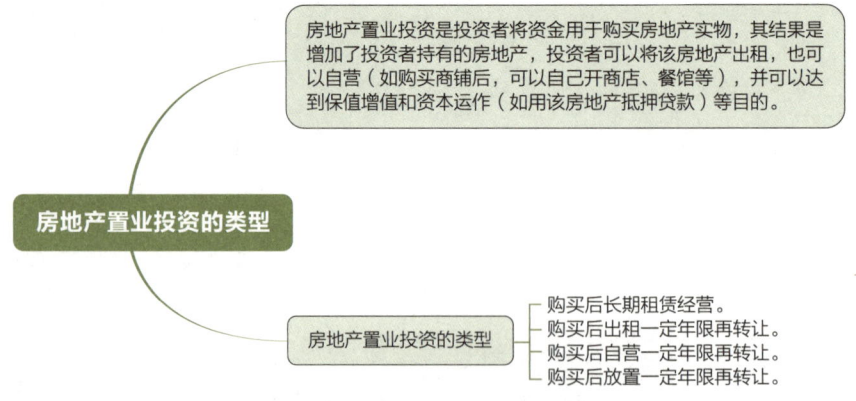

图 6-2 房地产置业投资的类型

【试题演练】

房地产置业投资的类型不包括（　　）。

A. 购买后长期租赁经营

B. 购买后出租一定年限再转让

C. 购买后放置一定年限再转让

D. 购买后自己居住使用

【答案及解析】D　本题考查房地产置业投资的主要类型。

【考点】房地产投资的特点

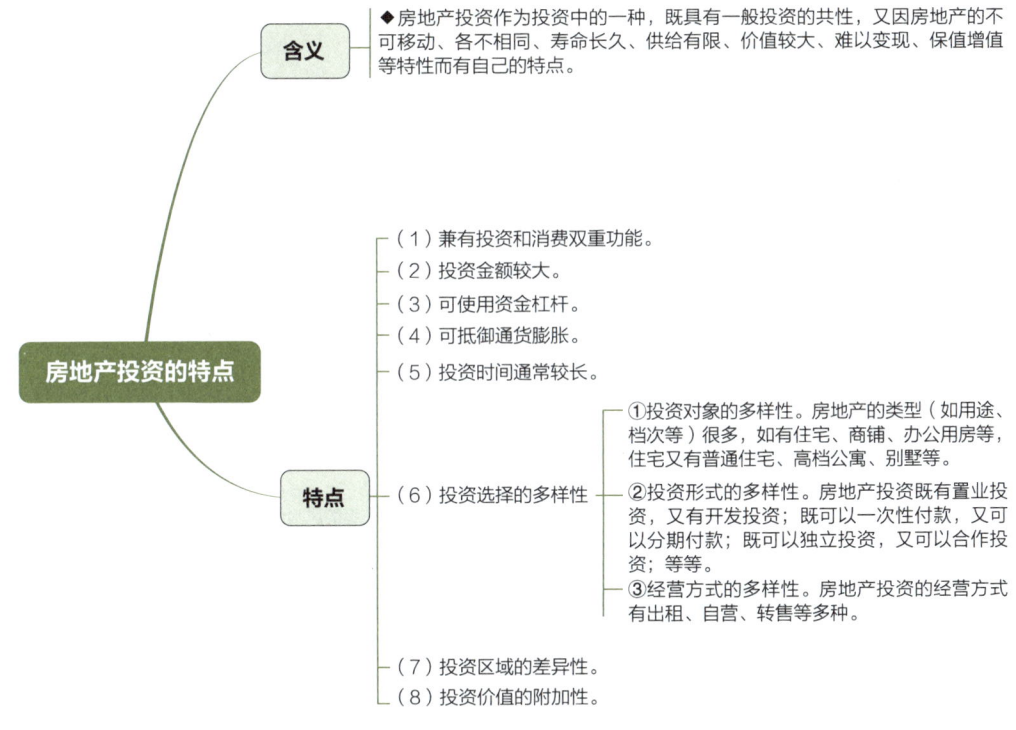

图6-3　房地产投资的特点

【试题演练】

1. 房地产投资的特点包括（　　）。

A. 兼有投资和消费双重功能　　　　B. 投资时间通常较短

C. 投资价值的附加性　　　　　　　D. 投资区域的差异性

E. 投资选择的单一性

【答案及解析】ACD　本题考查房地产投资的特点。

2. 房地产投资在投资选择上的多样性不包括（　　）。
A. 投资形式的多样性　　　　　　B. 投资对象的多样性
C. 投资变现的多样性　　　　　　D. 经营方式的多样性
【答案及解析】C　本题主要考查房地产特点中的投资选择多样性的表现形式。

【考点】房地产投资的一般步骤

房地产投资一般分为下列4个步骤：
（1）寻找投资机会。
（2）评价投资方案。
（3）选定投资方案。
（4）实施投资方案。

【试题演练】

房地产投资的一般步骤，按顺序是（　　）。
A. 寻找投资机会、选定投资方案、实施投资方案、评价投资方案
B. 选定投资方案、寻找投资机会、评价投资方案、实施投资方案
C. 寻找投资机会、选定投资方案、评价投资方案、实施投资方案
D. 寻找投资机会、评价投资方案、选定投资方案、实施投资方案
【答案及解析】D　本题考查房地产投资的4个步骤。

【考点】房地产投资者的风险偏好

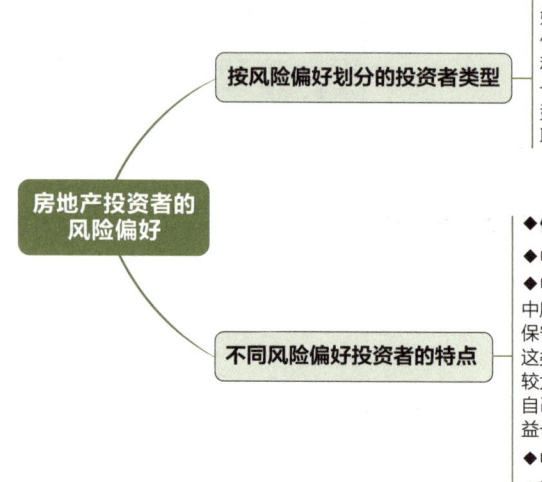

图6-4　房地产投资者的风险偏好

【试题演练】

1. 按照投资者的风险偏好不同进行分类，不包含（　　）。
   A. 成熟型投资者　　　　　　　　B. 保守型投资者
   C. 激进型投资者　　　　　　　　D. 稳健型投资者

   【答案及解析】A　按照投资者的风险偏好不同，粗略地可以分为低风险偏好投资者和高风险偏好投资者两类，进一步可分为保守型投资者、稳健型投资者（又称普通投资者）和激进型投资者（又称投机型投资者）三类，更进一步可细分为以下5类：保守型投资者、中庸保守型投资者、中庸型投资者、中庸进取型投资者和进取型投资者。

2. （　　）在投资风险偏好上处于中间状态，既不保守又不冒进，多数投资者属于这种类型。
   A. 保守型投资者　　　　　　　　B. 中庸型投资者
   C. 中庸保守型投资者　　　　　　D. 中庸进取型投资者

   【答案及解析】B　本题考查中庸型投资者的特点。

第二节　资金的时间价值

【考点】资金的时间价值的含义

从经济理论上讲，资金存在时间价值的原因主要有以下4个：
（1）机会成本。
（2）通货膨胀。
（3）承担风险。
（4）资金增值。

【试题演练】

从经济理论上讲，资金存在时间价值的原因不包括（　　）。
A. 资金增值　　　　　　　　　　B. 承担风险
C. 经济发展　　　　　　　　　　D. 机会成本

【答案及解析】C　本题考查资金存在时间价值的原因。

【考点】单利和复利

复利计息是以上一个计息周期的利息加上本金为基数计算当期的利息。在复利计息的情况下，不仅原始本金要计算利息，而且以前的所有利息都要计算利息，即所谓"利滚利"。

复利的本利和计算公式为：

$$F = P(1+i)^n$$

复利的总利息计算公式为：

$$I = P[(1+i)^n - 1]$$

【试题演练】

将10000元钱存入银行2年，假如银行存款的复利年利率为6%，到期时的本利和为（   ）元。

A. 11120　　　　　　B. 11200　　　　　　C. 11336　　　　　　D. 11236

【答案及解析】D 到期时的本利和计算如下：

$$F = P(1+i)^n$$
$$= 10000 \times (1+6\%)^2$$
$$= 11236(元)$$

【考点】 名义利率和实际利率

假设名义年利率为 r，一年中计息 m 次，则每次计息的利率为 r/m，名义利率与实际利率的关系如下：

$$i = (1+r/m)^m - 1$$

【试题演练】

年利率为6%，存款额为10000元，存款期限为1年，如按月0.5%（6%÷12）的利率计息12次，其实际利率为（   ）。

A. 6%　　　　　　　　　　　　　　B. 6.09%

C. 6.14%　　　　　　　　　　　　　D. 6.17%

【答案及解析】D 一年计息12次，实际利率为：$(1+0.5\%)^{12} - 1 = 6.17\%$。

【考点】 资金的时间价值的换算

将等额年金转换为将来值的公式：

$$F = A\frac{(1+i)^n - 1}{i}$$

上式中的 $\frac{(1+i)^n - 1}{i}$ 称为"等额序列终值系数"，通常用 $(F/A, i, n)$ 来表示。

【试题演练】

晓明每月向银行存入1000元钱，如果存款年利率（复利）为8%，按月计息，则20年后这笔钱的累计总额为（   ）元。

A. 240000　　　　　　　　　　　　B. 589020

C. 739020　　　　　　　　　　　　D. 49085

【答案及解析】B　20年后这笔钱的累计总额计算如下：

$$1000 \times \frac{(1+8\%/12)^{20\times12}-1}{8\%/12} = 589020(元)$$

第三节　房地产投资项目经济评价

【考点】房地产投资项目经济评价概述

不同的房地产投资项目，虽然具体的经济评价方法可能有所不同，但其基本原理是相同的，通常包括以下三个步骤：

（1）测算相关现金流量。
（2）计算有关评价指标。
（3）将评价指标与可以接受的标准进行比较，得出评价结论。

【试题演练】

不同的房地产投资项目，其经济评价方法基本原理是相同的，不属于其经济评价步骤的是（　　）。

A. 测算相关现金流量
B. 计算有关评价指标
C. 将评价指标与可以接受的标准进行比较
D. 做出评估报告

【答案及解析】D　不同的房地产投资项目，虽然具体的经济评价方法可能有所不同，但其基本原理是相同的。

【考点】房地产投资项目现金流量测算

现金流量分为现金流入量、现金流出量和净现金流量。

【试题演练】

现金流量分为（　　）。

A. 资金总流量   B. 现金流入量
C. 现金流出量   D. 毛现金流量
E. 净现金流量

【答案及解析】BCE　本题考查现金流分类。

【考点】房地产投资项目经济评价指标和方法

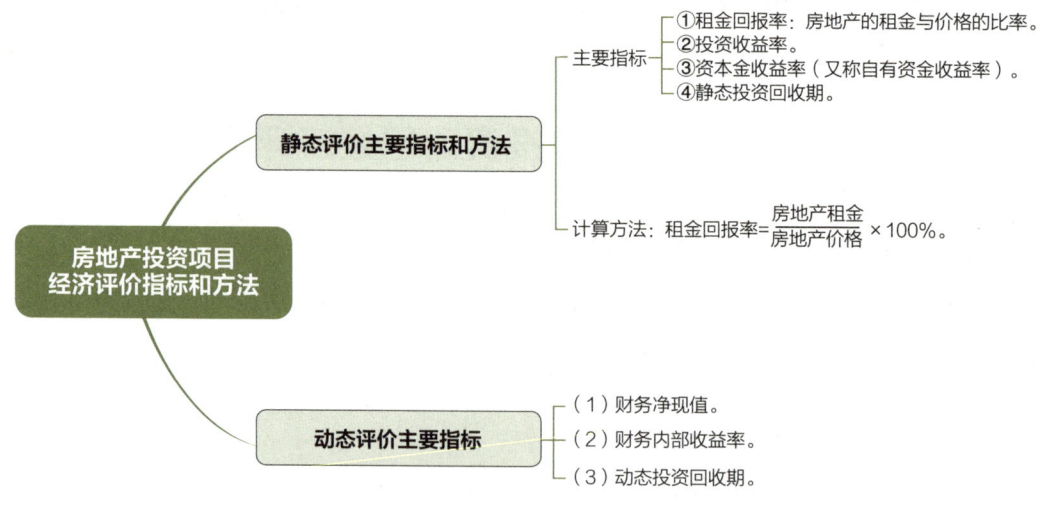

图 6-5　房地产投资项目经济评价指标和方法

【试题演练】

1. 评价投资项目盈利能力的静态指标不包括（　　）。

　　A. 财务净现值

　　B. 租金回报率

　　C. 投资收益率

　　D. 资本金收益率

【答案及解析】A　评价投资项目盈利能力的静态指标主要有租金回报率、投资收益率、资本金收益率、静态投资回收期。

2. 某套住宅的现行市场价格为 500 万元，现行月租金为 10000 元。该住宅的现行年租金回报率为（　　）。

　　A. 2.4%　　　　　　　　　　　　B. 3.0%

　　C. 0.2%　　　　　　　　　　　　D. 2%

【答案及解析】A　该住宅的现行年租金回报率计算如下：

该住宅的现行年租金回报率 $= \dfrac{现行年租金}{现行市场价格} \times 100\% = \dfrac{1 \times 12}{500} \times 100\% = 2.4\%$。

3. 评价投资项目盈利能力的动态指标主要有（　　）。

　　A. 财务净现值

　　B. 投资收益率

　　C. 资本金收益率

　　D. 财务内部收益率

E. 动态投资回收期

【答案及解析】 ADE　评价投资项目盈利能力的动态指标主要有财务净现值、财务内部收益率、动态投资回收期。

第四节　房地产投资风险及其应对

【考点】房地产投资风险的含义

房地产投资风险是指房地产投资的实际结果和预期结果的相对差异。人们通常更关心其中的投资出现损失的可能性大小，这种损失包括未来的实际收益小于目前的预期收益的相对损失和未来收回的资金少于目前所投入资金（本金）的纯粹损失。

【试题演练】

房地产投资风险是指房地产投资（　　）。

A. 实际结果和预期结果的相对差异

B. 出现损失的可能性大小

C. 收回的资金与所投入资金的差异

D. 房地产开发程度

【答案及解析】 A　本题考查房地产投资风险的含义。

【考点】房地产投资风险的特征

正确认识房地产投资风险的特征，对于降低投资风险发生的可能性，减少风险损失，提高投资效益，具有重要意义。房地产投资风险主要有下列特征：①客观性；②不确定性；③潜在性；④损益双重性；⑤可测性；⑥相关性。

【试题演练】

下列不属于房地产投资风险特征的是（　　）。

A. 可测性　　　　　　　　　　B. 潜在性

C. 相关性　　　　　　　　　　D. 确定性

【答案及解析】 D　房地产投资风险主要有下列特征：客观性、不确定性、潜在性、损益双重性、可测性、相关性。

【考点】房地产投资的主要风险

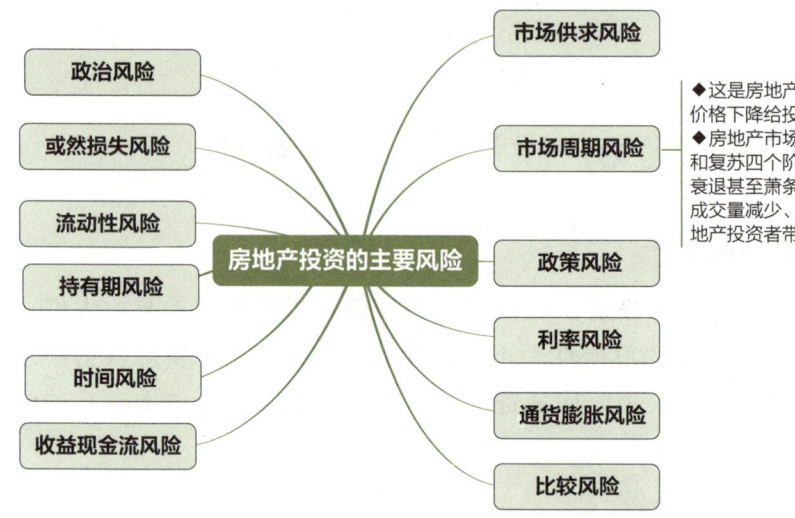

图 6-6 房地产投资的主要风险

【试题演练】

1. 下列不属于房地产投资可能遭遇的风险的是（　　）。

A. 流动性风险　　　　　　　　B. 通货紧缩风险

C. 利率风险　　　　　　　　　D. 比较风险

【答案及解析】B　房地产投资可能遇到的风险主要有以下几种：市场供求风险、市场周期风险、政策风险、利率风险、通货膨胀风险、比较风险、收益现金流风险、时间风险、持有期风险、流动性风险、或然损失风险、政治风险。

2. 房地产市场周期不包括（　　）阶段。

A. 繁荣　　　　　　　　　　　B. 平稳

C. 衰退　　　　　　　　　　　D. 萧条

【答案及解析】B　房地产市场周期一般有繁荣、衰退、萧条和复苏四个阶段，当房地产市场从繁荣进入衰退甚至萧条时，将出现较长时间的房地产成交量减少、市场价格下跌等情况，会给房地产投资者带来损失。

第六章 房地产投资及其评价

【考点】房地产投资风险的应对

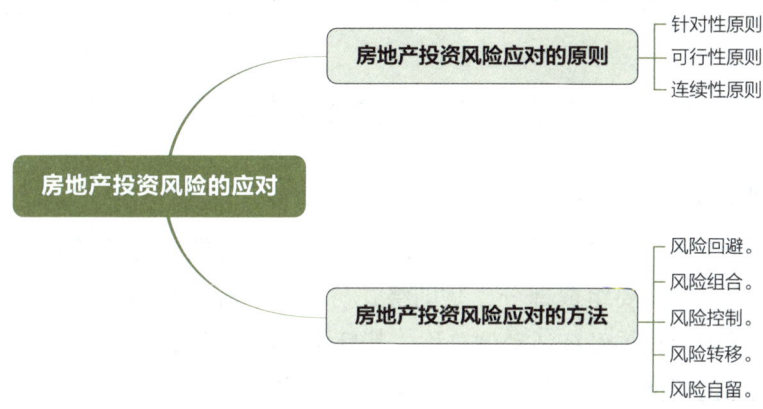

图 6-7 房地产投资风险的应对

【试题演练】

1. ( ) 不是房地产投资风险应对的原则。

A. 经济性原则　　B. 针对性原则　　C. 可行性原则　　D. 连续性原则

【答案及解析】A　本题考查房地产投资风险应对的原则。

2. 房地产投资风险应对的方法有( )。

A. 风险回避　　B. 风险组合　　C. 风险自留　　D. 风险评价

E. 风险转移

【答案及解析】ABCE　房地产投资风险应对的方法：①风险回避；②风险组合；③风险控制；④风险转移；⑤风险自留。

第七章 金融和房地产贷款

第一节 金融概述

【考点】金融的概念和职能

房地产金融是为房地产开发、买卖、租赁等筹资、融资的经济活动。其中，住房金融是房地产金融的重要组成部分，是围绕住房建设、流通和消费过程所进行的货币流通和信用活动以及相关经济活动的总称，其目标主要是扩大住房供给和住房消费。

房地产金融的职能主要有筹集资金、融通资金和结算服务。房地产交易等经济活动涉及大量资金，需要金融发挥筹集资金的职能，发展多种信用工具或金融工具，把社会上的闲散资金归集起来，并发挥融通资金的职能，通过办理个人住房贷款等房地产贷款业务，支持房地产交易等经济活动。此外，还发挥结算服务的职能，运用多种信用工具或金融工具和结算方式，办理资金收付结算，减少现金收支量，保证房地产交易等经济活动顺畅进行。

【试题演练】

住房金融的目标主要是（　　）。

A. 减少住房供给和住房消费　　　　B. 扩大住房供给，减少租房消费
C. 扩大住房供给和住房消费　　　　D. 减少住房供给，扩大住房消费

【答案及解析】C　本题考查住房金融的目标。

【考点】中国现行金融机构体系

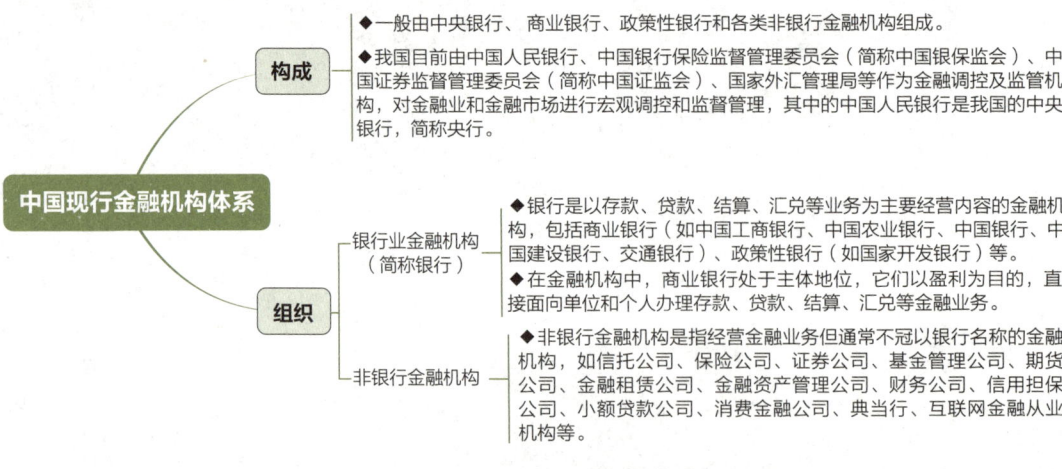

图 7-1　中国现行金融机构体系

第七章 金融和房地产贷款

【试题演练】

1. 我国的中央银行是（　　）。

A. 中国银行　　　　B. 中央人民银行　　C. 中国人民银行　　D. 中国证监会

【答案及解析】C　本题考查中国银行金融机构体系的内容。

2. 以盈利为目的，直接面向单位和个人办理存款、贷款、结算、汇兑等金融业务的是（　　）。

A. 信托公司　　　　B. 期货公司　　　　C. 政策性银行　　　D. 商业银行

【答案及解析】D　本题考查中国银行金融机构体系的内容。

【考点】货币和汇率

```
                    ◆在现代社会，商品和服务都是通过货币进行交换的。
                    ◆货币是起着一般等价物作用的特殊商品，是商品交换的媒介，可以购买任何别的商品。在不同
              概念   的历史时期，曾有不同种类的商品充当过货币，如贝壳等非金属的实物货币、金银等金属的实物
                    货币。纸币是后来出现的，是国家发行和强制流通的价值符号，是一种信用货币，以国家的
        货币        信用作支撑。目前世界上几乎所有的国家都采用信用货币这一货币形态。
                    ◆随着计算机的广泛应用，商品和服务的生产、提供、使用、消费等所引起的货币收付可以由
                    计算机来实施结算。这种用计算机来处理的货币，称为子货币。
              ┌（1）价值尺度，即货币衡量和表现商品价值的功能。
              │（2）流通手段，即货币作为商品交换的媒介促进商品交换的功能。
         职能 ┤（3）储藏手段，即当商品出卖之后，未继之以买，货币退出了流通领域，被作为社会财富的一
              │     般代表保存起来的功能。
              └（4）支付手段，即货币作为价值的独立形态进行单方面转移的功能。
货币和汇率
                    ◆货币有不同的币种，如人民币、美元、欧元、英镑、日元、加元、澳元、港币、台币、澳门
              概念   元等。不同的币种，不仅名称不同，而且货币单位不同，币值也不相等。我国内地（大陆）人
                    士买卖国外和我国港澳台地区的房地产，或者国外和我国港澳台地区人士买卖我国内地（大陆）
                    的房地产，往往涉及不同币种之间的换算或兑换。因此，汇率是一种货币折算成另一种货币的
        汇率        比率；或者说，是一种货币以另一种货币表示的价格。
                    ┌（1）根据汇率制度，分为固定汇率和浮动汇率。固定汇率是指一个国家的货币对另一个国
                    │     家的货币规定固定的比价关系，只能在一定的幅度内浮动。浮动汇率是指不规定汇率的上下
                    │     浮动幅度，任其根据外汇市场的供求状况而自由涨跌。我国目前实行的是以市场供求为基础、
                    │     参考一篮子货币进行调节、有管理的浮动汇率制度。
              主要种类（2）根据外汇管制情况，分为官方汇率和市场汇率。官方汇率也称为法定汇率，是指在外
                    │     汇管制较严格的国家，由政府授权的官方机构制定并公布的汇率。市场汇率是在外汇管制较
                    │     宽松的国家的自由外汇市场上买卖外汇的汇率。外汇管制较严的国家才有官方汇率，并通常
                    │     与市场汇率有差异。
                    └（3）从银行买卖外汇的角度来划分，分为买入汇率、卖出汇率和中间汇率。买入汇率也称
                          为买入价，是指银行从客户买进外汇时所用的汇率。卖出汇率也称为卖出价，是指银行向客
                          户卖出外汇时所用的汇率。买入汇率低于卖出汇率，它们的平均值即为中间汇率。
```

图 7-2　货币和汇率

【试题演练】

1. 货币的基本职能有（　　）。

A. 价值尺度　　　　B. 流通手段　　　　C. 支付手段　　　　D. 世界货币

E. 储藏手段

【答案及解析】ABCE　本题考查货币的基本职能。

2. 目前我国市场实行的是（　　）制度。

A. 固定汇率　　　　B. 浮动汇率　　　　C. 官方汇率　　　　D. 市场汇率

【答案及解析】B　本题考查汇率的内容。

【考点】信用和利率

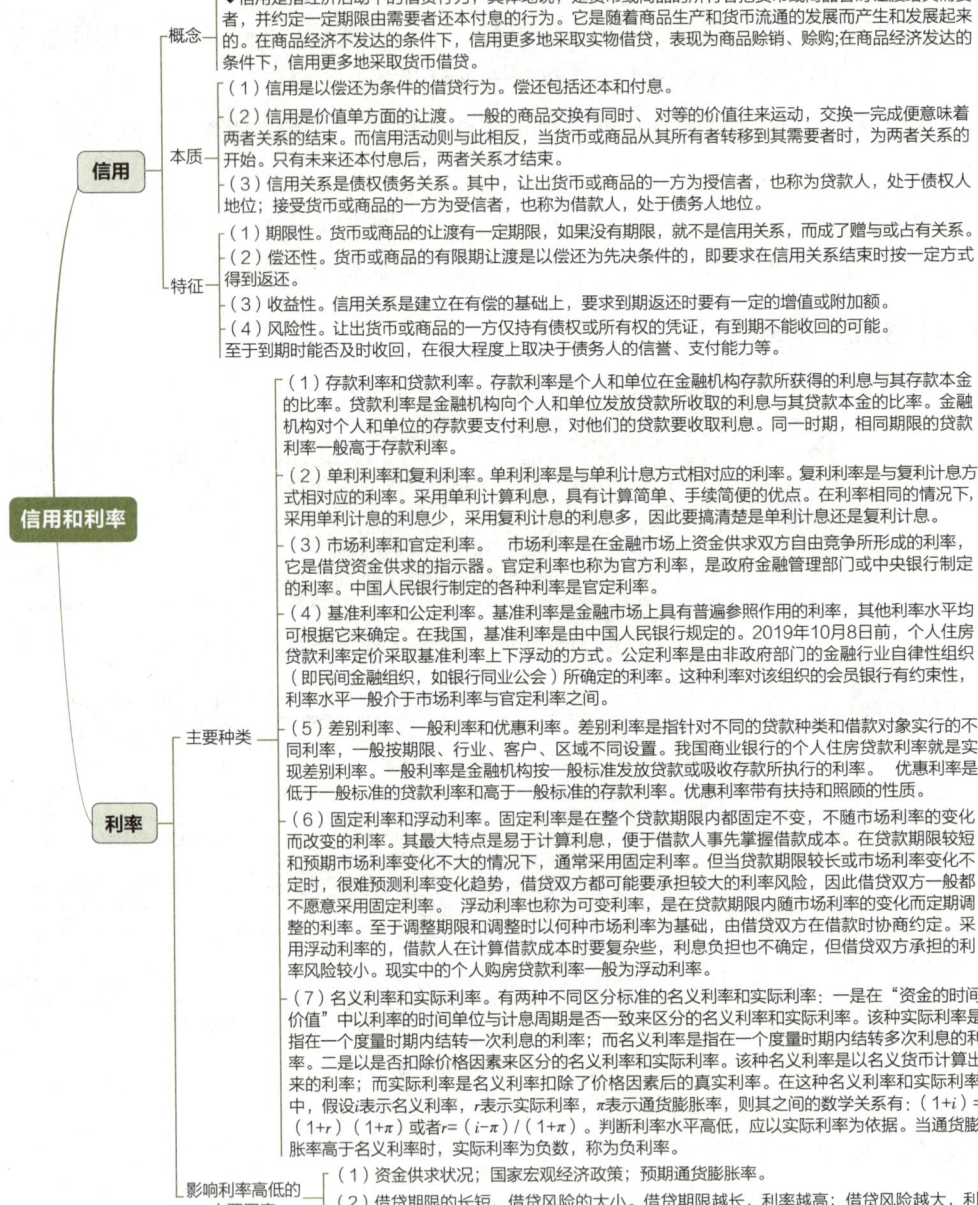

图 7-3　信用和利率

【试题演练】

1. 下面属于信用的特征的是（　　）。

A. 期限性　　B. 偿还性　　C. 收益性　　D. 风险性　　E. 平等性

【答案及解析】ABCD　本题考查信用的特征。

2. 关于信用的本质，下列说法中错误的是（　　）。
A. 信用是以偿还为条件的借贷行为，偿还包括还本和付息
B. 信用是价值单方面的让渡
C. 信用关系是债权债务关系
D. 信用关系是借贷债务关系
【答案及解析】 D　本题考查信用的本质。

3. 下面关于利率的说法，正确的有（　　）。
A. 判断利率水平高低，应以实际利率为依据。当通货膨胀率高于名义利率时，实际利率为负数，称为负利率
B. 中国人民银行制定的各种利率是官定利率
C. 在我国，基准利率是由中国人民银行规定的
D. 优惠利率带有扶持和照顾的性质
E. 在贷款期限较短和预期市场利率变化不大的情况下，通常采用浮动利率
【答案及解析】 ABCD　本题考查利率的内容。

4. 影响利率高低的因素有（　　）。
A. 资金供求状况　　　　B. 国家宏观经济政策　　　　C. 借贷期限的长短
D. 预期通货膨胀率　　　E. 借贷膨胀的大小
【答案及解析】 ABCD　本题考查影响利率高低的因素。

5. 我国商业银行的个人住房贷款利率就是实现（　　）。
A. 浮动利率　　　　B. 市场利率　　　　C. 差别利率　　　　D. 名义利率
【答案及解析】 C　本题考查差别利率的相关内容。

6. 2019 年 10 月 8 日前，个人住房贷款利率定价是采取（　　）上下浮动的方式。
A. 官定利率　　　　B. 基准利率　　　　C. 公定利率　　　　D. 一般利率
【答案及解析】 B　本题考查基准利率的相关内容。

第二节　房地产贷款概述

【考点】房地产贷款的概念

房地产贷款的概念

贷款
— 动词含义：指金融机构将资金借给需要资金的单位或个人。
— 名词含义：指贷款人对借款人提供的并按约定利率和期限还本付息的资金。

房地产贷款
◆指贷款的用途是房地产的贷款，如将贷款用于买房或租房，用于房屋改造、修缮或房地产开发。
◆指房地产抵押贷款，即以房地产作为抵押物发放的贷款。该贷款可能用于房地产，也可能用于其他方面，如某人将其房地产抵押给银行申请贷款用于购买汽车，某公司将其房地产抵押给银行申请贷款用于公司经营。
◆典型的房地产贷款是上述两者兼有的贷款，即贷款既用于房地产，又以房地产作为抵押物。如常见的个人用于购买住房的贷款，通常对应的是所购住房抵押，即个人住房抵押贷款。
◆房地产贷款是指与房产或地产的开发、经营、消费活动有关的贷款。

图 7-4　房地产贷款的概念

【试题演练】

关于房地产贷款的含义，下列说法错误的是（　　）。

A. 房地产贷款既用于房地产，又以房地产作为抵押物

B. 房地产贷款是指与房产或地产的开发、经营、消费活动有关的贷款

C. 作为动词的贷款，是指金融机构将资金借给需要资金的单位或个人

D. 房地产贷款可从两个角度来表述：一是指贷款的用途是房地产的贷款，二是指房地产抵押贷款

【答案及解析】　D　本题考查房地产贷款的概念。

【考点】房地产贷款的主要种类

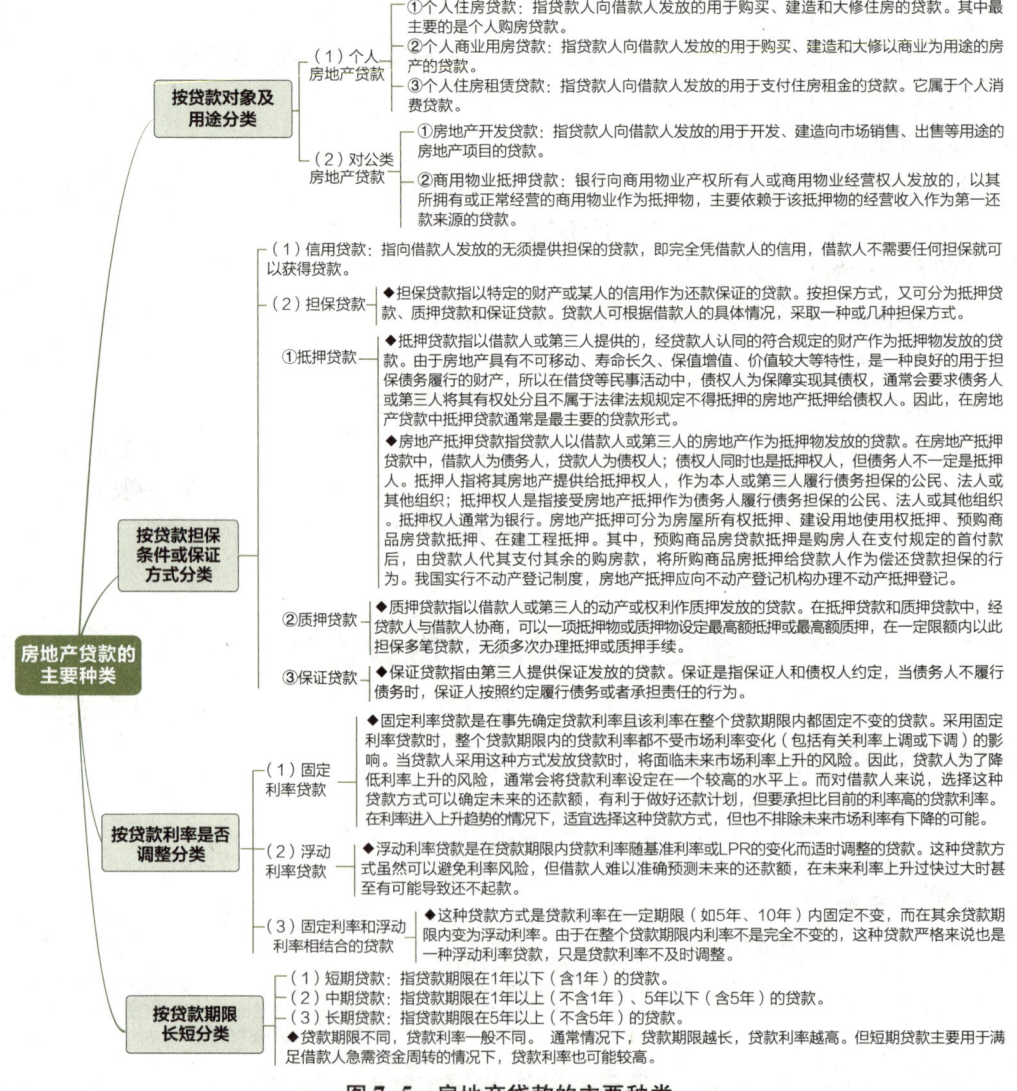

图 7-5　房地产贷款的主要种类

【试题演练】

1. 关于房地产贷款，下列说法错误的是（   ）。

A. 个人住房贷款是指贷款人向借款人发放的用于购买、建造和租赁住房的贷款

B. 房地产开发贷款是指贷款人向借款人发放的用于开发、建造向市场销售、出租等用途的房地产项目的贷款

C. 个人商业用房贷款，是指贷款人向借款人发放的用于购买、建造和大修以商业为用途的房产的贷款

D. 个人住房租赁贷款是指贷款人向借款人发放的用于支付住房租金的贷款。它属于个人消费贷款

【答案及解析】A 本题考查各类房地产贷款的含义。

2. 房地产抵押贷款关系中借款人为（   ）。

A. 债权人　　　　B. 债务人　　　　C. 抵押权人　　　　D. 抵押人

【答案及解析】B 本题考查房地产抵押贷款关系。

3. 下列保障房地产抵押权的做法中，合法有效的是（   ）。

A. 抵押房地产权属证书　　　　　　B. 实际占有抵押房地产

C. 办理房地产抵押登记　　　　　　D. 房屋使用抵押

【答案及解析】C 本题考查我国实行不动产登记的制度。

4. 贷款人以借款人或第三人的房地产作为抵押物发放的贷款，是（   ）。

A. 房地产质押贷款　　B. 房地产抵押贷款　　C. 房地产保证贷款　　D. 房地产担保贷款

【答案及解析】B 本题考查房地产抵押贷款的定义。

【考点】房地产贷款的主要参与者

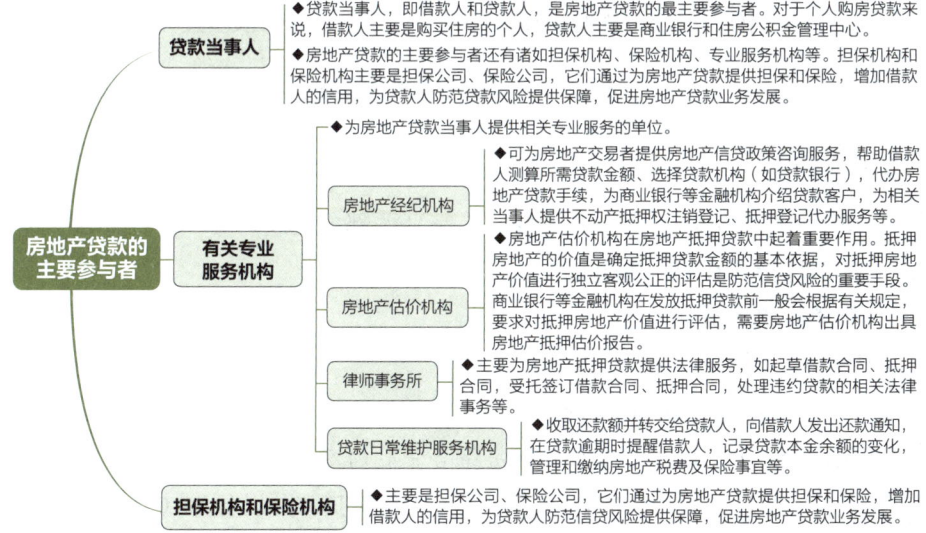

图 7-6 房地产贷款的主要参与者

【试题演练】

下列关于房地产贷款的主要参与者的说法，不正确的是（　　）。

A. 房地产经纪机构为房地产贷款提供担保和保险

B. 房地产估价机构出具房地产抵押估价报告

C. 房地产经纪机构可为房地产交易者提供房地产信贷政策咨询服务

D. 律师事务所主要为房地产抵押贷款提供法律服务

【答案及解析】A　本题考查房地产贷款的主要参与者。

第三节　个人住房贷款概述

【考点】个人住房贷款的种类

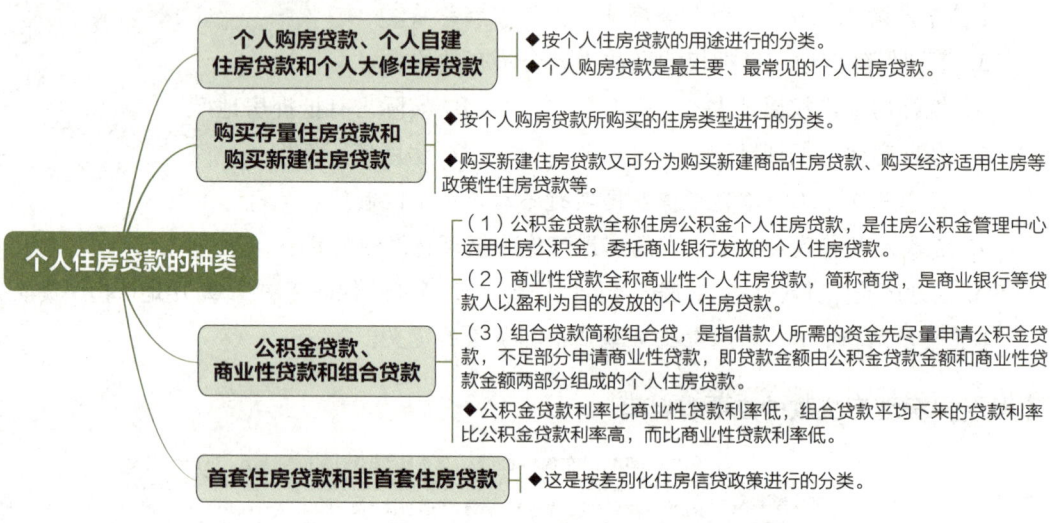

图 7-7　个人住房贷款的种类

【试题演练】

1. 个人住房组合贷款的贷款金额由（　　）两部分组成。

A. 等额本息贷款和等额本金贷款

B. 活期贷款和定期贷款

C. 固定利率贷款和浮动利率贷款

D. 住房公积金贷款和商业性贷款

【答案及解析】D　本题考查个人住房组合贷款的定义。

2. 按个人购房贷款所购买的住房类型，个人住房贷款可以分为（　　）。

A. 购买存量住房贷款　　　　　　　　B. 首套住房贷款

C. 个人自建住房贷款　　　　　　D. 购买新建住房贷款
E. 个人大修住房贷款

【答案及解析】 AD　本题考查个人住房贷款的分类。

【考点】个人住房贷款的相关术语

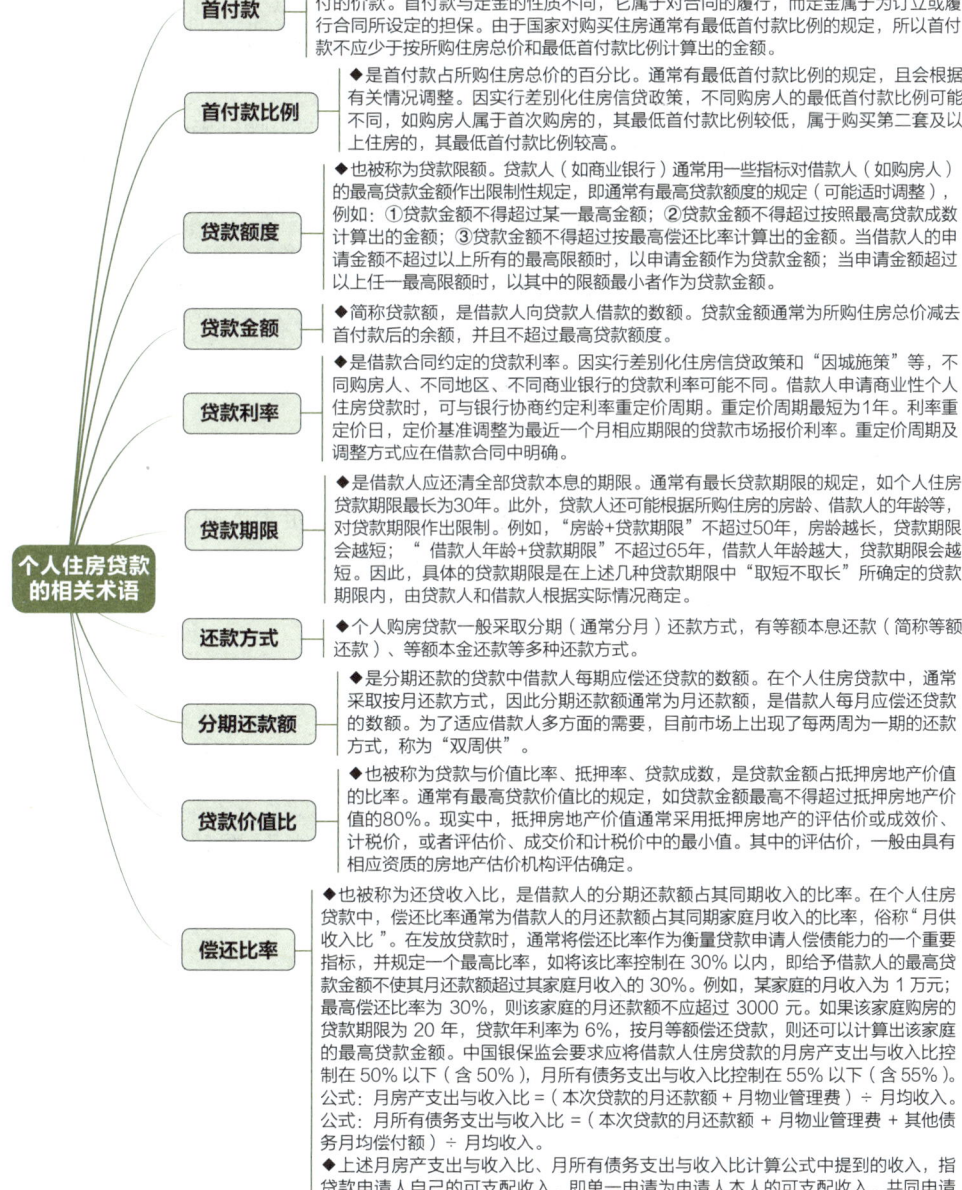

图 7-8　个人住房贷款的相关术语

个人住房贷款的相关术语

贷款余额 ◆ 是分期还款的贷款在经过一段时期的还款之后尚未偿还的贷款本金数额。

提前还款 ◆ 是借款人在约定的全部贷款到期日前将全部或部分贷款余额归还给贷款人的行为。如果是部分提前还款，通常会导致贷款期限缩短或剩余贷款期限内月还款额减少，或者两者兼而有之。贷款人通常在借款合同中对提前还款作出特殊规定。例如，要求借款人在一定期限内不能提前还款，否则产生违约金；要求借款人提前10日或30日提出提前还款书面申请；部分提前还款的金额必须是1万元的整数倍或不小于3个月的还款额；整个还款期内提前还款次数不得超过3次；按照一定比例或数额收取手续费或罚金。

展期 ◆ 是借款人与贷款人协商，在原贷款期限的基础上延长贷款期限。但延长后的总贷款期限不得超过贷款人规定的最长贷款期限。展期后借款人的月还款额会相应减少。

缩期 ◆ 是借款人与贷款人协商，在原贷款期限的基础上缩短贷款期限。一般有两种情况：一是借款人提前归还部分贷款余额，在保持月还款额不变时会导致剩余贷款期限缩短；二是借款人未提前还款，而是单纯申请缩短贷款期限，此种情况会导致剩余贷款期限内月还款额增加。

◆ 展期和缩期有可能导致实际贷款期限适用利率档次发生变化。对此，一般的做法是：自贷款期限调整之日起，贷款利率按调整后的实际贷款期限所对应的利率档次执行，但贷款期限调整前已计收的利息不予追溯调整。

图7-8　个人住房贷款的相关术语（续图）

【试题演练】

1. 小军现年45周岁，他所购住房的房龄为25年。法定个人住房贷款期限最长为30年，贷款银行规定"房龄+贷款期限"不超过50年，"借款人年龄+贷款期限"不超过65年。则小军住房贷款的最长贷款期限是（　　）。

A. 15年　　　　　　　　　　　B. 20年

C. 25年　　　　　　　　　　　D. 30年

【答案及解析】B　小军住房贷款的最长贷款期限计算如下：①法定个人住房贷款期限最长为30年；②由房龄计算的最长贷款期限=50-25=25（年）；③由借款人年龄计算的最长贷款期限=65-45=20（年）。根据"取短不取长"原则，小军住房贷款的最长贷款期限为20年。

2. 关于个人住房贷款，下列说法错误的是（　　）。

A. 贷款金额通常为所购住房总价减去首付款后的余额

B. 中国银保监会要求将借款人住房贷款的月房产支出与收入比控制在55%以下（含55%）

C. 贷款金额最高不得超过抵押房地产价值的80%

D. 贷款价值比是贷款金额占抵押房地产价值的比率

【答案及解析】B　本题考查住房贷款的相关内容。

【考点】个人住房贷款的有关选择

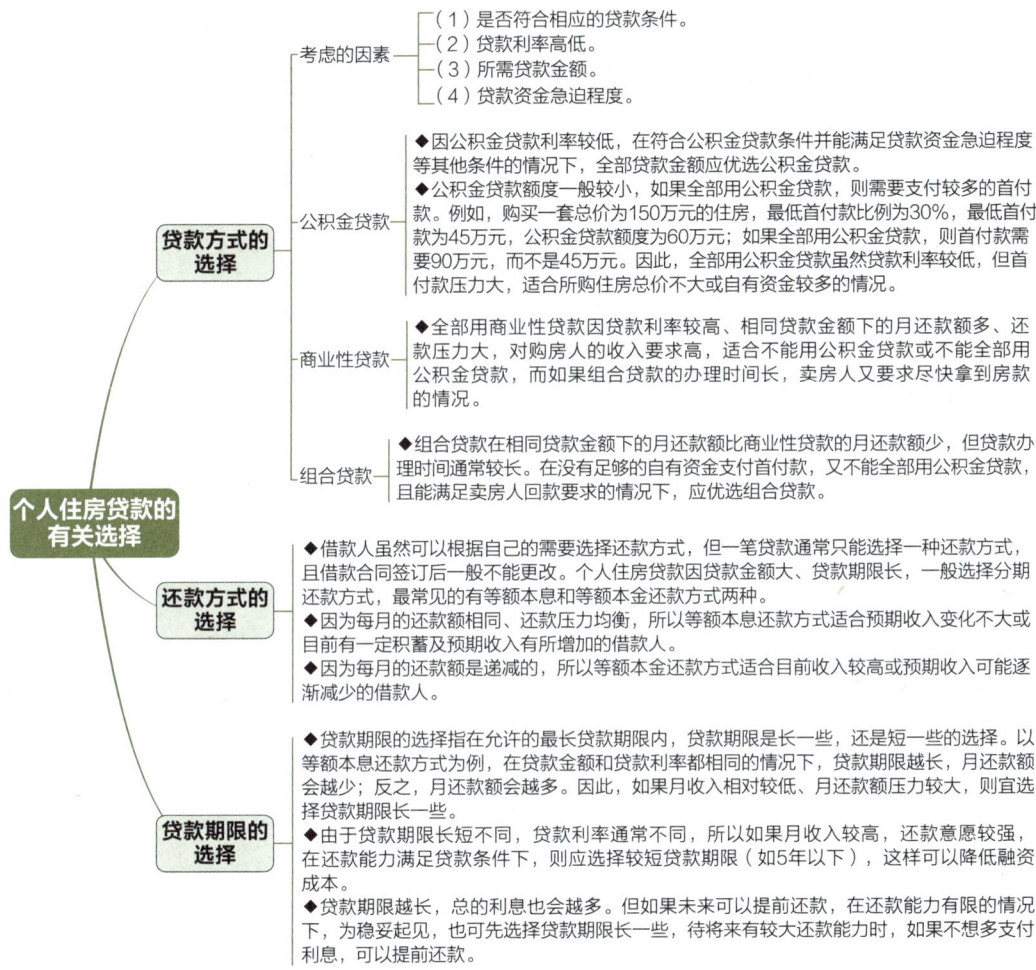

图 7-9　个人住房贷款的有关选择

【试题演练】

1. 个人住房贷款在选择贷款方式时，考虑的因素有（　　）。

A. 是否符合相应的贷款条件

B. 贷款利率高低

C. 所购住房类型

D. 所需贷款金额

E. 贷款资金急迫程度

【答案及解析】　ABDE　本题考查的是个人住房贷款中贷款方式的选择。

2. 下列关于住房贷款的说法，错误的有（　　）。

A. 全部用公积金贷款的贷款利率较低，首付款压力小，适合所购住房总价不大或自有资金较少的情况

B. 全部用商业性贷款因贷款利率较高、相同贷款金额下的月还款额多、还款压力大，对购房人的收入要求高

C. 组合贷款在相同贷款金额下的月还款额比商业性贷款的月还款额少，但贷款办理时间通常较短

D. 等额本息还款方式因每月的还款额相同，还款压力均衡，适合预期收入变化不大或目前有一定积蓄及预期收入有所增加的借款人

E. 等额本金还款方式因每月的还款额是递减的，适合目前收入较高或预期收入可能逐渐减少的借款人

【答案及解析】AC　本题考查个人住房贷款的有关选择。

3. 下列关于贷款期限的选择，正确的有（　　）。

A. 甲采用等额本息还款方式，在贷款金额和贷款利率都相同的情况下，甲贷款期限越长，月还款额会越少

B. 乙月收入相对较低，月还款额压力较大，乙应该选择贷款期限长一些

C. 丙收入较高，还款意愿较强，且还款能力满足贷款条件，丙应选择较短贷款期限

D. 丁目前还款能力有限，但他预测自己未来可以提前还款，所以丁可先选择贷款期限长一些，待有还款能力时，可以提前还款

E. 贷款期限越短，总的利率会越少

【答案及解析】ABCD　本题考查贷款期限的选择。

第四节　个人住房贷款的有关计算

【考点】首付款的计算

图 7-10　首付款的计算

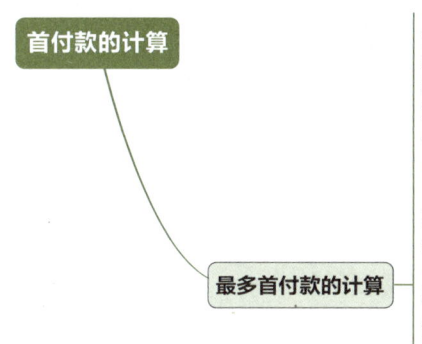

◆购房人打算购房后，通常需要准备购房资金。购房人最多能够拿出的购房资金，称为最多购房预算资金。考虑到购房时不仅需要支付首付款，还需要缴纳有关税费、支付经纪服务佣金，最多购房预算资金不能全部用于首付款，需要从中预留一部分用于缴纳有关税费和支付佣金（以下统称购房税费预留款）。因此，最多首付款等于最多购房预算资金减去购房税费预留款。

公式：最多首付款=最多购房预算资金-购房税费预留款。

◆购房税费预留款可根据拟购买的住房总价乘以购房人所需缴纳的税费率（如契税、印花税以及佣金。如果卖方要求的是净得价，则还应包括应由卖方缴纳的增值税、个人所得税等）来估算。

公式：购房税费预留款=住房总价×购房人的税费率。

◆从理论上讲，只有在最多首付款大于等于最少首付款的情况下，才能买房。但现实中，有时出现最多首付款不足以支付最少首付款的情况下，客户还想购买其看中的房屋，特别是那些收入较高或预期收入增长较快但目前积蓄不多的年轻人或年轻家庭。

举例：某位客户看中了一套总价为150万元的住房，其最低首付款比例为25%，据此计算的最少首付款为37.5万元，但该客户目前手头只有25万元，还缺12.5万元。在这种情况下，不能通过个人住房贷款或消费贷、信用卡透支等方式借款，只能通过其他合法方式（如亲友资助）来解决最少首付款问题。

◆首付款应是自有资金，且严禁房地产经纪机构等各类机构通过提供"首付贷"或采取"首付分期"等方式，违规为炒房人垫付或变相垫付首付款。

◆购房人的实际首付款应大于等于最少首付款（=住房总价×最低首付款比例），小于等于住房总价。

公式：住房总价×最低首付款比例≤实际首付款≤住房总价。

图7-10 首付款的计算（续图）

【试题演练】

1. 小明准备购买市中心的一套建筑面积为150平方米，单价为8000元/平方米的房子，需付最低首付款的比例为30%。则小明的首付款最少为（　　）元。

A. 12万　　　　　　　　　　　　B. 24万

C. 36万　　　　　　　　　　　　D. 45万

【答案及解析】C　小明的最少首付款计算如下：

最少首付款=住房面积×单价×最低首付款比例=150×0.8×30%=36（万元）。

2. 小李想购买一套住房，筹集的首付款最多为15万元，最低首付款比例为30%。则小李能购买的住房总价为（　　）万元。如果拟购买的住房单价为5000元/平方米，小李能购买的住房最大面积为（　　）平方米；如果拟购买的住房面积为100平方米，小李能购买的住房最高单价为（　　）元/平方米。

A. 25，100，10000

B. 50，100，5000

C. 50，50，5000

D. 50，100，10000

【答案及解析】B　小李能购买的住房总价计算如下：

能购买的住房总价=最少首付款÷最低首付款比例=15÷30%=50（万元）。

小李能购买的住房最大面积计算如下：

能购买的住房最大面积=住房总价÷住房单价=50÷0.5=100（平方米）。

小李能购买的住房最高单价计算如下：

能购买的住房最高单价=住房总价÷住房面积=500000÷100

=5000（元/平方米）。

3. 下列说法错误的是（　　）。

A. 购房人的实际首付款应大于等于最少首付款

B. 首付款应是自有资金，且严禁各类机构开展"首付贷"

C. 最多首付款等于最多购房预算资金减去购房税费预留款

D. 最多首付款不够支付最少首付款的情况下，个人可通过信用卡透支等方式借款支付

【答案及解析】D　本题考查最多首付款的内容。

【考点】贷款金额的计算

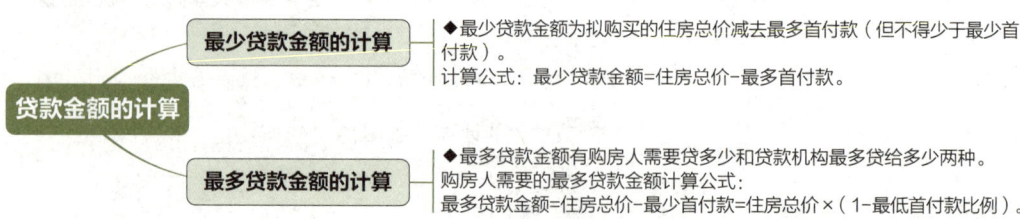

图 7-11　贷款金额的计算

【试题演练】

1. 某套住房的总价为 200 万元，购房人的最低首付款比例为 30%，购房人最多可支付的首付款为 30 万元，则该购房人的最少贷款金额为（　　）万元。

A. 150　　　　　　　　　　　　　　B. 160

C. 170　　　　　　　　　　　　　　D. 180

【答案及解析】C　该购房人的最少贷款金额计算如下：

最少贷款金额=住房总价-最多首付款=200-30=170（万元）。

2. 某套住房的总价为 200 万元，购房人的最低首付款比例为 30%，则该购房人的最多贷款金额为（　　）万元。

A. 120　　　　　　　　　　　　　　B. 140

C. 160　　　　　　　　　　　　　　D. 180

【答案及解析】B　该购房人的最多贷款金额计算如下：

最多贷款金额=住房总价-最少首付款=200-200×30%=140（万元）。

【考点】月还款额的计算

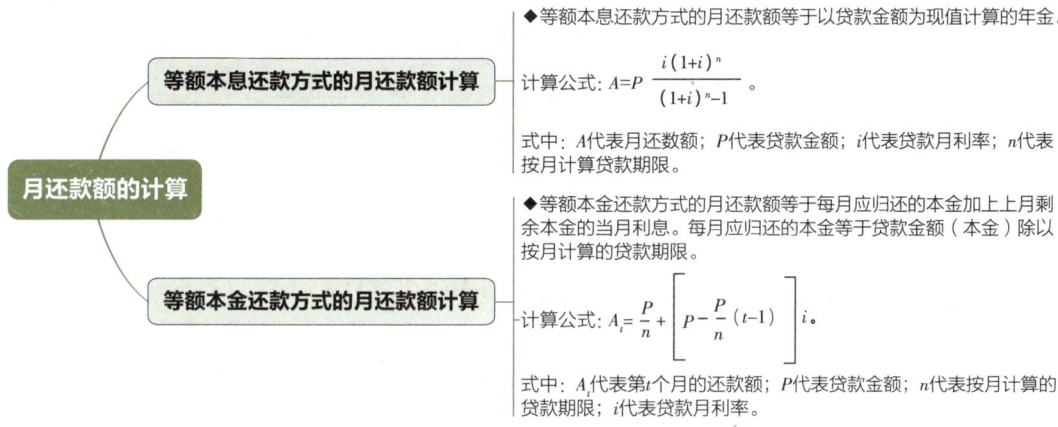

图 7-12 月还款额的计算

【试题演练】

1. 甲预购房贷款 100 万元，贷款年利率为 5%，贷款期限为 15 年，如果采用按月等额本息还款方式还款，则甲的每月还款额应为（ ）元。

A. 6808　　　　B. 7980　　　　C. 7908　　　　D. 6980

【答案及解析】C　已知：贷款金额 $P=1000000$ 元，贷款月利率 $i=5\%/12$，按月计算的贷款期限 $n=15\times12=180$（月）。甲的月还款额计算如下：

$$A = P\frac{i(1+i)^n}{(1+i)^n-1} = 1000000 \times \frac{5\%/12 \times (1+5\%/12)^{180}}{(1+5\%/12)^{180}-1} = 7908(元)。$$

2. 某女士购房贷款 100 万元，贷款年利率为 5%，贷款期限为 15 年，若采用按月等额本金还款方式还款，则该女士第 1 个月和最后 1 个月的还款额为（ ）。

A. 9722，5579　　B. 8367，4082　　C. 9836，5890　　D. 8794，6980

【答案及解析】A　已知：贷款金额 $P=1000000$ 元，贷款月利率 $i=5\%/12$，按月计算的贷款期限 $n=15\times12=180$（月）。

第 1 个月的还款额计算如下：

$$A_1 = \frac{P}{n} + Pi = \frac{1000000}{180} + 1000000 \times 5\%/12 = 9722(元)。$$

最后 1 个月的还款额计算如下：

$$A_{180} = \frac{P}{n} + \left[P - \frac{P}{n}(t-1)\right]i = \frac{1000000}{180} + \left[1000000 - \frac{1000000}{180}(180-1)\right] \times 5\%/12 = 5579(元)。$$

【考点】贷款余额的计算

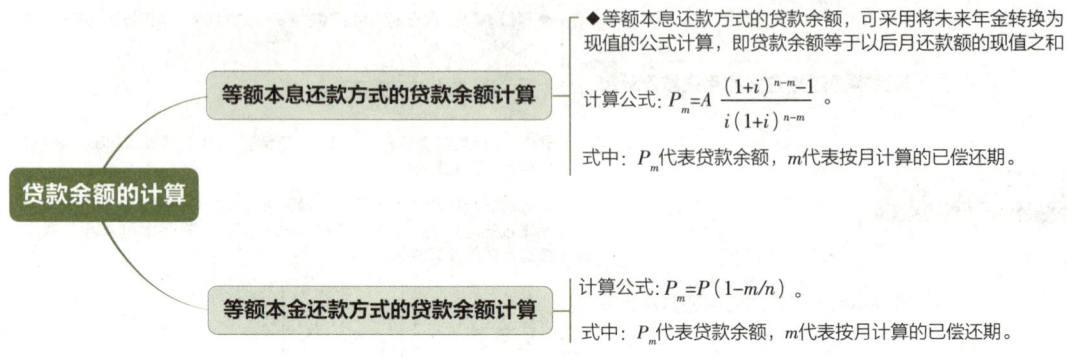

图 7-13 贷款余额的计算

【试题演练】

综合分析题

小红以 8000 元/平方米的单价购买了一套建筑面积为 100 平方米的住宅用于自住，并向银行申请了个人住房抵押贷款。银行通过对相关材料的审核，确认小红为首次购房，并为小红提供了贷款总额为总房价的 70%、贷款期限为 10 年、贷款年利率为 6%、按月等额偿还的个人住房抵押贷款，其余购房款为小红的自付款，小红在按月等额还款 5 年后，于第 6 年初一次性提前偿还了贷款本金 20 万元。

1. 小红在贷款期限前 5 年抵押贷款的月还款额为（　　）元。

A. 8931.73　　　　　　　　　　　B. 6217.15

C. 8523.35　　　　　　　　　　　D. 8485.27

【答案及解析】B　$P = 8000 \times 100 \times 70\% = 56$（万元），$i = 6\% \div 12 = 0.005$。

月还款额计算如下：

$$A = P \frac{i(1+i)^n}{(1+i)^n - 1} = 560000 \times \frac{0.005 \times (1+0.005)^{12 \times 10}}{(1+0.005)^{12 \times 10} - 1} = 6217.15(元)。$$

2. 小红从第 6 年开始的抵押贷款月还款额为（　　）元。

A. 5015.06　　　　B. 4490.37　　　　C. 4623.97　　　　D. 2350.59

【答案及解析】D　先求偿还 5 年后的贷款余额。

贷款余额计算如下：

$$P_m = A \frac{(1+i)^{n-m} - 1}{i(1+i)^{n-m}} = 6217.15 \times \frac{(1+0.005)^{12 \times 10 - 12 \times 5} - 1}{0.005 \times (1+0.005)^{12 \times 10 - 12 \times 5}} = 321585.57(元)。$$

偿还 20 万元后，第 6 年初的贷款余额为 321585.57 - 200000 = 121585.57（元），再计算从第 6 年开始的月还款额：

$$A = P\frac{i(1+i)^n}{(1+i)^n - 1} = 121585.57 \times \frac{0.005 \times (1+0.005)^{12\times 5}}{(1+0.005)^{12\times 5} - 1} = 2350.59(元)。$$

3. 小红向银行申请的个人住房抵押贷款属于（　　）。

A. 住房公积金贷款　　　　　　B. 房地产开发贷款

C. 组合贷款　　　　　　　　　D. 商业性贷款

【答案及解析】D　本题考查贷款种类，小红向银行申请的为商业性贷款。

4. 小红的购房需求不属于（　　）。

A. 刚性需求　　　B. 潜在需求　　　C. 投资需求　　　D. 弹性需求

【答案及解析】BCD　购买住宅用于自住，可以判断属于刚性需求。

第八章　法律和消费者权益保护

第一节　中国现行法律体系

法律体系是由国家全部现行法律构成的整体。中国现行法律体系包括宪法、法律、行政法规、地方性法规、自治条例、单行条例、规章等。

【试题演练】

我国现行的法律体系不包括（　　）。

A. 地方性法规　　　　　　　B. 自治条例
C. 规章　　　　　　　　　　D. 法律性制度

【答案及解析】D　本题考查中国现行法律体系。

【考点】宪法

宪法是国家的根本法，具有最高的法律地位、法律权威、法律效力，是国家各项制度和法律法规的总依据。全国各族人民、一切国家机关和武装力量、各政党和各社会团体，各企业事业组织，都必须以宪法为根本的活动准则。

【试题演练】

（　　）是国家各项制度和法律法规的总依据。

A. 宪法　　　　　　　　　　B. 法律
C. 行政法规　　　　　　　　D. 规章制度

【答案及解析】A　本题考查宪法的概念。

【考点】法律

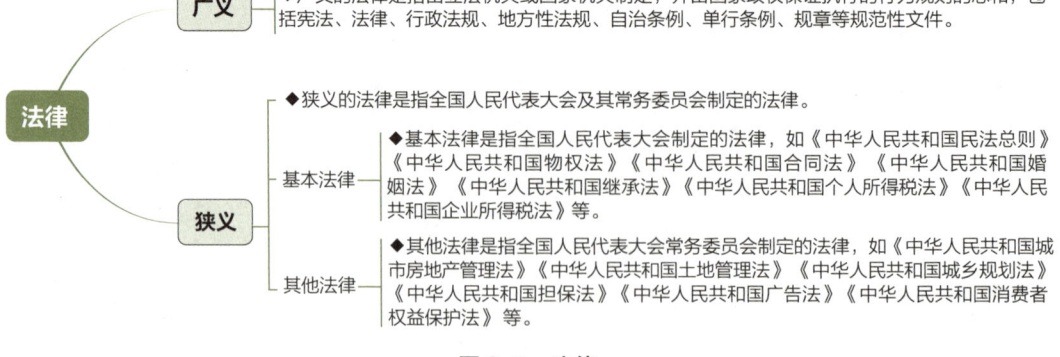

图 8-1　法律

第八章 法律和消费者权益保护

【试题演练】

下列属于由全国人民代表大会常务委员会制定的法律的是（　　）。

A.《中华人民共和国民法总则》
B.《中华人民共和国企业所得税法》
C.《中华人民共和国个人所得税法》
D.《中华人民共和国担保法》

【答案及解析】 D　本题考查法律的内容。

【考点】行政法规

行政法规是指国务院根据宪法和法律，按照法定程序制定的有关行使行政权力，履行行政职责的规范性文件的总称，如《中华人民共和国城镇国有土地使用权出让和转让暂行条例》《城市房地产开发经营管理条例》《住房公积金管理条例》《物业管理条例》《不动产登记暂行条例》《中华人民共和国增值税暂行条例》《中华人民共和国契税暂行条例》等。

【试题演练】

行政法规是指（　　）根据宪法和法律，按照法定程序制定的有关行使行政权力，履行行政职责的规范性文件的总称。

A. 国务院　　　　　　　　　　B. 全国人民代表大会
C. 国务院财政部　　　　　　　D. 国家税务总局

【答案及解析】 A　本题考查行政法规的内容。

【考点】地方性法规、自治条例和单行条例

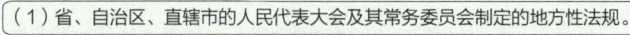

地方性法规、自治条例和单行条例

(1) 省、自治区、直辖市的人民代表大会及其常务委员会制定的地方性法规。

(2) 设区的市的人民代表大会及其常务委员会对城乡建设与管理、环境保护、历史文化保护等方面的事项制定的地方性法规。

(3) 自治州的人民代表大会及其常务委员会制定的地方性法规。

(4) 经济特区所在地的省、市的人民代表大会及其常务委员会根据全国人民代表大会的授权决定，制定的在经济特区范围内实施的法规。

(5) 民族自治地方（自治区、自治州、自治县）的人民代表大会依照当地民族的政治、经济和文化特点，制定的自治条例和单行条例。

图 8-2　地方性法规、自治条例和单行条例

【试题演练】

下列不属于地方性法规、自治条例和单行条例的是（　　）。

A. 经济特区的人民代表大会及其常务委员会根据国务院授权制定的地方法规
B. 自治州的人民代表大会及其常务委员会制定的地方性法规
C. 设区的市的人民代表大会及其常务委员会制定的地方性法规
D. 省、自治区、直辖市的人民代表大会及其常务委员会制定的地方性法规

【答案及解析】A　本题考查地方性法规、自治条例和单行条例。

【考点】规章

国务院部门规章通常简称部门规章，是指国务院各部、委员会、中国人民银行、审计署和具有行政管理职能的直属机构制定的规范性文件，如住房和城乡建设部、国家发展和改革委员会、人力资源和社会保障部联合制定的《房地产经纪管理办法》，住房和城乡建设部制定的《商品房屋租赁管理办法》，原建设部制定的《城市房地产转让管理规定》《城市房地产抵押管理办法》，原国家工商行政管理总局制定的《房地产广告发布规定》。

【试题演练】

下列不属于部门规章的是（　　）。

A.《房地产经纪管理办法》　　　　B.《城市房地产抵押管理办法》
C.《不动产登记暂行条例》　　　　D.《房地产广告发布规定》

【答案及解析】C　本题考查部门规章的内容。

第二节　法律的适用范围

【考点】法律在时间上的适用范围

法律开始生效的时间通常有两种情况：一是自法律公布之日起生效；二是法律公布后经过一段时间再生效。大多数法律开始生效的时间属于第二种情况，其原因是在公布后需留出一定的时间供人们学习、准备。例如，《中华人民共和国城市房地产管理法》（简称《城市房地产管理法》）公布之日是1994年7月5日，自1995年1月1日起施行；《房地产经纪管理办法》公布之日是2011年1月20日，自2011年4月1日起施行；《商品房屋租赁管理办法》公布之日是2010年12月1日，自2011年2月1日起施行。

【试题演练】

《房地产经纪管理办法》公布之日是2011年1月20日，自2011年4月1日起施行，其生效的时间为（　　）。

A. 2010 年 12 月 1 日 B. 2011 年 1 月 20 日
C. 2011 年 2 月 1 日 D. 2011 年 4 月 1 日

【答案及解析】 D 本题考查法律在时间上的适用范围。

【考点】法律在空间上的适用范围

制定法律的机关不同，法律适用的地域范围有所不同，大体上有两种情况：一是宪法、法律、行政法规、部门规章适用于全国；二是凡属地方立法机关或地方国家机关制定的地方性法规、自治条例、单行条例、地方政府规章，只在各机关管辖的行政区域范围内发生效力。

【试题演练】

行政法规、部门规章适用于（　　）。

A. 制定该法律的机关管辖地 B. 各省级单位
C. 各自治区的行政单位 D. 全国

【答案及解析】 D 本题考查法律在空间上的适用范围。

【考点】法律对人的适用范围

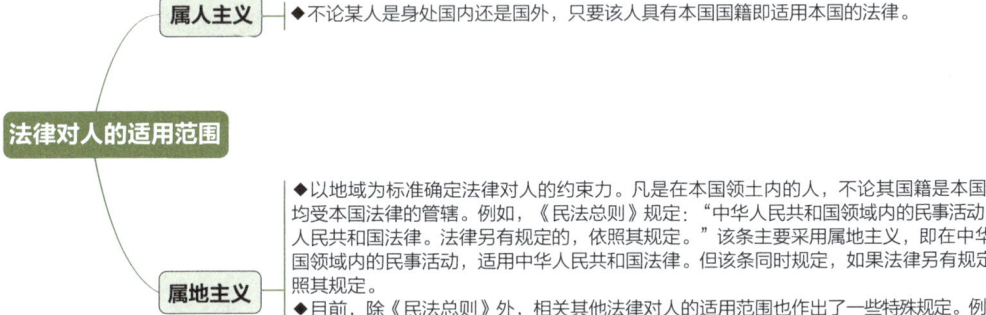

图 8-3 法律对人的适用范围

【试题演练】

《民法总则》规定："中华人民共和国领域内的民事活动，适用中华人民共和国法律。法律另有规定的，依照其规定。"本规定为（　　）处理原则。

A. 属地主义 B. 属人主义
C. 属物主义 D. 属法主义

【答案及解析】 A 本题考查属地主义的处理原则。

第三节 法律适用的基本原则

【考点】不同法律对同一事项的规定不一致时的适用规定

法律适用的基本原则是指不同法律之间对同一事项的规定不一致时，应当适用其中哪一法律的基本规则，根据《中华人民共和国立法法》的有关规定，一般遵循"上位法优于下位法""特别法优于一般法""新法优于旧法""法不溯及既往"等原则进行处理。

【试题演练】

对同一事项的规定不一致时，一般遵循的原则为（　　）。

A. 上位法优于下位法　　　　　　B. 特别法优于一般法

C. 新法优于旧法　　　　　　　　D. 法不溯及既往

E. 同级法中时间先优于时间后

【答案及解析】ABCD　本题考查法律适用的基本原则。

【考点】上位法优于下位法原则

地方性法规与部门规章之间对同一事项的规定不一致，不能确定如何适用时，由国务院提出意见。国务院认为应当适用地方性法规的，应当决定在该地方适用地方性法规的规定；认为应当适用部门规章的，应当提请全国人民代表大会常务委员会裁决；部门规章之间、部门规章与地方政府规章之间对同一事项的规定不一致时，由国务院裁决。

【试题演练】

部门规章之间、部门规章与地方政府规章之间对同一事项的规定不一致时，由（　　）裁决。

A. 部门规章　　　B. 地方政府　　　C. 人大常委会　　　D. 国务院

【答案及解析】D　本题考查上位法优于下位法原则。

【考点】特别法优于一般法原则

该原则是指同一机关制定的法律、行政法规、地方性法规、自治条例、单行条例、规章，特别规定与一般规定不一致的，适用特别规定。例如，《物权法》是规范物权归属和利用的法律，《城市房地产管理法》《土地管理法》《文物保护法》等许多法律的规定也涉及物权。就这些法律来说，《物权法》是规范物权的一般法，《城市房地产管理法》等其他规范物权的法律都是特别法，是对特定领域的物权所做的特别规定，原则上应优先适用。

【试题演练】

下列法律中，（　　）是规范物权的一般法。

A.《中华人民共和国文物保护法》　　B.《土地管理法》
C.《城市房地产管理法》　　D.《中华人民共和国物权法》

【答案及解析】D　本题考查一般法的内容。

【考点】新法优于旧法原则

该原则是指同一事项已有新法施行时，旧法自然不再适用。具体来说，同一机关制定的法律、行政法规、地方性法规、自治条例、单行条例、规章，新的规定与旧的规定不一致的，适用新的规定。例如，《民法总则》颁布实施后，此前颁布实施的《民法通则》以及《物权法》《合同法》《侵权责任法》等民事单行法的规定与《民法总则》的规定不一致的，根据新法优于旧法原则，适用《民法总则》的规定。

同一机关制定的新的一般规定与旧的特别规定不一致时，由制定机关裁决。

【试题演练】

同一机关制定的新的一般规定与旧的特别规定不一致时，由（　　）裁决。
A. 时间先优于时间后　　B. 制定机关
C. 人大常委会　　D. 国务院

【答案及解析】B　本题考查新法优于旧法原则。

【考点】法不溯及既往原则

法是否溯及既往，是指新的法律施行后，对它生效之前发生的事实和行为是否适用。如果不适用，则没有溯及力。具体来说，法律、行政法规、地方性法规、自治条例、单行条例、规章一般不溯及既往，但为了更好地保护自然人、法人和非法人组织的权利和利益而作的特别规定时，可以溯及既往。

【试题演练】

法律、行政法规、地方性法规、自治条例、单行条例、规章一般不溯及既往，但为了（　　）而作的特别规定时，可以溯及既往。
A. 更好地保护自然人、法人和非法人组织的权利和利益
B. 交通管制中获得的权利
C. 人身安全利益
D. 继承得来的不动产

【答案及解析】A　本题考查法不溯及既往原则。

第四节　消费者权益保护法

【考点】消费者及消费者权益的概念

对于房地产经纪机构来说，消费者就是接受其服务的客户，包括委托其提供经纪

服务的房地产出售人、购买人、出租人、承租人等。房地产经纪机构和房地产经纪从业人员应遵守《消费者权益保护法》，维护接受经纪服务的房地产出售人、购买人、出租人、承租人等的合法权益。

【试题演练】

房地产经纪机构和房地产经纪从业人员应遵守《消费者权益保护法》，维护接受经纪服务的房地产（　　）的合法权益。

A. 出售人　　　　B. 购买人　　　　C. 出租人　　　　D. 承租人

E. 抵押权人

【答案及解析】ABCD　本题考查消费者及消费者权益的概念。

【考点】消费者的权利

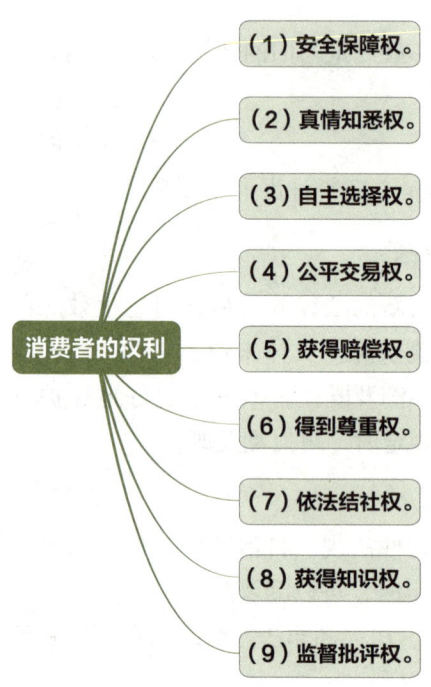

图 8-4　消费者的权利

【试题演练】

《消费者权益保护法》中规定了消费者享有（　　）等权利。

A. 真情知悉权　　　　　　　　　B. 获得赔偿权

C. 监督批评权　　　　　　　　　D. 得到尊重权

E. 依法保护权

【答案及解析】ABCD　本题考查消费者的权利。

【考点】经营者的义务

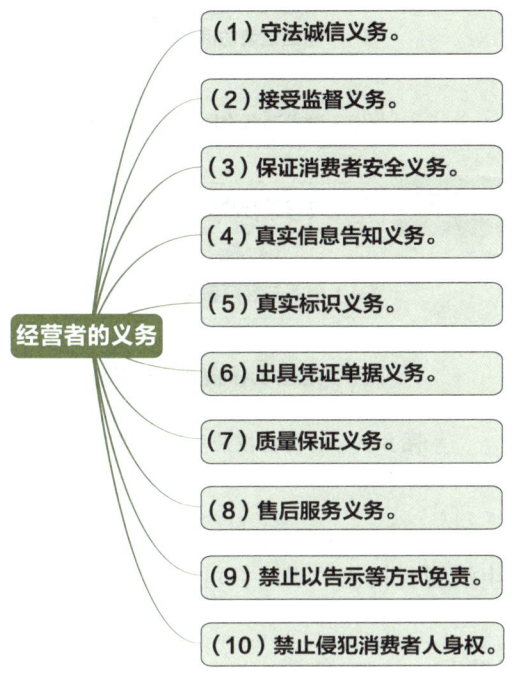

图 8-5 经营者的义务

【试题演练】

《消费者权益保护法》从保护消费者合法权益的需要出发,针对消费者的权利,规定了经营者(　　)等义务。

A. 真实信息告知义务

B. 保证自身安全义务

C. 真实标识义务

D. 禁止以告示等方式免责

E. 禁止侵犯消费者人身权

【答案及解析】ACDE　本题考查经营者的义务。

【考点】消费者权益争议的解决

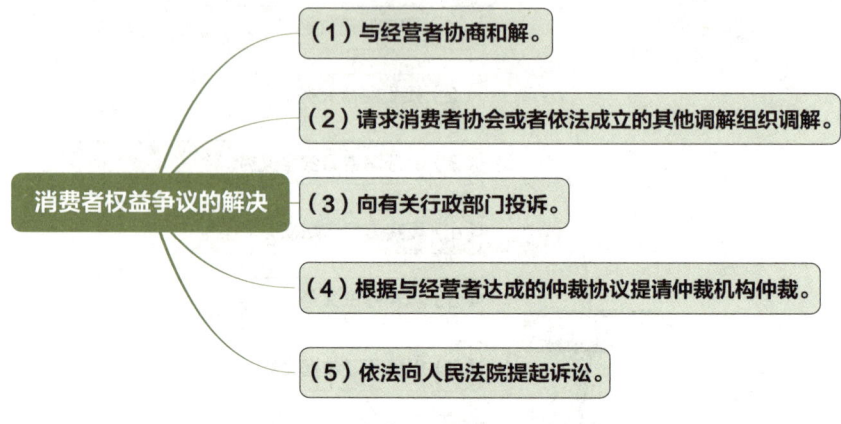

图 8-6　消费者权益争议的解决

【试题演练】

消费者和经营者发生消费者权益争议的,可以解决的途径为(　　)。

A. 双方协商解决　　　　　　　　B. 请求消费者协会调解

C. 向有关行政部门投诉　　　　　　D. 消费者请求机构仲裁

E. 依法向人民法院提起诉讼

【答案及解析】ABCE　本题考查《消费者权益保护法》规定中消费者权益争议的解决。

第九章　民法总则及相关法律

第一节　民法总则

【考点】民事法律关系

民事法律关系是平等主体之间的权利和义务关系，根据权利义务涉及的内容性质的不同，分为两大类：一是人身关系，二是财产关系。

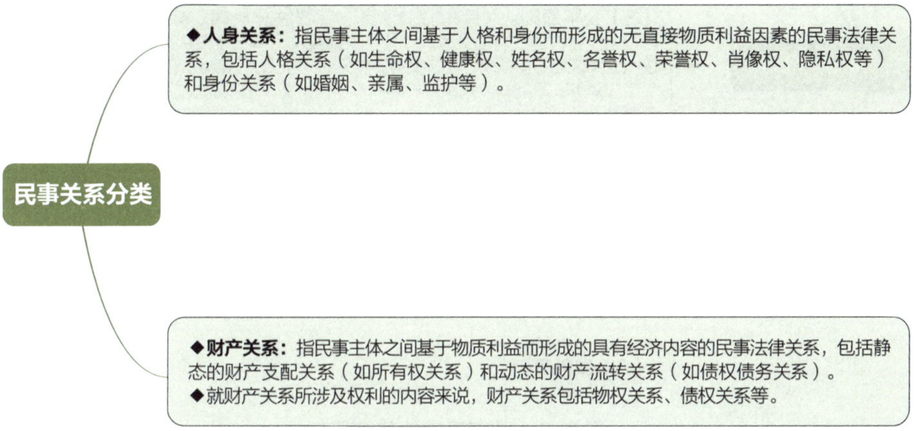

民事关系分类
- ◆**人身关系**：指民事主体之间基于人格和身份而形成的无直接物质利益因素的民事法律关系，包括人格关系（如生命权、健康权、姓名权、名誉权、荣誉权、肖像权、隐私权等）和身份关系（如婚姻、亲属、监护等）。
- ◆**财产关系**：指民事主体之间基于物质利益而形成的具有经济内容的民事法律关系，包括静态的财产支配关系（如所有权关系）和动态的财产流转关系（如债权债务关系）。
- ◆就财产关系所涉及权利的内容来说，财产关系包括物权关系、债权关系等。

图 9-1　民事关系分类

【试题演练】

1. 民事法律关系是平等主体之间的权利和义务关系，根据权利义务所涉及的内容性质的不同，分为（　　）两大类。

    A. 人身关系　　　　　　　　　　B. 所有权关系
    C. 人格关系　　　　　　　　　　D. 身份关系
    E. 财产关系

【答案及解析】AE　本题考查民事关系。

2. 下列不属于民事关系中的财产关系的是（　　）。

    A. 财产支配关系　　　　　　　　B. 财产流转关系
    C. 所属权关系　　　　　　　　　D. 物权关系

【答案及解析】C　本题考查民事关系中的财产关系。

【考点】 民事活动的基本原则

《民法总则》规定，民事主体参加民事活动必须遵循平等原则、自愿原则、公平原则、诚信原则、守法和公序良俗原则、绿色原则。

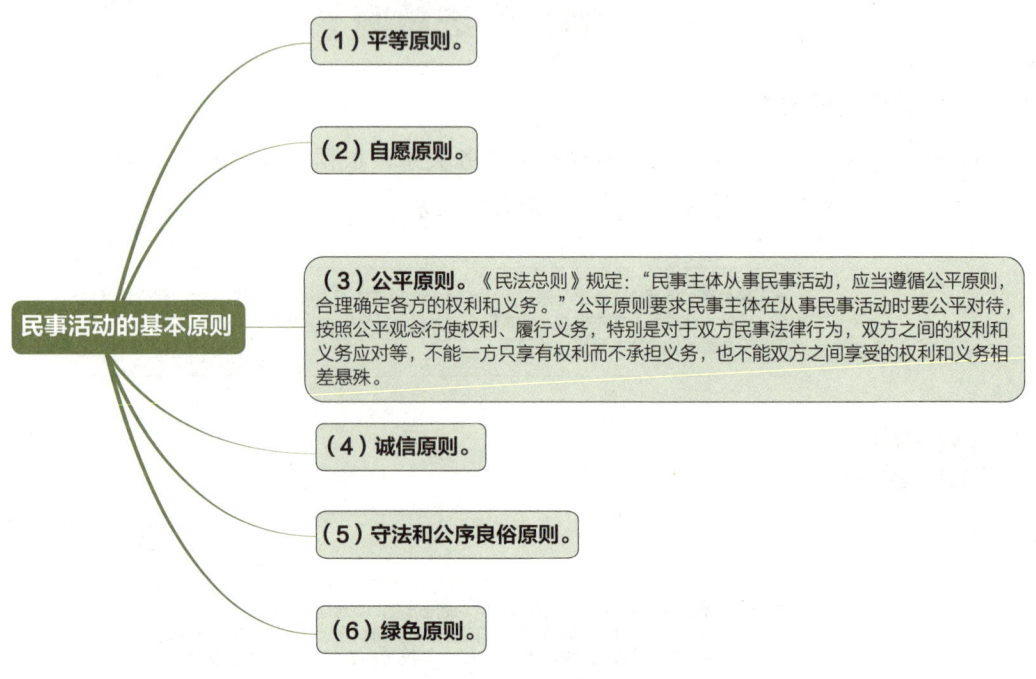

图 9-2 民事活动的基本原则

【试题演练】

1. 下列不属于民事活动的基本原则的是（　　）。

A. 平等原则　　　　　　　　　　　B. 自愿原则

C. 诚信原则　　　　　　　　　　　D. 公正原则

【答案及解析】 D 本题考查民事活动的基本原则。

2.《民法总则》规定："民事主体从事民事活动，应当遵循（　　），合理确定各方的权利和义务。"

A. 平等原则　　　　　　　　　　　B. 公平原则

C. 诚信原则　　　　　　　　　　　D. 绿色原则

【答案及解析】 B 本题考查民事活动的基本原则。

【考点】民事主体

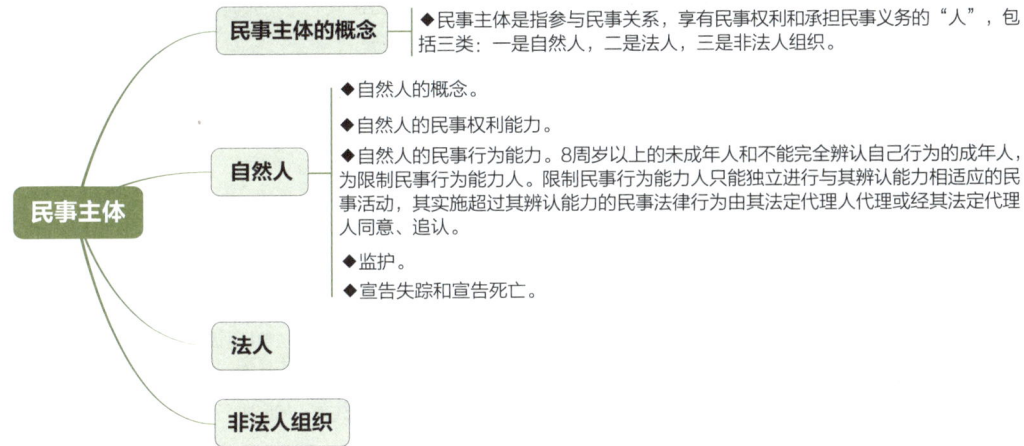

图9-3 民事主体

【试题演练】

1. 民事主体是指参与民事关系,享有民事权利和承担民事义务的"人",包括( )。

A. 自然人　　　　B. 非自然人　　　　C. 法人　　　　D. 非法人

E. 非法人组织

【答案及解析】ACE　本题考查民事主体。

2. 限制民事行为能力人是指,( )周岁以上的未成年人和不能完全辨认自己行为的成年人。

A. 8　　　　B. 14　　　　C. 16　　　　D. 18

【答案及解析】A　本题考查民事主体。

【考点】民事权利

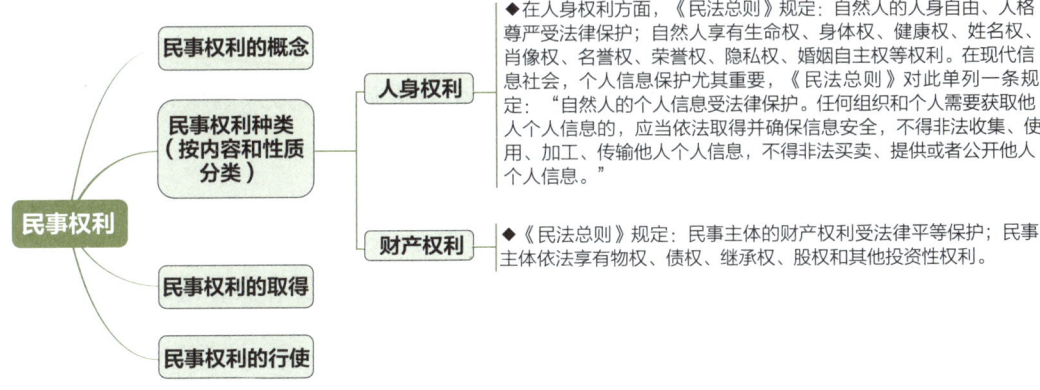

图9-4 民事权利

【试题演练】

下列各项权利中，不属于民事权利中的财产权利的是（   ）。

A. 荣誉权　　　　　　B. 物权　　　　　　C. 债权　　　　　　D. 继承权

【答案及解析】A　本题考查民事权利。

【考点】民事法律行为和代理

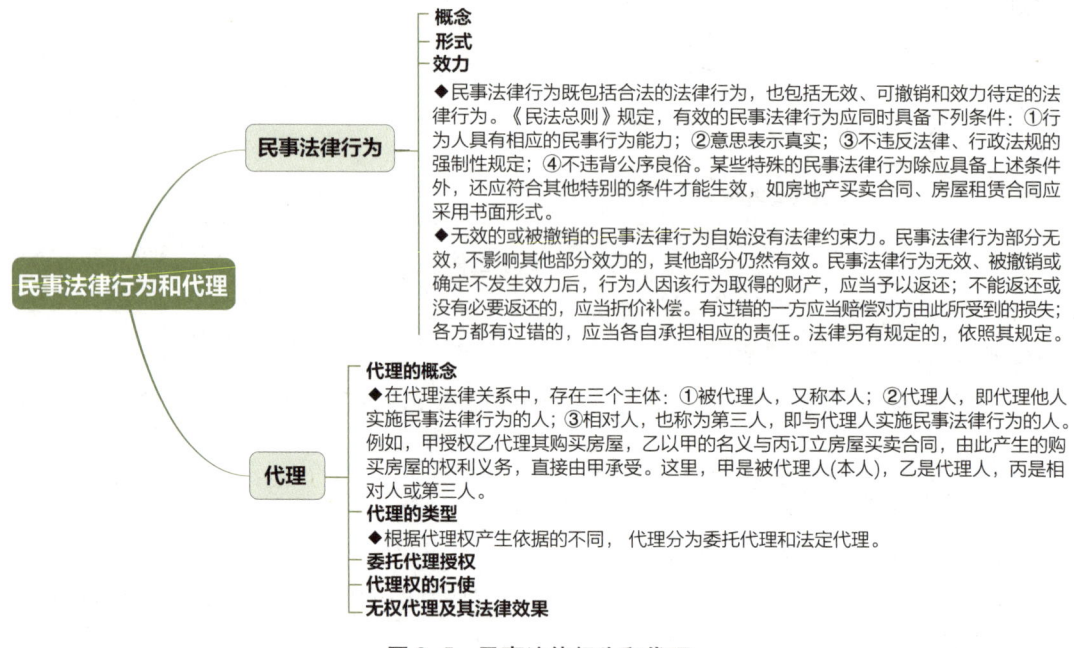

图 9-5　民事法律行为和代理

【试题演练】

1. 下列关于民事法律行为的效力的说法，错误的是（   ）。

A. 无效的或被撤销的民事法律行为自始没有法律约束力

B. 民事法律行为部分无效，会影响其他部分效力

C. 民事法律行为无效、被撤销或确定不发生效力后，行为人因该行为取得的财产，应当予以返还

D. 有过错的一方应当赔偿对方由此受到的损失

【答案及解析】B　本题考查民事法律行为的效力。

2. 甲授权乙代理其购买房屋，乙以甲的名义与丙订立房屋买卖合同，由此产生的购买房屋的权利义务，直接由（   ）承受。

A. 甲　　　　　　B. 乙　　　　　　C. 丙　　　　　　D. 甲和乙

【答案及解析】A　本题考查民事法律行为的效力。

3. 根据代理权产生的依据不同，代理分为（　　）。

A. 委托代理 B. 单独代理

C. 法定代理 D. 共同代理

E. 转委托代理

【答案及解析】AC　本题考查民事法律行为的效力。

【考点】民事责任和诉讼时效

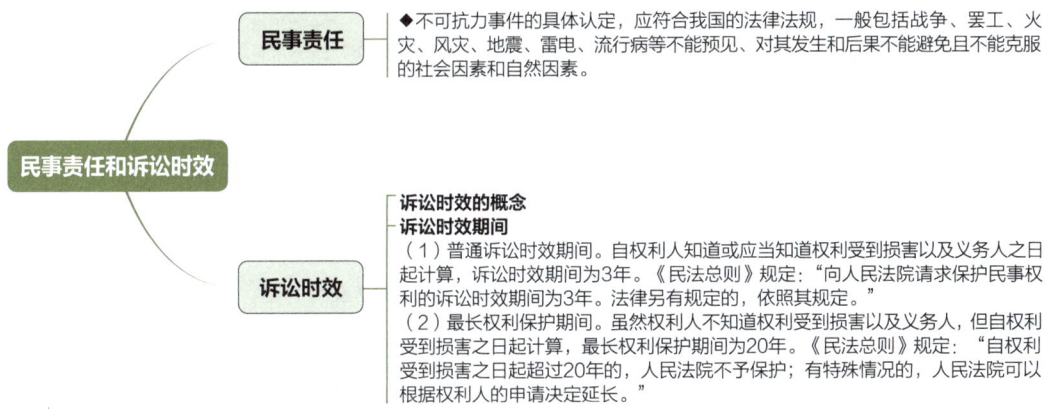

图 9-6　民事责任和诉讼时效

【试题演练】

1. 下列不属于不可抗力事件的是（　　）。

A. 战争 B. 罢工

C. 地震 D. 交通事故

【答案及解析】D　本题考查民事责任。

2. 自权利人知道或应当知道权利受到损害以及义务人之日起计算，诉讼时效期间为（　　）。

A. 3 个月　　　B. 5 个月　　　C. 3 年　　　D. 5 年

【答案及解析】C　本题考查诉讼时效。

3.《民法总则》规定：自权利受到损害之日起超过（　　）的，人民法院不予保护。

A. 3 年　　　B. 10 年　　　C. 20 年　　　D. 25 年

【答案及解析】C　本题考查诉讼时效。

第二节 物权法

【考点】物权概述

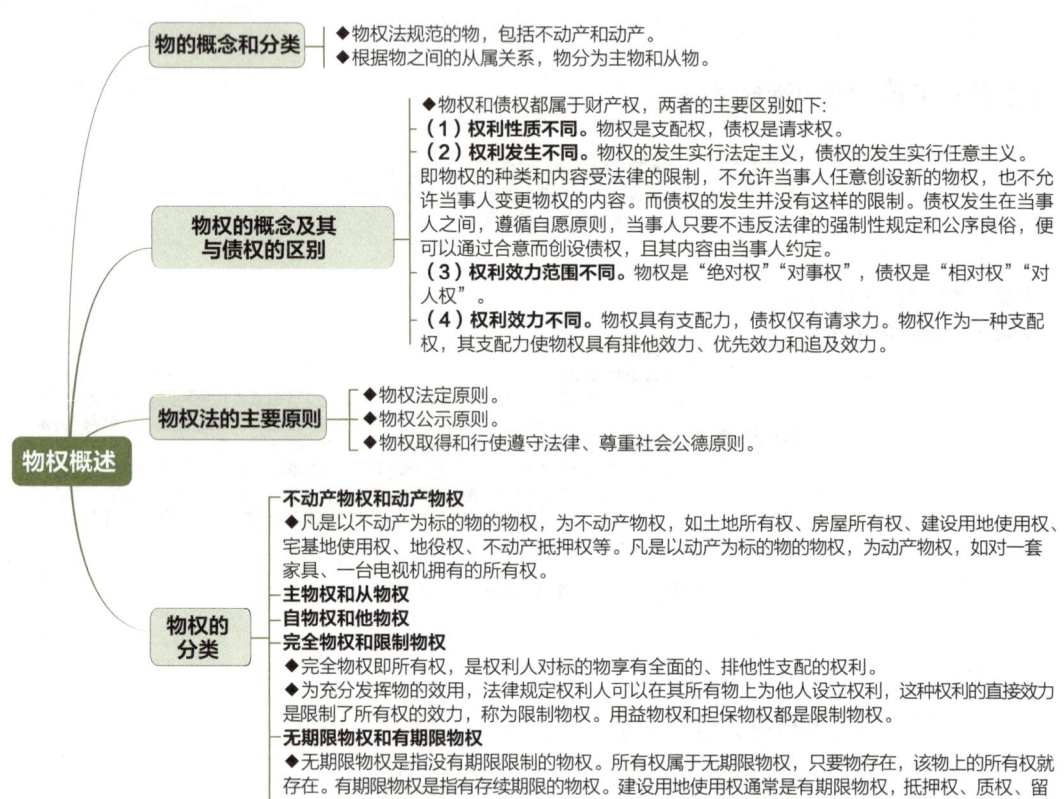

图 9-7 物权概述

【试题演练】

1. 下列关于物权和债权的说法，错误的是（　　）。

A. 物权是支配权，债权是请求权

B. 允许当事人任意创设新的物权，也允许当事人变更物权的内容

C. 物权的发生实行法定主义，债权的发生实行任意主义

D. 物权作为一种支配权，其支配力使物权具有排他效力、优先效力和追及效力

【答案及解析】B　本题考查物权的概述。

2. 下列不属于物权法的主要原则的是（　　）。

A. 物权法定原则

B. 物权公示原则

C. 物权平等原则

D. 物权的取得和行使遵守法律、尊重社会公德原则

【答案及解析】C 本题考查物权法的主要原则。

3. 下列关于物权分类的说法，错误的是（　　）。

A. 用益物权是限制物权

B. 所有权属于无期限物权

C. 凡是以不动产为标的物的物权，为不动产物权

D. 留置权属于无期限物权

【答案及解析】D 本题考查物权的分类。

【考点】所有权

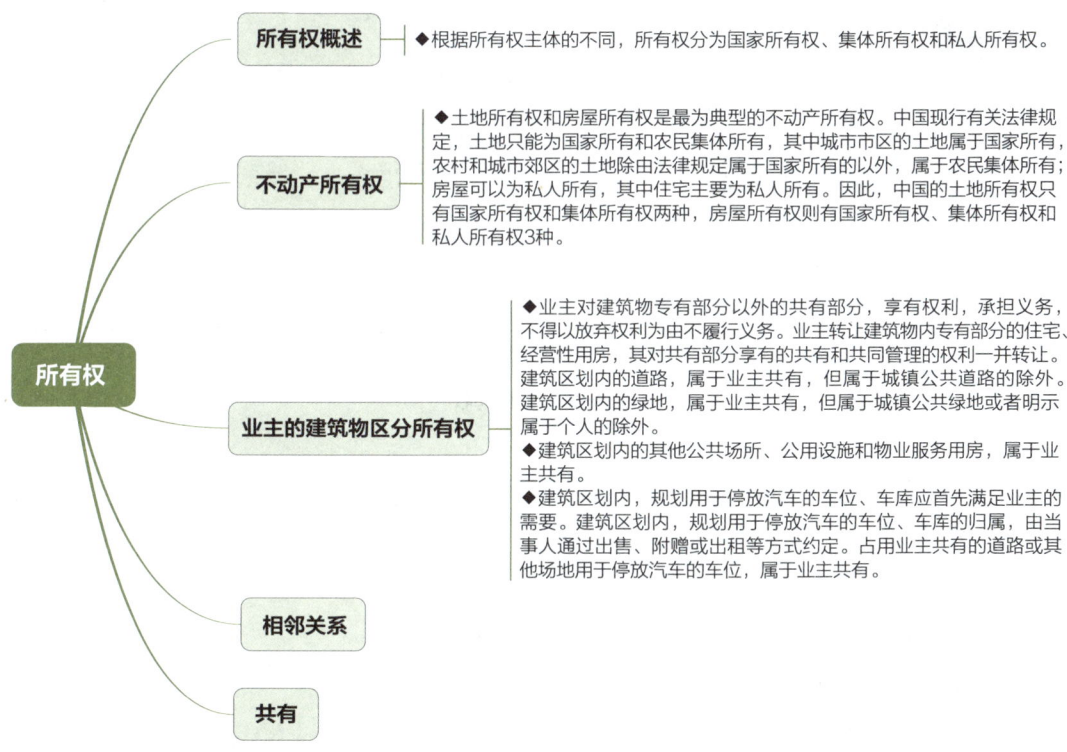

图 9-8 所有权

【试题演练】

1. 根据所有权主体的不同，所有权分为三类，其中不包括（　　）。

A. 国家所有权　　　　　　　　　B. 集体所有权

C. 个人所有权　　　　　　　　　D. 私人所有权

【答案及解析】C 本题考查所有权。

2. 下列关于所有权的说法，正确的是（　　）。

A. 建筑区划内，规划用于停放汽车的车位、车库应首先满足业主的需要

B. 建筑区划内的道路，属于集体所有

C. 建筑区划内的绿地，属于国家所有

D. 业主对建筑物专有部分以外的共同部分，可以以放弃权利为由不履行义务

【答案及解析】A　本题考查所有权。

【考点】用益物权

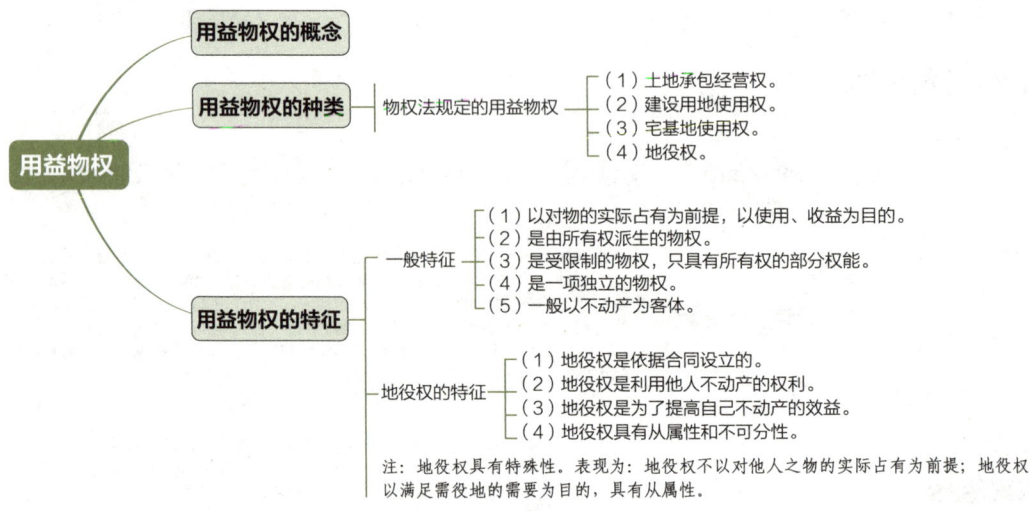

图 9-9　用益物权

【试题演练】

1. 下列物权中，不属于用益物权的是（　　）。

A. 建设用地使用权　　　　　　　　B. 抵押权

C. 宅基地使用权　　　　　　　　　D. 地役权

【答案及解析】B　本题考查用益物权。

2. 下列关于用益物权的特征，说法错误的是（　　）。

A. 是以对物的实际占有为前提，以使用、收益为目的

B. 是由所有权派生的物权

C. 是一项从属的物权

D. 一般以不动产为客体

【答案及解析】C　本题考查用益物权的特征。

3. 下列关于地役权特征的表述，正确的是（　　）。

A. 地役权是利用所有权的权利　　　　B. 地役权是依据合同设立的

C. 地役权是以使用、收益为目的　　　　D. 地役权具有附属性

【答案及解析】B　本题考查地役权。

【考点】担保物权

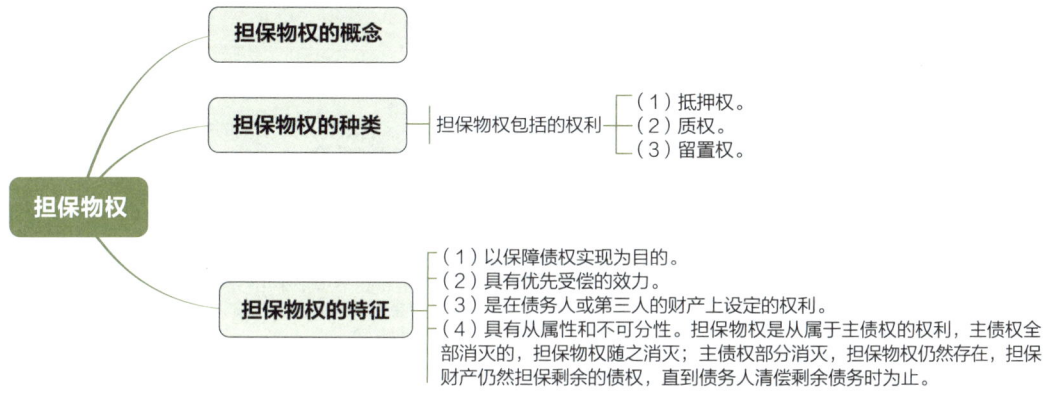

图 9-10　担保物权

【试题演练】

1. 下列不属于担保物权权利的是（　　）。

A. 抵押权　　　　B. 质权　　　　C. 土地使用权　　　　D. 留置权

【答案及解析】C　本题考查担保物权。

2. 下列关于担保物权的特征的表述，错误的是（　　）。

A. 以保障债权实现为目的

B. 具有优先受偿的效力

C. 是在债务人或第三人的财产上设定的权利

D. 是为了提高自己不动产的效益

【答案及解析】D　本题考查担保物权的特征。

【考点】占有

有权占有是指占有人与占有返还请求人之间有租赁、寄存、保管或其他正当法律关系时，占有人对物的占有，如根据房屋租赁合同，房屋承租人对他人房屋的占有。

【试题演练】

根据房屋租赁合同，房屋承租人对他人房屋的占有，属于（　　）。

A. 有权占有　　　B. 无权占有　　　C. 善意占有　　　D. 恶意占有

【答案及解析】A　本题考查占有的定义。

第三节 合同法

【考点】合同概述

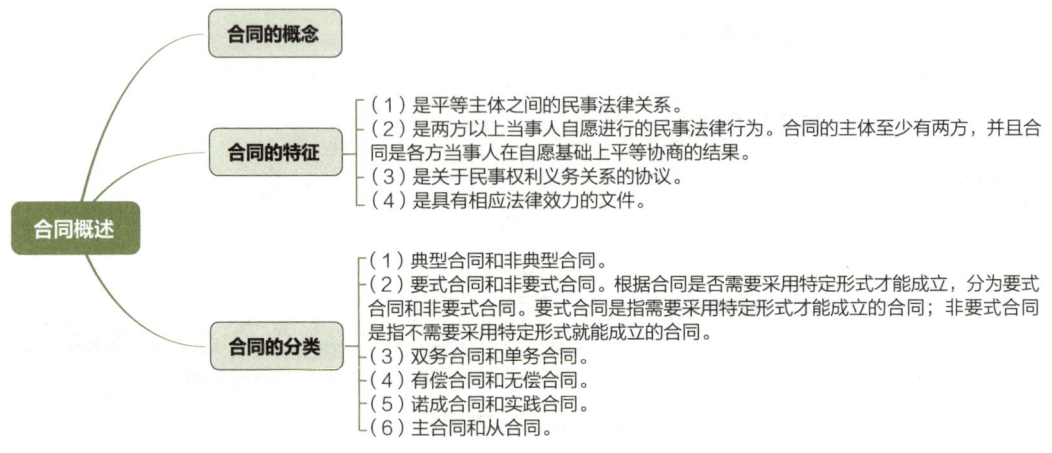

图 9-11 合同概述

【试题演练】

1. 合同的主体至少有两方，并且合同是各方当事人在自愿基础上平等协商的结果，这说明合同具有（　　）特征。

A. 是平等主体之间的民事法律关系

B. 是两方以上当事人自愿进行的民事法律行为

C. 是关于民事权利义务关系的协议

D. 是具有相应法律效力的文件

【答案及解析】B　本题考查的是合同的特征。

2. （　　）是指不需要采用特定形式就能成立的合同。

A. 非要式合同　　　　　　　　B. 非典型合同

C. 诺成合同　　　　　　　　　D. 单务合同

【答案及解析】A　本题考查的是合同的类型。

【考点】合同的订立

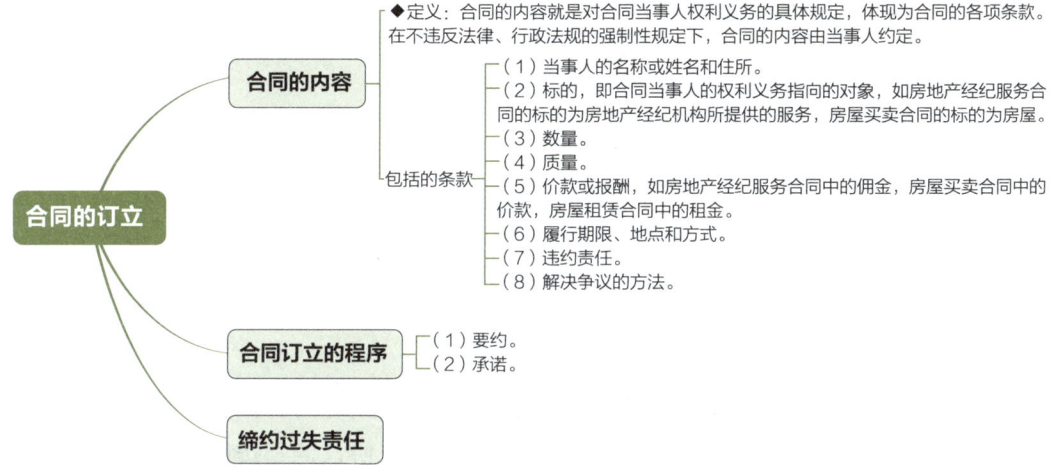

图 9-12 合同的订立

【试题演练】

合同内容由当事人约定，一般包括的条款是（　　）。

A. 当事人的名称或姓名和住所　　B. 合同的名称

C. 数量　　D. 价款或报酬

E. 履行期限、地点和方式

【答案及解析】ACDE　本题考查合同的订立。

【考点】合同的效力

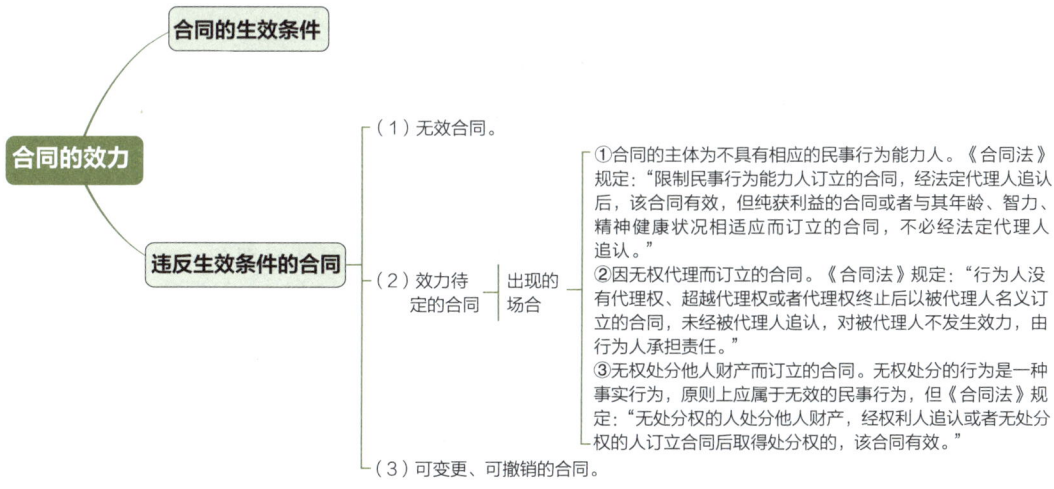

图 9-13 合同的效力

【试题演练】

效力待定的合同主要出现的场合包括（　　）。

A. 合同的主体为不具有相应的民事行为能力人

B. 因无权代理而订立的合同

C. 一方以欺诈、胁迫的手段订立合同

D. 无权处分他人财产而订立的合同

E. 恶意串通，损害国家、集体或者第三人利益

【答案及解析】 ABD　本题考查合同的效力。

【考点】合同的履行

合同生效后，当事人就质量、价款或报酬、履行地点等内容没有约定或约定不明确的，当事人可以签订补充协议；当事人不能达成补充协议的，按照合同有关条款或交易习惯确定。当事人就有关合同内容不明确，按照合同有关条款或交易习惯仍不能确定的，适用规定如图9-14所示。

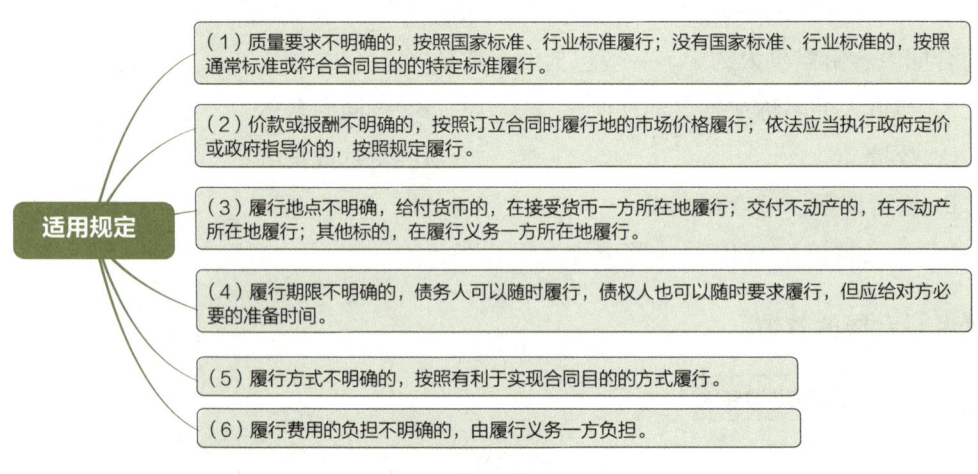

图9-14　适用规定

【试题演练】

当事人就有关合同内容不明确，按照合同有关条款或交易习惯仍不能确定的，下列规定中，说法错误的是（　　）。

A. 质量要求不明确的，按照国家标准、行业标准履行

B. 价款或报酬不明确的，按照订立合同时履行地的市场价格履行

C. 履行地点不明确，给付货币的，在接受货币一方所在地履行

D. 履行费用的负担不明确的，由履行双方负担

【答案及解析】 D　本题考查合同的履行。

第九章 民法总则及相关法律

【考点】违约责任

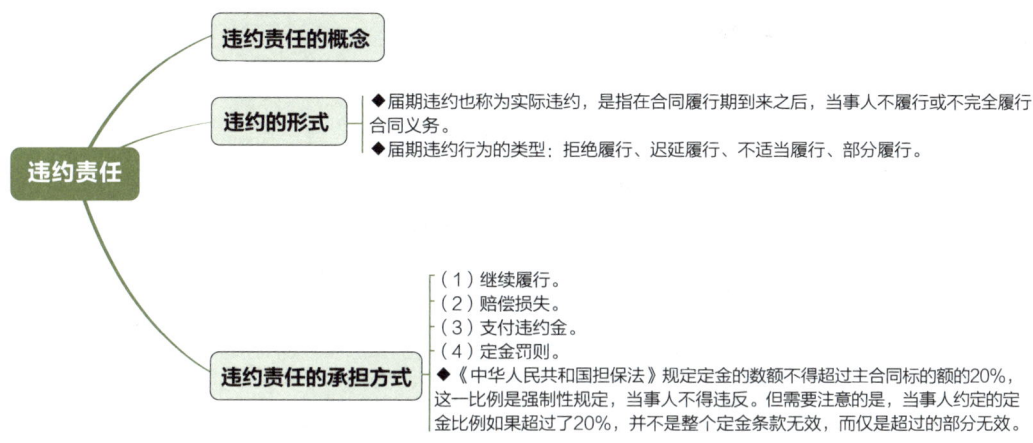

图 9-15 违约责任

【试题演练】

1. 下列不属于届期违约行为的类型的是（   ）。

A. 拒绝履行　　　　　　　　　　B. 选择履行

C. 迟延履行　　　　　　　　　　D. 不适当履行

【答案及解析】B　本题考查违约的形式。

2. 在合同中的违约责任的承担方式中，关于定金罚则，《中华人民共和国担保法》规定定金的数额不得超过主合同标的额的（   ），这一比例是强制性规定，当事人不得违反。

A. 10%　　　　　　　　　　　　B. 15%

C. 20%　　　　　　　　　　　　D. 30%

【答案及解析】C　本题考查违约责任的承担方式。

【考点】买卖合同和租赁合同

```
买卖合同和租赁合同
├─ 买卖合同
└─ 租赁合同
   ├─ 租赁合同的概念和特征
   ├─ 租赁合同的内容和形式
   │   ◆租赁合同的内容包括租赁物的名称、数量、用途、租赁期限、租金及其支付期限和方式、租赁物维修等条款。其中,租赁期限不得超过20年。超过20年的,超过部分无效。租赁期间届满,当事人可以续订租赁合同,但约定的租赁期限自续订之日起不得超过20年。
   │   ◆租赁期限6个月以上的,租赁合同应采用书面形式;当事人未采用书面形式的,视为不定期租赁,租赁期限6个月以下的,当事人可以选择采用书面形式还是口头形式。但对于房屋租赁,《城市房地产管理法》规定:"出租人和承租人应当签订书面租赁合同,约定租赁期限、租赁用途、租赁价格、修缮责任等条款,以及双方的其他权利和义务,并向房产管理部门登记备案。"因此,不论房屋租赁期限长短,即使6个月以下的,均应签订书面租赁合同。
   ├─ 租赁合同的种类
   │   (1)不动产租赁合同和动产租赁合同。
   │   (2)定期租赁合同和不定期租赁合同。
   │   ◆当事人对租赁期限有约定的合同为定期租赁合同,对租赁期限没有约定的合同为不定期租赁合同。
   │   ◆租赁期间届满,承租人继续使用租赁物,出租人没有提出异议的,原租赁合同继续有效,但租赁期限为不定期。
   │   (3)一般租赁合同和特殊租赁合同。
   ├─ 租赁合同当事人的义务
   │   (1)出租人的义务
   │   ①按照租赁合同约定的期限支付租金。
   │   ②按照租赁合同约定的方法或租赁物的性质使用租赁物。
   │   (2)承租人的义务
   │   ③妥善保管租赁物,因保管不善造成租赁物毁损、灭失的,应承担损害赔偿责任。
   │   ④未经出租人同意,不得对租赁物进行改善或增设他物。
   │   ⑤未经出租人同意,不得将租赁物转租给第三人。
   │   ⑥租赁期间届满,应将租赁物返还出租人。
   └─ 租赁合同的解除
```

图 9-16 买卖合同和租赁合同

【试题演练】

1. 在租赁合同中,租赁期限不得超过( )年。

A. 10　　　　　　　B. 20　　　　　　　C. 25　　　　　　　D. 30

【答案及解析】B　本题考查租赁合同的内容和形式。

2. 租赁合同中,租赁期限( )以上的,租赁合同应采用书面形式。

A. 3 个月　　　　　B. 5 个月　　　　　C. 6 个月　　　　　D. 9 个月

【答案及解析】C　本题考查租赁合同的内容和形式。

3. 租赁期限 6 个月以上,当事人未采用书面形式的,被视为( )。

A. 一般租赁　　　　　　　　　　　B. 特殊租赁

C. 定期租赁　　　　　　　　　　　D. 不定期租赁

【答案及解析】D　本题考查租赁合同的内容和形式。

4. 租赁合同中，承租人的义务包括（　　）。

A. 按照租赁合同约定的期限支付租金

B. 按照租赁合同约定的方法或租赁物的性质使用租赁物

C. 未经出租人同意，不得对租赁物进行改善或增设他物

D. 在租赁物需要维修时在合理期限内进行维修

E. 租赁期间届满，应将租赁物返还出租人

【答案及解析】 ABCE　本题考查租赁合同当事人的义务。

【考点】委托合同和居间合同

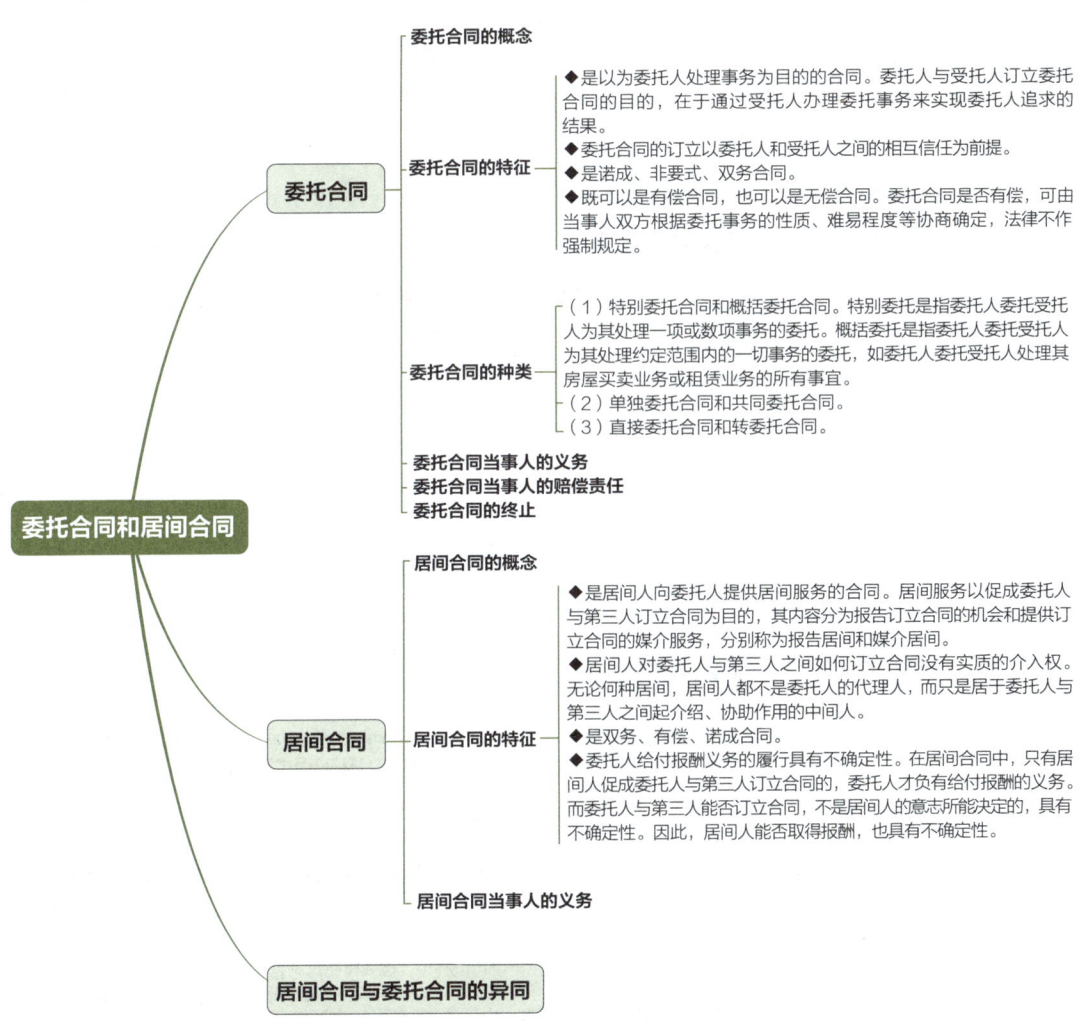

图 9-17　委托合同和居间合同

【试题演练】

1. 下列关于委托合同的特征，说法错误的是（ ）。

A. 是以为委托人处理事务为目的的合同

B. 委托合同的订立以委托人和受托人之间的相互信任为前提

C. 是诺成、要式、双务合同

D. 既可以是有偿合同，也可以是无偿合同

【答案及解析】C 本题考查委托合同的特征。

2. 在委托合同当中，（ ）是指委托人委托受托人为其处理一项或数项事务的委托。

A. 特别委托 B. 概括委托

C. 单独委托 D. 直接委托

【答案及解析】A 本题考查委托合同的种类。

3. 下列描述中，不符合居间合同特征的是（ ）。

A. 是居间人向委托人提供居间服务的合同

B. 居间人对委托人与第三人之间如何订立合同没有实质的介入权

C. 是单务、有偿、诺成合同

D. 委托人给付报酬义务的履行具有不确定性

【答案及解析】C 本题考查居间合同的特征。

第四节 婚姻法

【考点】夫妻财产制的类型及其适用

夫妻财产制的类型及其适用

（1）夫妻财产制是规定夫妻关系存续期间夫妻财产关系的法律制度，包括夫妻婚前财产和婚后财产的归属、管理、使用、收益和处分等内容，其核心是夫妻婚前财产和婚后财产的所有权归属问题。

（2）《婚姻法》规范了夫妻约定财产制和夫妻法定财产制，夫妻法定财产制包括夫妻个人财产、夫妻共同财产制。

（3）夫妻约定财产制和夫妻法定财产制可以并用，但只有在对夫妻双方没有约定或约定不明确的情况下，才适用夫妻法定财产制的规定。具体地说，夫妻婚前财产和婚姻关系存续期间所得的财产，可以为夫妻共同所有，也可以归各自所有或夫妻中的某一方所有，具体是哪种所有形式，首先应根据夫妻之间的约定；只有夫妻之间没有约定或者约定不明确的，才适用法律关于夫妻一方个人财产和夫妻共同财产的规定。

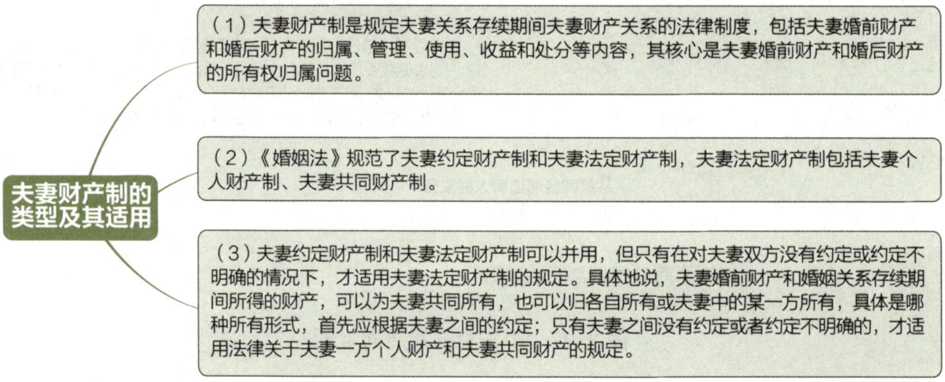

图 9-18 夫妻财产制的类型及其适用

第九章 民法总则及相关法律

【试题演练】

下列关于夫妻财产制的说法，错误的是（　　）。

A. 夫妻财产制的核心是夫妻婚前财产和婚后财产的所有权归属问题

B.《婚姻法》规范了夫妻约定财产制、夫妻个人财产制、夫妻婚后财产制

C. 夫妻婚前财产和婚姻关系存续期间所得的财产，可以为夫妻共同所有，也可以归各自所有或夫妻中的某一方所有

D. 夫妻个人财产制和夫妻共同财产制为夫妻法定财产制

【答案及解析】B　本题考查夫妻财产制的类型及其适用。

【考点】夫妻约定财产制的主要内容

《婚姻法》规定，夫妻可以约定婚姻关系存续期间所得的财产以及婚前财产归各自所有、共同所有或部分各自所有、部分共同所有。实践中夫妻财产约定的条件如图9-19所示。

夫妻财产约定的条件
- （1）夫妻双方必须具有完全民事行为能力。
- （2）应采用书面形式。
- （3）意思表示真实。
- （4）内容必须合法，不得规避法律或损害国家、集体和他人的合法利益。

图9-19　夫妻财产约定的条件

【试题演练】

在实践当中，夫妻财产约定应具备的条件不包括（　　）。

A. 夫妻双方必须具有完全民事行为能力

B. 应采用书面形式

C. 意思表示真实

D. 约定的内容没有必要涉及第三人的利益

【答案及解析】D　本题考查夫妻财产约定的条件。

【考点】夫妻法定财产制的主要内容

根据《婚姻法》，夫妻一方所有的房地产包括的内容如图9-20所示。

夫妻一方所有的房地产包括的内容
- （1）一方的婚前房地产。婚前房地产是指一方于婚姻登记前，购买并登记在自己一人名下的房地产。
- （2）遗嘱或赠与合同中确定只归夫或妻一方的房地产。
- （3）婚后由一方父母出资的房地产，登记在出资人子女名下，认定为个人财产。

图9-20　夫妻一方所有的房地产包括的内容

【试题演练】

根据《婚姻法》，下列不属于夫妻一方所有的房地产的情况的是（　　）。

A. 一方的婚前房地产

B. 遗嘱或赠与合同中确定只归夫或妻一方的房地产

C. 婚后房地产，登记在一方名下，认定为个人财产

D. 婚后由一方父母出资的房地产，登记在出资人子女名下，认定为个人财产

【答案及解析】 C　本题考查夫妻法定财产制的主要内容。

【考点】 夫妻共同财产制的主要内容

《婚姻法》规定，除夫妻之间有书面约定及依法应为夫妻一方所有的房地产外，夫妻在婚姻关系存续期间所得的房地产，归夫妻共同所有，包括因继承或赠与所得的房地产。

结婚前的恋爱期间或订婚期间不属于婚姻关系存续期间，而婚后夫妻分居期间或离婚诉讼期间则属于婚姻关系存续期间。因此，夫妻在婚姻关系存续期间所得的房地产，如果夫妻双方没有书面约定或书面约定不明确，并且又不属于法律规定为夫妻一方所有的，为夫妻共同所有。

夫妻对共同共有的房地产，有平等的处理权。

【试题演练】

下列关于夫妻共同财产制的说法，错误的是（　　）。

A. 婚后夫妻分居期间或离婚诉讼期间不属于婚姻关系存续期间

B. 结婚前的恋爱期间或订婚期间不属于婚姻关系存续期间

C. 夫妻双方书面约定不明确，并且不属于法律规定为夫妻一方所有的，为夫妻共同所有

D. 夫妻对共同共有的房地产，有平等的处理权

【答案及解析】 A　本题考查夫妻共同财产制的主要内容。

【考点】 司法解释对夫妻财产制的规定

结合实际情况，为了更加明确夫妻之间的房地产归属问题，最高人民法院作出了司法解释，有关内容如下：

（1）结婚前，父母为双方购置房屋出资，该出资应当认定为对自己子女的个人赠与，但父母明确表示赠与双方的除外。

（2）结婚后，父母为双方购置房屋出资，该出资应当认定为对夫妻双方的赠与，但父母明确表示赠与一方的除外。

（3）婚后由一方父母出资，登记在出资人子女名下，视为只对自己子女一方的赠与，该不动产应认定为夫妻一方的个人财产。

（4）婚后由夫妻双方父母共同出资购买的房屋，产权登记在一方子女名下的，该房屋可认为双方按照各自父母的出资份额按份共有，但当事人另有约定的除外。

（5）《婚姻法》规定属于夫妻一方财产，不因婚姻关系的延续而转化为夫妻共同财产。但当事人另有约定的除外。

（6）夫妻一方婚前签订房屋买卖合同，以个人财产支付首付款并在银行贷款，婚后用夫妻共同财产还贷，房屋登记在首付款支付方名下的，离婚时该房屋由双方协议处理；如果双方不能达成协议的，人民法院可以判决该房屋归产权登记一方，尚未归还的贷款为产权登记一方的个人债务，双方婚后共同还贷支付的款项及其对应财产增值部分，离婚时应根据照顾子女和女方权益的原则，由产权登记一方对另一方进行补偿。

【试题演练】

下列关于夫妻之间的房地产归属问题的说法，错误的是（　　）。

A. 结婚前，父母为双方购置房屋出资，该出资应当认定为对自己子女的个人赠与

B. 结婚后，父母为双方购置房屋出资，该出资应当认定为对夫妻双方的赠与

C. 婚后由一方父母出资，登记在出资人子女名下，视为对夫妻双方的赠与

D. 婚后由夫妻双方父母共同出资购买，产权登记在一方子女名下的，房屋可认为双方按照各自父母出资份额按份共有

【答案及解析】C　本题考查司法解释对夫妻财产制的规定。

第五节　继承法

【考点】继承和遗产的概念

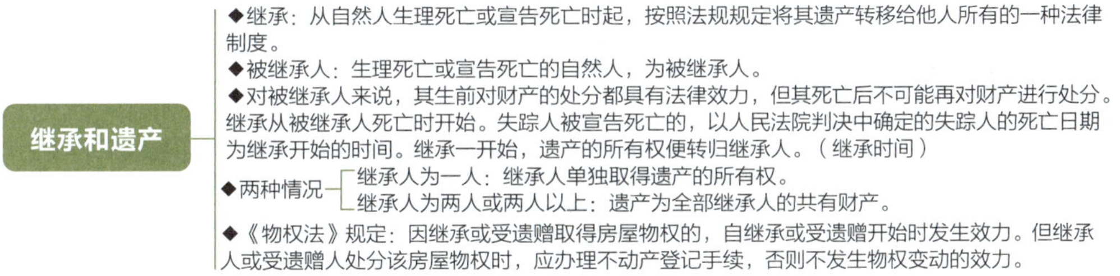

继承和遗产

◆继承：从自然人生理死亡或宣告死亡时起，按照法规规定将其遗产转移给他人所有的一种法律制度。

◆被继承人：生理死亡或宣告死亡的自然人，为被继承人。

◆对被继承人来说，其生前对财产的处分都具有法律效力，但其死亡后不可能再对财产进行处分。继承从被继承人死亡时开始。失踪人被宣告死亡的，以人民法院判决中确定的失踪人的死亡日期为继承开始的时间。继承一开始，遗产的所有权便转归继承人。（继承时间）

◆两种情况
- 继承人为一人：继承人单独取得遗产的所有权。
- 继承人为两人或两人以上：遗产为全部继承人的共有财产。

◆《物权法》规定：因继承或受遗赠取得房屋物权的，自继承或受遗赠开始时发生效力。但继承人或受遗赠人处分该房屋物权时，应办理不动产登记手续，否则不发生物权变动的效力。

图 9-21　继承和遗产

【试题演练】

下列关于继承和遗产的表述，说法错误的是（　　）。

A. 继承从自然人生理死亡或宣告死亡时开始

B. 继承人为一人的，继承人单独取得遗产的所有权

C. 继承人为两人以上的，遗产为全部继承人的共有财产

D. 继承人处分房屋物权时，可以不办理任何手续

【答案及解析】 D　本题考查继承和遗产的概念。

【考点】遗产继承的顺序

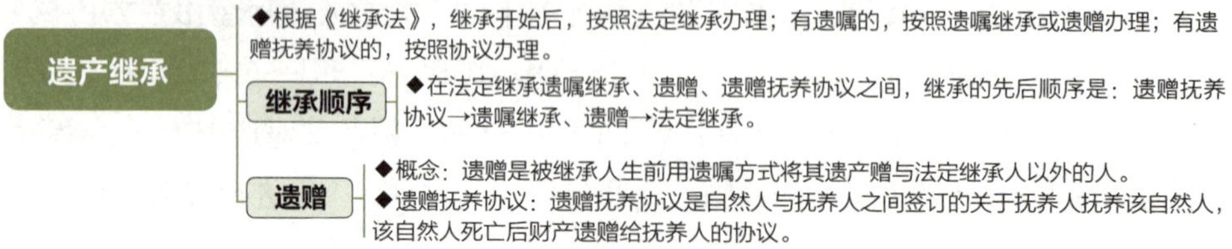

```
遗产继承 ── 继承顺序 ── ◆根据《继承法》，继承开始后，按照法定继承办理；有遗嘱的，按照遗嘱继承或遗赠办理；有遗赠抚养协议的，按照协议办理。
                  ◆在法定继承遗嘱继承、遗赠、遗赠抚养协议之间，继承的先后顺序是：遗赠抚养协议→遗嘱继承、遗赠→法定继承。
         ── 遗赠 ── ◆概念：遗赠是被继承人生前用遗嘱方式将其遗产赠与法定继承人以外的人。
                  ◆遗赠抚养协议：遗赠抚养协议是自然人与抚养人之间签订的关于抚养人抚养该自然人，该自然人死亡后财产遗赠给抚养人的协议。
```

图 9-22　遗产继承

【试题演练】

根据《继承法》，在法定继承、遗嘱继承、遗赠、遗赠抚养协议之间，正确的继承顺序是（　　）。

A. 遗赠抚养协议—法定继承—遗嘱继承、遗赠

B. 遗赠抚养协议—遗嘱继承、遗赠—法定继承

C. 遗嘱继承、遗赠—遗赠抚养协议—法定继承

D. 遗嘱继承、遗赠—法定继承—遗赠抚养协议

【答案及解析】 B　本题考查遗产继承的顺序。

【考点】遗产继承与债务清偿

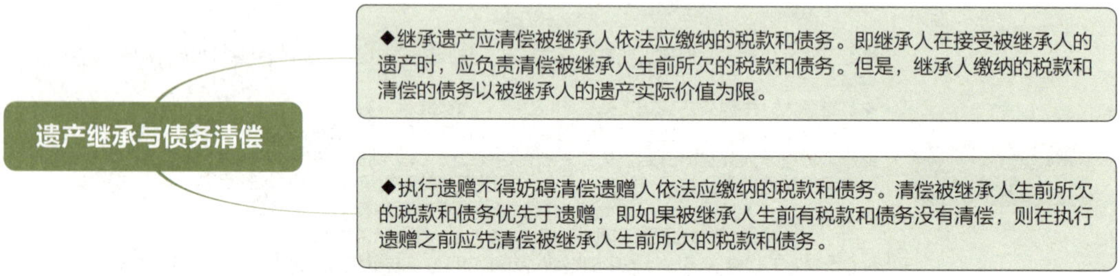

```
遗产继承与债务清偿 ── ◆继承遗产应清偿被继承人依法应缴纳的税款和债务。即继承人在接受被继承人的遗产时，应负责清偿被继承人生前所欠的税款和债务。但是，继承人缴纳的税款和清偿的债务以被继承人的遗产实际价值为限。
                ◆执行遗赠不得妨碍清偿遗赠人依法应缴纳的税款和债务。清偿被继承人生前所欠的税款和债务优先于遗赠，即如果被继承人生前有税款和债务没有清偿，则在执行遗赠之前应先清偿被继承人生前所欠的税款和债务。
```

图 9-23　遗产继承与债务清偿

【试题演练】

下列关于遗产继承与债务清偿的说法，错误的是（　　）。

A. 继承遗产应清偿被继承人依法应缴纳的税款

B. 执行遗赠不得妨碍清偿遗赠人依法应缴纳的税款

C. 继承人缴纳的税款和清偿的债务以法律规定的最高额度为限

D. 清偿被继承人生前所欠的税款和债务优先于遗赠

【答案及解析】 C　本题考查遗产继承与债务清偿。

第十章　消费心理与营销心理

第一节　个体消费者的心理与行为

【考点】心理活动和心理现象

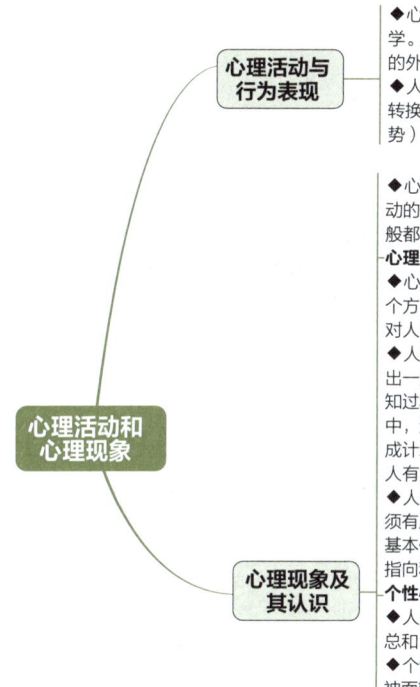

图 10-1　心理活动和心理现象

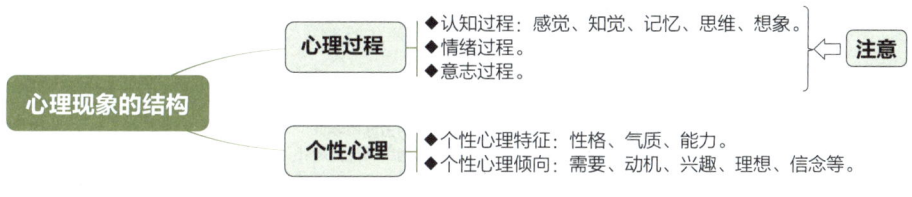

图 10-2　心理现象的结构

【试题演练】

关于心理活动和心理现象，下列说法错误的是（　　）。

A. 心理学是一门主要研究人的心理活动和行为表现的科学

B. 心理现象是心理活动的表现形式，是一种主观精神现象，可分为心理过程和个性心理两大方面

C. 心理过程是人的心理活动发生、发展的过程，包括认知过程、情绪过程和意志过程三个方面

D. 个性心理特征和个性心理倾向是个性心理不可分割的两个侧面，两者相互对立又相互统一

【答案及解析】D　本题考查的是个性心理。

【考点】消费者的心理过程

消费者的认知过程

消费者的知觉

◆**概念：** 知觉是在感觉的基础上形成的，是反映客观事物的整体形象和表面联系的心理过程。知觉的形成不仅需要具体的客观对象，还需要以往的知识和经验的帮助。例如，消费者在实地看房时，眼观房屋的户型布局、房间大小、采光日照、环境景观等，耳听房间的隔声，鼻闻室内的气味等，形成对房屋个别特性的感觉，在此基础上综合评价其适用性、舒适度、性价比等，得出对该房屋的整体印象，即是知觉。

◆**特征和作用：**

（1）选择性。客观事物是多种多样的，人们总是以其中少数事物作为知觉的对象，对它们反映得较清晰，而对其余事物反映得较模糊，这就是知觉的选择性。知觉的选择性不仅与人的需要、兴趣、知识、经验以及刺激对人的意义是否重要等密切相关，还与对象及其背景的刺激性相关，如刺激强度大、对比明显、新颖独特的刺激物容易成为知觉的对象。因此，可运用知觉的选择性帮助消费者确定购买目标，如针对购房人通常带着既定的购房要求（如拟购买房屋的区位、价位、面积、户型、楼层等）选择房屋，可直接突出房屋的这些方面，以吸引购房人的注意。

（2）整体性。在知觉过程中，人们不是孤立地反映事物的个别部分和个别特性，而是反映事物的整体和各部分之间的关系，这就是知觉的整体性。根据知觉的整体性，在房地产经纪门店等有限空间内展示房屋租售信息时，应使客户通过展示的有限信息获得对房屋的整体印象。

（3）理解性。在知觉过程中，人们总是根据以往的知识和经验来解释当前所知觉的对象，并用语言来概括它，赋予它确定的含义，这就是知觉的理解性。知觉的理解性要求提供的信息与目标消费者的文化水平和理解能力相吻合。

（4）恒常性。当知觉的条件（如距离、角度或光线的明暗）在一定范围内发生改变时，知觉的映像仍然保持相对不变，这就是知觉的恒常性。知觉的恒常性是客户不断购买或介绍他人购买某种商品的一个重要因素，好的品牌和信誉通常会拥有忠实的客户，企业可通过品牌和信誉效应带动商品的销售。

◆观察是知觉的特殊形式，是有目的、有计划、主动的知觉过程，比一般的知觉有更深的理解性。房地产经纪人员做好观察是非常重要的，主要从以下三个方面进行：一要明确观察目的和任务；二要明确观察重点和难点；三要记录并整理观察的结果。例如，购房人通常用语言和肢体动作来表达其所想的内容，因此可通过观察购房人无意间流露出来的语气、表情、眼神、手势等来判断其有无购买意愿、购买紧迫程度等。

消费者的注意

概念： 注意是心理活动对一定事物的指向和集中，其基本功能是对信息进行选择，是人们获取信息的先决条件，因为只有进入注意范围的事物，才可能被其感知。

分类： 根据有无预定目标和意志努力程度，注意分为无意注意和有意注意。无意注意并不是没有注意，而是指事先没有预定目标，也不需要做出意志努力，无意之中对某个对象引起的注意。有意注意是指有预定目标，并经过意志努力的注意，如购房人带着一定的购房要求，在众多的房源信息中选择自己想要购买的，就属于有意注意。

注意力经济： 现代营销活动重视引起和吸引消费者对商品及其有关信息的注意。消费者注意的效果直接决定企业的经济效益，因此注意效果被直接命名为经济行为，即所谓"注意力经济"。其中因眼睛（实际上是视觉）在注意中占据重要地位，甚至把"注意力经济"称为"眼球经济"。

注意在营销活动中的主要作用： ①利用有意注意和无意注意的关系，创造更多的营销机会；②发挥注意的心理功能，如利用强烈、鲜明、新奇的活动刺激人们的无意注意，实现由无意注意到有意注意的转换；③利用注意规律设计、发布广告，如利用形状、强度、色彩、位置、对比等方法吸引消费者的注意。

图10-3　消费者的心理过程

第十章 消费心理与营销心理

【试题演练】

1. 知觉的特征及在消费和营销活动中的作用主要有（　　）。
   A. 选择性　　　　　　　　　　　B. 整体性
   C. 记忆性　　　　　　　　　　　D. 理解性
   E. 恒常性

   【答案及解析】ABDE　本题考查消费者的知觉。

2. 关于消费者心理过程，下列说法错误的是（　　）。
   A. 观察是知觉的特殊形式，是有目的、有计划、主动的知觉过程，比一般的知觉有更深的理解性
   B. 根据有无预定目标和意志努力程度，注意分为无意注意和有意注意
   C. 消费者的情绪具有短暂性和不稳定性的特点，并伴有情景性和冲动性
   D. "注意力经济"是指消费者注意的效果直接决定企业的经济效益，又称为"效果经济"

   【答案及解析】D　本题考查消费者的注意。

【考点】消费者的个性心理特征

（一）消费者的性格

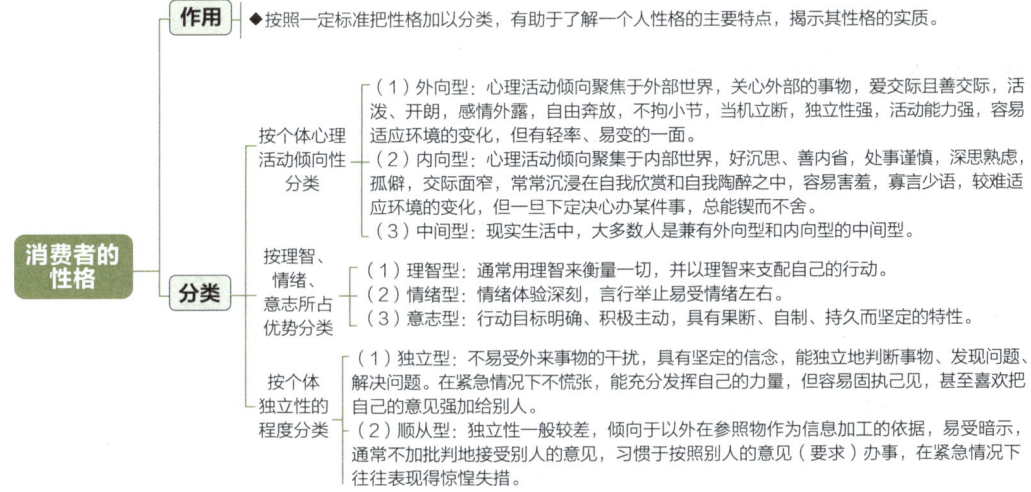

图 10-4　消费者的性格

（二）消费者的能力

根据消费者对商品的认识程序，消费者的能力分为：

（1）知识型：消费者熟悉商品的有关知识、能识别商品的优劣，挑选商品时比较自信，不易受购买环境影响。

（2）略知型：消费者了解商品的有关知识，但还不够全面深入，甚至是一知半解。

（3）无知型：消费者缺乏关于商品的必要知识，挑选商品时往往犹豫不决，易受购买环境的影响。

【试题演练】

1. 根据理智、情绪、意志三者在性格结构中所占的优势，可将性格分为（　　）。

A. 活跃型　　　　　　　　　　　B. 领袖型
C. 理智型　　　　　　　　　　　D. 情绪型
E. 意志型

【答案及解析】CDE　本题考查消费者性格的类型。

2. 根据消费者对商品的认知程度，消费者的能力分为（　　）。

A. 知识型　　　　　　　　　　　B. 略知型
C. 了解型　　　　　　　　　　　D. 学问型
E. 无知型

【答案及解析】ABE　本题考查消费者的能力。

【考点】消费者的需要和动机

消费者的需要和动机

需要层次理论

◆一般来说，只有较低层次的需要得到满足或部分满足以后，较高层次的需要才有可能产生。

（1）**生理的需要**：这是维持生存的需要，如对水分、食物、睡眠的需要等。在住房方面，对挡风遮雨、保温隔热、隔声等要求，可以说是这类需要。这些需要是最原始、最基本的，如果不被满足，就会产生不良后果，甚至有生命危险。

（2）**安全的需要**：当生理的需要得到满足后，人们就会被安全的需要所推动。安全的需要是希望得到保护和免于威胁从而获得安全感的需要，如希望避免灾害等对身体的伤害，要求社会治安良好、职业稳定、未来生活有保障等。在住房方面，对房屋抗震、防火、防盗、无污染、私密性、所在小区安全等要求，可以说是这类需要。当未来不可预测或社会秩序受到威胁时，这些需要就特别突出。

（3）**归属和爱的需要**：生理和安全的需要得到满足并不能保证幸福。归属和爱的需要包括被别人接纳、爱护、关注、欣赏、鼓励、支持等需要。在住房方面，对小区居民职业、年龄、收入水平以及邻里关系等要求，可以说是这类需要。人是社会性动物，不愿意孤独，希望与人交往，有知心朋友，成为某个社会群体中的一员。

（4）**尊重的需要**：满足了归属和爱的需要后，人们便会产生对自我尊重和受人尊重的关注，例如希望自己有实力，有成就，有荣誉，有地位，有威望，得到他人的赞赏或高度评价等。例如，客户要求购买或承租的住房是高档的，能显示自己的身份和社会地位、令人羡慕等，可以说是这类需要。

（5）**自我实现的需要**：当前面四种需要都得到满足后，人的活动便由自我实现的需要所支配。自我实现的需要是追求人生存在价值而产生的，是希望实现自己的理想和抱负。这时人具有高度的自我意识和社会认知能力，富于创造性，行为具有自发性，能够积极地面对未知和挑战。

总结：需要层次理论认为，人们通常是先满足较低层次的需要，然后去关注较高层次的需要，当一种需要基本得到满足后，就会失去对动机和行为的支配力量，转而由新的占优势的需要起支配作用。因此，房地产经纪人要分析购房人所处的需要层次，有针对性地为其提供更适合的房源和专业的服务。同时也应注意的是，现实生活中可能在较低层次的需要还没有满足时就已经受到较高层次需要的影响。

消费者动机的功能

（1）激活功能。动机引发、刺激、驱使消费者产生消费行动。
（2）指向功能。动机使消费者的行动朝着一定的目标。
（3）维持和调节功能。动机使消费者的行动维持一定的时间，并调节行动的强度和方向。

图 10-5　消费者的需要和动机

第十章　消费心理与营销心理

【试题演练】

1. 在住房方面，对挡风遮雨、保温隔热、隔声等要求，属于（　　）。
A. 生理的需要　　　B. 安全的需要　　　C. 归属和爱的需要　　D. 尊重的需要
【答案及解析】A　本题考查生理的需要。

2. 使消费者的行动维持一定的时间，并调节行动的强度和方向，这是消费者动机的（　　）。
A. 激活功能　　　B. 指向功能　　　C. 维持和调节功能　　D. 强化功能
【答案及解析】C　本题考查消费者动机的功能。

【考点】消费者的行为

根据消费者购买行为的不同态度，可将消费者的购买行为分为习惯型、理智型、经济型、冲动型和疑虑型，如图10-6所示。

消费者行为的分类
- （1）习惯型：习惯型的消费者因其对某些商品较熟悉和信任，以致产生习惯性购买行为。其目的性很强，决策果断，成交迅速。
- （2）理智型：理智型的消费者感情色彩较少，不易受他人的诱导或广告宣传的影响。
- （3）经济型：经济型的消费者对商品价格较敏感，对同类商品中价格较低的商品感兴趣，经济实惠是其选购商品的基本原则。
- （4）冲动型：冲动型的消费者情绪波动较大，没有明确的购买计划，易受外界因素的影响，往往凭直觉迅速购买，但事后有时后悔。
- （5）疑虑型：疑虑型的消费者善于观察细小事物，疑心较大，在选购商品时细致、谨慎、动作较慢，往往缺乏购买经验或主见，希望得到营销人员的提示或帮助。

图10-6　消费者行为的分类

【试题演练】

（　　）的消费者因其对某些商品较熟悉和信任，以致产生习惯性购买行为。其目的性很强，决策果断，成交迅速。
A. 习惯型　　　B. 经济型　　　C. 冲动型　　　D. 疑虑型
【答案及解析】A　本题考查消费者的行为。

第二节　消费者群体的心理与行为

【考点】消费者群体的形成和类型

消费者群体的形成是消费者的内在因素和外部因素共同作用的结果。

消费者群体的形成原因
- （1）内在因素：主要有年龄、性别、性格、生活方式、兴趣爱好等生理特质。具有某种相同生理特质的消费者，容易形成共同的生活目标和消费意向，如由于年龄差异，形成了青年消费者群体、中年消费者群体和老年消费者群体。
- （2）外部因素：主要有职业、收入水平、受教育程度、民族、宗教信仰等，它们一般通过内在因素对消费者产生影响。例如，职业或行业的差异导致劳动环境、工作内容、能力素质、心理特点等的差异，这些差异必然会反映到消费习惯、消费行为上，如形成了知识分子消费者群体、工人消费者群体、农民消费者群体等。

图10-7　消费者群体的形成原因

【试题演练】

下列不属于消费者的外部因素的是（　　）。

A. 民族　　　　　　B. 生活方式　　　　　C. 收入水平　　　　　D. 职业

【答案及解析】 B　本题考查消费者群体的形成原因。

【考点】 不同年龄消费者的心理与行为

青年消费者的心理与行为

（1）青年消费者定义：一般是指年龄在18岁至40岁的消费者，一般易冲动和感情用事，独立性和消费潜力较大，消费行为的影响力也较大，是消费潮流的领导者。

（2）心理特征的主要表现：

①**追求时尚和新颖**。青年消费者思维活跃、富有冒险精神和创造性，其消费理念追求时尚新颖、力图领导消费潮流。

②**追求科技和实用**。青年人接触面广、信息渠道多、信息量大，他们的消费需求除了要求时尚新颖，还要求科技性、实用性。

③**追求自我成熟的表现和消费个性心理的实现**。青年消费者喜欢那些能够反映自己个性心理成熟的商品，有时还把商品与自己的理想、职业、时代追求联系在一起。

④**冲动性多于计划性**。青年人在情绪和性格上容易冲动，缺乏理财计划，往往在时尚、新潮的商品面前表现得非常冲动。

◆青年消费者特别是住房刚性需求的主力人群，其购房目的主要是结婚、落户，女上幼儿园、中小学等，但往往资金不够宽裕。对于这类购房人，要根据其购房目的有针对性地推荐房源，如重点推荐小户型、总价较低、配套较全的住房，介绍房源时可突出说明房屋设计的独到之处，描绘居住在该房屋的好处或生活画面等，激发购房人居住其中的丰富想象，以促成交易。此外，青年消费者也是住房租赁需求的主力人群。

中年消费者的心理与行为

（1）中年消费者定义：一般指年龄在40岁至60岁的消费者，一般在心理上已经成熟，自我意识和自我控制能力较强，个性表现较稳定，通常能有条不紊、理智地分析和处理问题。

（2）心理特征的主要表现：

①**理智性胜于冲动性**。随着年龄的增长，青年时的冲动情绪逐渐趋于平稳，理智逐渐支配行动。中年人的这种心理特征表现在购买决策心理和行动中，使得他们在选购商品时很少受商品的外表因素影响，而较注重商品的内在质量和性能，往往经过分析、比较后，才作出购买决定。他们尽量使自己的购买行为合理、正确、可行，较少有冲动、随意购买的行为。

②**计划性多于盲目性**。中年人虽然掌握着家庭中大部分收入和积蓄，但由于既要赡养父母又要养育子女，肩上的担子沉重。他们中的多数人遵循量入为出的消费原则，很少像青年人那样随便、盲目购买。因此，中年人在购买商品前常常对商品的品牌、价位、性能要求乃至购买的时间、地点都妥善安排，做到心中有数，对不需要或不合适的商品一般不会购买，很少有计划外开支和即兴购买。

③**追求实用和节俭**。中年人不像青年人那样追求时尚，生活的重担、经济收入的压力使他们越来越实际，购买实用的商品成为多数中年人的购买决策心理和行为。因此，中年人更多关注商品是否适用、经济、耐用，使用是否方便、省时省力。当然，中年人也会被新产品所吸引，但他们更多关注新产品是否比同类旧产品更具实用性。商品的实际效用、合适的价格与较好的外观的统一，是引起中年消费者购买的主要动因。

④**有主见并受外界影响小**。由于中年人的购买行为具有理智性和计划性的心理特征，他们做事大多有主见，并且由于经验丰富，对商品的鉴别能力很强，大多愿意挑选自己喜欢的商品。对营销人员的推荐、介绍有一定的分析判断能力，对广告之类的宣传也有很强的评判能力，因此受其影响较小。

⑤**随俗求稳并注重商品的便利**。中年人不像青年人那样完全根据个人爱好进行购买，需求逐渐稳定。他们更关注别人对该商品的看法，宁可压抑个人爱好而表现得随俗，喜欢买一款大众化的、易于被接受的商品，尽量不使人感到自己花样翻新和不够稳重。

◆中年消费者是住房改善性需求和投资性需求的主力人群。对于这类购房人，可根据其购房目的向其推荐更多可供选择的房源，客观说明每套房屋的优缺点、性价比，突出介绍房屋的居住环境、实用性或者投资收益等方面的特点，并给其足够的决策时间，以促成交易。

老年消费者的心理与行为

◆老年消费者定义：一般指年龄在60岁以上的消费者，一般怀旧心理强烈，追求方便实用，注重购买方便和良好的服务。

◆老年消费者对商品的性能和质量要求较高，特别是要安全和使用方便，如对住房通常要求有电梯或低楼层、无障碍。因此，对于这类购房人，可向其推荐出入方便、购物就医方便、健身设施齐全、环境安静的房源，并帮助其增强购买信心。

图10-8　不同年龄消费者的心理与行为

【试题演练】

1. 购房特别是住房刚性需求的主力人群是（　　）。

A. 中年消费者　　　　　　　　　　　　B. 老年消费者

C. 青年消费者　　　　　　　　　　　　D. 青少年消费者

【答案及解析】C　本题考查青年消费者的心理与行为。

2. （　　）是住房改善性需求和投资性需求的主力人群。

A. 中年消费者　　　　　　　　　　　　B. 老年消费者

C. 青年消费者　　　　　　　　　　　　D. 青少年消费者

【答案及解析】A　本题考查中年消费者的心理与行为。

3. （　　）群体怀旧心理强烈，追求方便实用，注重购买方便和良好的服务。

A. 中年消费者　　　　　　　　　　　　B. 老年消费者

C. 女性消费者　　　　　　　　　　　　D. 男性消费者

【答案及解析】B　本题考查老年消费者的心理与行为。

【考点】不同阶层消费者的心理与行为

消费者的职业、受教育程度、收入水平等构成了不同阶层的消费者群体。与之相关的消费心理主要有3种，如图10-9所示。

不同阶层消费者的心理与行为
- ◆ 基于希望被同一阶层成员接受的"认同心理"。例如，较高收入阶层的人士不管自己是否真心喜欢，通常会倾向打高尔夫球、钓鱼等休闲活动。
- ◆ 基于避免向下的"自保心理"。例如，自认为属于较高收入阶层的人士通常不会像普通老百姓那样，去购买小户型、普通配套的住房用于自住。
- ◆ 基于向上攀升的"高攀心理"。例如，某些低收入阶层人士宁愿省吃俭用来购买汽车，以获得"有钱人"的暂时满足感。

图 10-9　不同阶层消费者的心理与行为

【试题演练】

刘某自认为收入较高，不想像普通老百姓那样购买小户型。这是一种（　　）。

A. 基于希望被同一阶层成员接受的"认同心理"

B. 基于向上攀升的"高攀心理"

C. 基于避免向下的"自保心理"

D. 基于追求时尚、高品质"享受心理"

【答案及解析】C　本题考查不同阶层消费者的心理与行为。

第三节 营销过程心理与策略

【考点】价格心理

消费者的价格心理表现：

(1) **习惯性心理：** 该心理是消费者在长期关注、跟踪或多次购买某些商品中，通过对商品价格的反复感知而逐渐形成的衡量商品价格的心理。该心理一旦形成，通常较难改变。当商品价格变动时，消费者心理会经历一个打破原有习惯，由不习惯、不适应到逐渐习惯、较为适应的过程。认识到了习惯性心理对消费者购买行为的影响，对商品价格的调整应采取慎重的态度。

(2) **敏感性心理：** 该心理是消费者对商品价格变动的反应强弱程度，既有一定的客观标准，也有主观因素，是消费者在长期实践中逐渐形成的一种心理价格尺度。消费者对价格变动较为敏感的商品，当其价格变动时，消费者会较快做出反应。但消费者对价格变动的敏感性强度，会随着价格变动的习惯性适应程度的提高而降低。

(3) **倾向性心理：** 该心理是消费者在购买过程中对商品价格选择所表现出的倾向。不同消费者的商品价格倾向有所不同，如高收入的购房人倾向于配套完善、高档小区的高价商品房，中等收入的购房人倾向于配套齐全、经济实惠、价格适中的商品房。

(4) **感受性心理：** 该心理是消费者对商品价格高低的感知强弱程度。消费者通常不仅基于对某商品本身的价格是否可接受来作出购买决策，还基于该商品与相似商品的价格比较来作出购买决策。这种受到背景刺激因素的影响而导致价格在感受上的差异，会直接影响消费者对价格的判断。因此，房地产经纪人员可以向购房人推荐区位等相似而价格不同的房源，将这些房源信息整理在一张表格中让其比较，以取得较好的营销效果。在带客户看房时，可先看价格较高、条件较好的房屋，再看价格较低、条件较差的房屋，然后看价格和条件适中的房屋。这样，购房人通过对比感受，就能较快、较客观地作出购买决策。

◆ 商品的价格高低是影响其销售的一个重要因素。为适应和满足不同消费者的购买心理，商品定价要有相应的策略。

商品的心理定价策略：

(1) **高位定价策略：** 这是针对价高质优或便宜没好货的心理，以同类商品中较高甚至最高的价格来定价。购买这种商品的人，通常不在乎价格，更关心商品的品质及其能否显示自己的身份和社会地位，往往价格越高，其心理越满足。例如，某套住宅是所在片区或小区内位置、楼层、朝向、景观、户型、装修最好的，其挂牌价就有可能是所在片区或小区最高的。

(2) **低位定价策略：** 是针对追求经济实惠的心理，以同类商品中较低的价格来定价，以吸引追求经济实惠的消费者购买。例如，某套住宅因业主出国或急需资金、换购更好的住宅而希望快速售出，可建议该业主将挂牌价确定为所在片区或小区内明显偏低的价格。

(3) **尾数定价策略：** 这是定一个零头数结尾的非整数价格，使消费者在心理上产生价格较低的感觉，也使消费者认为定价是认真、精确的。例如，一套100平方米的住宅，挂牌单价9998元/平方米使人感到比10000元/平方米便宜一些，或者挂牌总价99万元使人感觉比100万元便宜一些。特别是挂牌总价格上了一个台阶，但两者实际上仅相差2万元，这种定价策略也可以是价格尾数取人们通常认为的吉利数字，使购买者为图个吉利，更加愿意购买。

(4) **折扣定价策略：** 是针对消费者追求物美价廉的心理，为激发消费者的购买欲望和进行促销，价格定得不低或偏高，同时对符合一定条件的给予价格折扣优惠。这种定价策略主要适用于新建商品房销售。例如，对在某个日期之前或一定期间内（如10天内）交购房定金的，给予价格95折优惠；对不贷款而用现金分期付款的，给予价格93折优惠；对用现金一次性付款的，给予价格88折优惠；等等。

图10-10 价格心理

【试题演练】

1. 消费者的价格心理表现包括（　　）。

A. 习惯性心理　　　　　　　　B. 敏感性心理

C. 倾向性心理　　　　　　　　D. 感受性心理

E. 强制性心理

【答案及解析】ABCD　本题考查消费者的心理表现。

2. 一套200平方米的住宅，挂牌单价8888元/平方米，使购买者更加愿意购买，是（　　）。

A. 高位定价策略　　　　　　　　　B. 吉利定价策略
C. 折扣定价策略　　　　　　　　　D. 尾数定价策略

【答案及解析】D　本题考查商品的心理定价策略。

【考点】广告心理

成功的广告要针对消费者的心理，主要运用以下方法打动消费者，如图 10-11 所示。

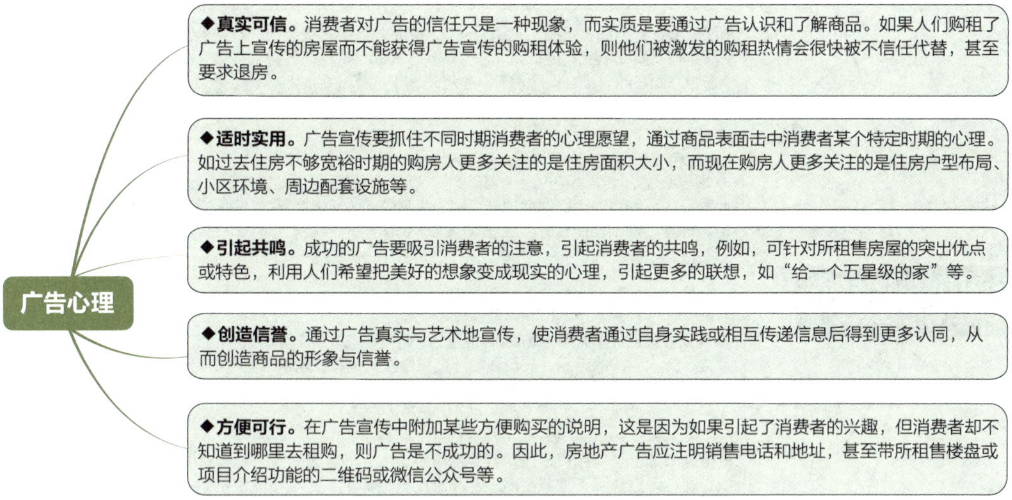

广告心理

◆ **真实可信**。消费者对广告的信任只是一种现象，而实质是要通过广告认识和了解商品。如果人们购租了广告上宣传的房屋而不能获得广告宣传的购租体验，则他们被激发的购租热情会很快被不信任代替，甚至要求退房。

◆ **适时实用**。广告宣传要抓住不同时期消费者的心理愿望，通过商品表面击中消费者某个特定时期的心理。如过去住房不够宽裕时期的购房人更多关注的是住房面积大小，而现在购房人更多关注的是住房户型布局、小区环境、周边配套设施等。

◆ **引起共鸣**。成功的广告要吸引消费者的注意，引起消费者的共鸣，例如，可针对所租售房屋的突出优点或特色，利用人们希望把美好的想象变成现实的心理，引起更多的联想，如"给一个五星级的家"等。

◆ **创造信誉**。通过广告真实与艺术地宣传，使消费者通过自身实践或相互传递信息后得到更多认同，从而创造商品的形象与信誉。

◆ **方便可行**。在广告宣传中附加某些方便购买的说明，这是因为如果引起了消费者的兴趣，但消费者却不知道到哪里去租购，则广告是不成功的。因此，房地产广告应注明销售电话和地址，甚至带所租售楼盘或项目介绍功能的二维码或微信公众号等。

图 10-11　广告心理

【试题演练】

下列不属于成功广告的方法的是（　　）。

A. 真实可靠　　　　　　　　　　　B. 方便科学
C. 引起共鸣　　　　　　　　　　　D. 适时实用

【答案及解析】B　本题考查成功的广告要针对消费者的心理。

【考点】现场营销心理

在现场销售中，消费者会产生一些典型的心理反应，影响其购买行为。营销人员应注意的消费者的不同心理状态如图10-12所示。

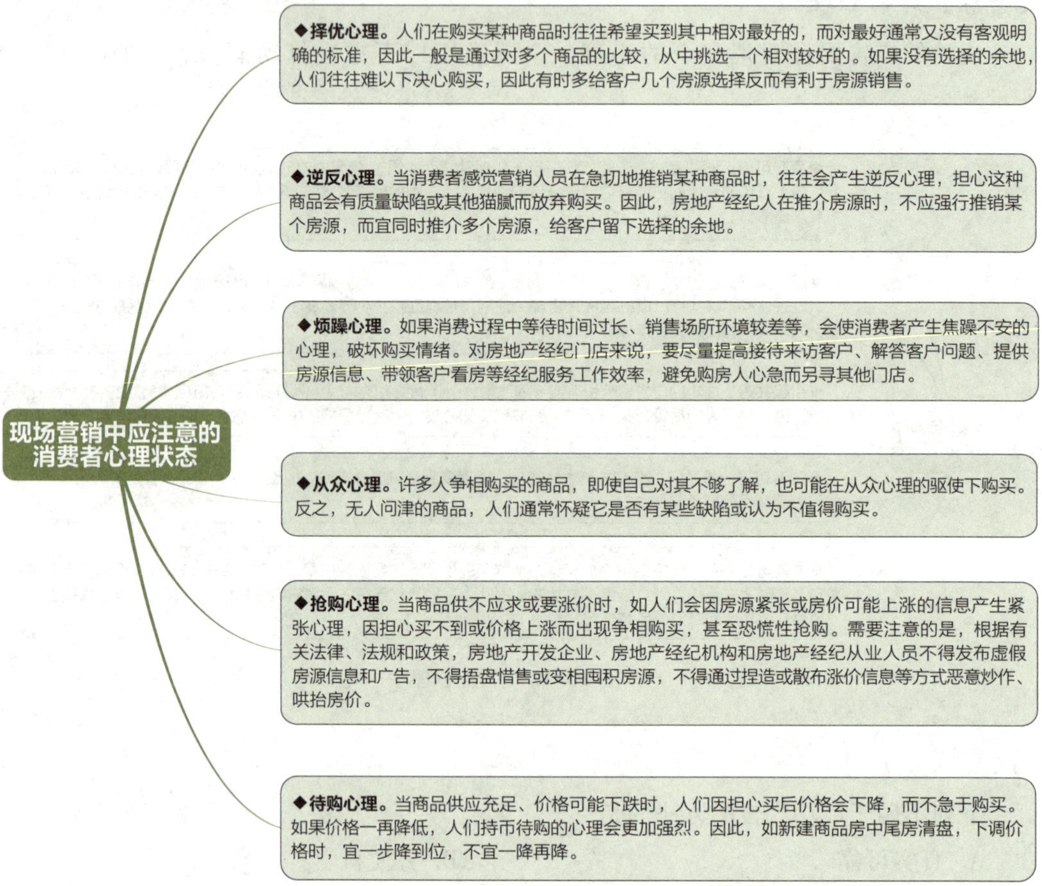

```
现场营销中应注意的消费者心理状态
├─ ◆择优心理。人们在购买某种商品时往往希望买到其中相对最好的，而对最好通常又没有客观明确的标准，因此一般是通过对多个商品的比较，从中挑选一个相对较好的。如果没有选择的余地，人们往往难以下决心购买，因此有时多给客户几个房源选择反而有利于房源销售。
├─ ◆逆反心理。当消费者感觉营销人员在急切地推销某种商品时，往往会产生逆反心理，担心这种商品会有质量缺陷或其他猫腻而放弃购买。因此，房地产经纪人在推介房源时，不应强行推销某个房源，而宜同时推介多个房源，给客户留下选择的余地。
├─ ◆烦躁心理。如果消费过程中等待时间过长、销售场所环境较差等，会使消费者产生焦躁不安的心理，破坏购买情绪。对房地产经纪门店来说，要尽量提高接待来访客户、解答客户问题、提供房源信息、带领客户看房等经纪服务工作效率，避免购房人心急而另寻其他门店。
├─ ◆从众心理。许多人争相购买的商品，即使自己对其不够了解，也可能在从众心理的驱使下购买。反之，无人问津的商品，人们通常怀疑它是否有某些缺陷或认为不值得购买。
├─ ◆抢购心理。当商品供不应求或要涨价时，如人们会因房源紧张或房价可能上涨的信息产生紧张心理，因担心买不到或价格上涨而出现争相购买，甚至恐慌性抢购。需要注意的是，根据有关法律、法规和政策，房地产开发企业、房地产经纪机构和房地产经纪从业人员不得发布虚假房源信息和广告，不得捂盘惜售或变相囤积房源，不得通过捏造或散布涨价信息等方式恶意炒作、哄抬房价。
└─ ◆待购心理。当商品供应充足、价格可能下跌时，人们因担心买后价格会下降，而不急于购买。如果价格一再降低，人们持币待购的心理会更加强烈。因此，如新建商品房中尾房清盘，下调价格时，宜一步降到位，不宜一降再降。
```

图 10-12　现场营销中应注意的消费者心理状态

【试题演练】

当消费者感觉营销人员在急切地推销某种商品时，会担心这种商品有质量缺陷或其他猫腻而放弃购买，这是一种（　　）。

A. 烦躁心理　　　　　　　　　　B. 逆反心理
C. 择优心理　　　　　　　　　　D. 多疑心理

【答案及解析】B　本题考查现场营销中的逆反心理。

【考点】购房人的类型及相应的营销策略

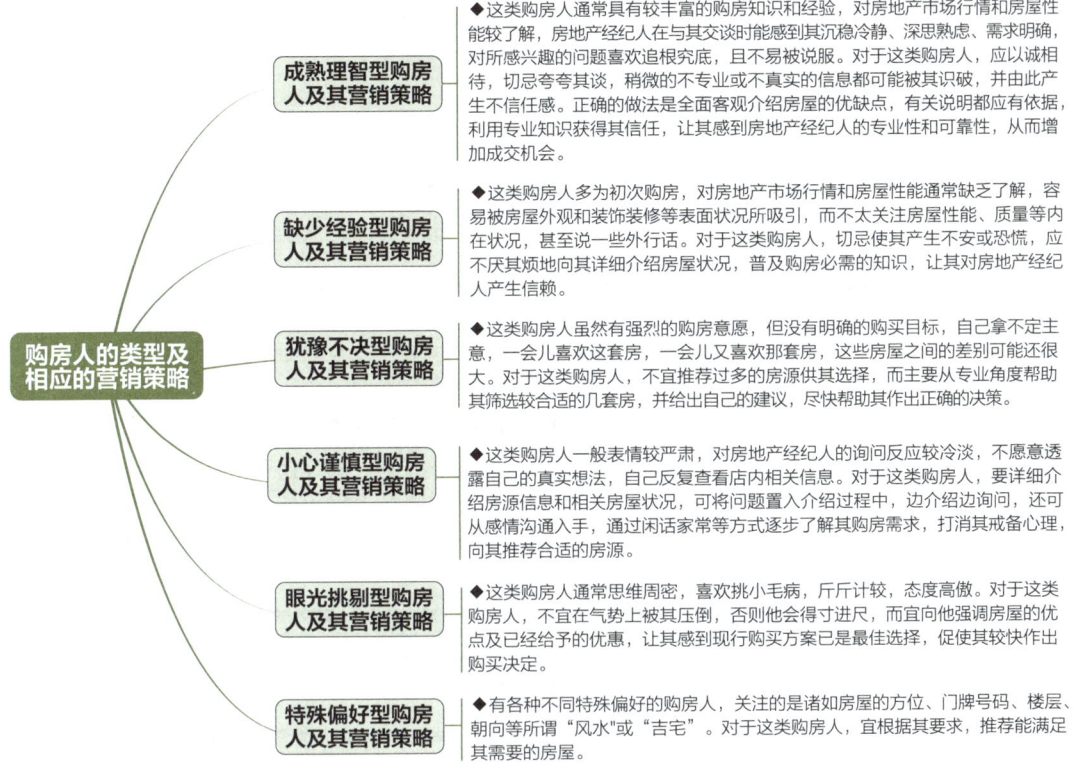

图 10-13 购房人的类型及相应的营销策略

【试题演练】

一些购房人虽然有强烈的购房意愿,但没有明确的购买目标,自己拿不定主意,一会儿喜欢这套房,一会儿又喜欢那套房,这些房屋之间的差别可能还很大。对于这类购房人,正确的做法是(　　)。

A. 全面客观介绍房屋的优缺点,有关说明都应有依据,利用专业知识获得其信任,让其感到房地产经纪人员的专业性和可靠性,从而增加成交机会

B. 对于这类购房人,切忌使其产生不安或恐慌,应不厌其烦地向其详细介绍房屋状况,普及购房必需的知识,让其对房地产经纪人员产生信赖

C. 详细介绍房源信息和相关房屋状况,可将问题置入介绍过程中,边介绍边询问,还可从感情沟通入手,通过闲话家常等方式逐步了解其购房需求,打消其戒备心理,向其推荐合适的房源

D. 不宜推荐过多的房源供其选择,而主要从专业角度帮助其筛选较合适的几套房,并给出自己的建议,尽快帮助其作出正确的决策

【答案及解析】D 本题考查犹豫不决型购房人及其营销策略。

第四节　房地产经纪人心理及其综合素质提高

【考点】房地产经纪人与客户的心理互动

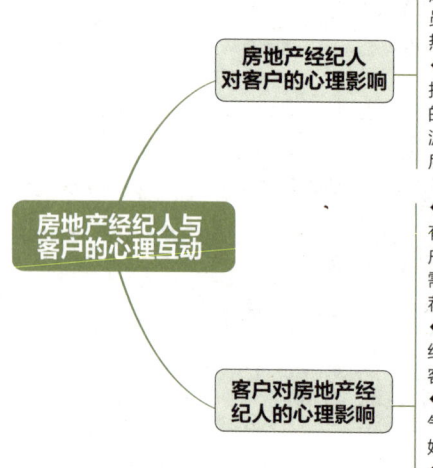

◆ **房地产经纪人的仪表影响客户的认知过程。**仪表是人的外表，包括容貌、姿态、风度等，是人的思想品德、文化修养、生活情调等的综合外在表现。房地产经纪人员应衣着得体、干净整洁、精神饱满、举止大方，给客户以诚信、专业、稳重、礼貌、热情等良好的感觉。

◆ **房地产经纪人的服务影响客户的情绪过程。**房地产经纪人应站在客户的角度，保持真诚和关心的态度，替客户着想，仔细了解客户的真实需求，为客户提供热情的"售前服务"；应根据客户的具体需求，耐心为客户推荐和带看符合其需求的房源，为客户提供周到的"售中服务"；应及时进行客户回访，调查客户租购及使用后的感受，为客户提供良好的"售后服务"，提升客户的满意度和自己的信誉。

◆ **客户的不同需求要求房地产经纪人有较强的分析判断能力。**不同的客户，其需求有所不同，如对房屋的区位、价位（如总价）、户型、面积等的要求不同；同一客户在不同的时间，其需求可能会发生改变。房地产经纪人应能分析判断不同客户的需求及其变化，并根据客户的需求，有针对性地提供服务，如根据客户的需求，推荐和带看相应的房源。

◆ **客户的不同购买动机要求房地产经纪人有较强的注意力和语言表达能力。**房地产经纪人有时会面对多个有不同购买动机的客户，此时要有较强的注意力，并善于与客户交流，了解客户真实的购买动机。

◆ **客户的不同个性心理要求房地产经纪人有较强的适应能力。**不同的客户在性格、气质、能力、兴趣等方面可能有较大差异，房地产经纪人应以客户为中心，保持良好的职业道德，努力提高自己的适应能力，与客户顺畅、愉悦地沟通。

◆ **客户的言谈举止影响房地产经纪人的情绪过程。**由于不同客户的素质不同、接受服务时的情绪不同，在沟通中有的文明、礼貌、诚恳，使房地产经纪人感到受尊重、较靠谱；有的可能粗鲁、挑剔、随意，使房地产经纪人感到不舒服，客户缺诚意、不靠谱。但无论怎样，房地产经纪人都应善于控制自己的情绪，耐心为客户提供热情周到的服务。

图 10-14　房地产经纪人与客户的心理互动

【试题演练】

关于房地产经纪人与客户的相互心理影响，下列说法中正确的是（　　）。

A. 房地产经纪人的仪表影响客户的情绪认知过程

B. 房地产经纪人的服务影响客户的认知过程

C. 客户的不同购买动机要求房地产经纪人有较强的注意力和语言表达能力

D. 客户的不同个性心理要求房地产经纪人有较强的分析判断能力

【答案及解析】C　本题考查经纪人与客户的心理互动。

【考点】房地产经纪人的心理素质分析

房地产经纪人的心理素质分析如图 10-15 所示。

房地产经纪人的心理素质分析

- ◆**认知过程**。房地产经纪人的认知对象较复杂，为了正确处理各种关系，应具备准确的社会认知和敏锐的观察能力，具有丰富的常识和良好的判断力。
- ◆**思维方式**。房地产经纪人除了能用人们常用的方式方法来看待问题、思考问题外，还应具备创造性思维，有较强的逻辑推理、比较对照、举一反三等能力。
- ◆**知识储备**。房地产经纪人应了解和掌握前人归纳总结的与房地产经纪活动有关的知识、经验及教训等。
- ◆**人际关系**。房地产经纪人应掌握必要的交谈技巧，关心客户并满足其兴趣和需要，有良好的判断力、较强的说服力、一定的幽默感和丰富的社会关系。
- ◆**自我调控**。房地产经纪人应具有正确的职业道德观，保持积极乐观向上的心态，不断适应外部环境变化，处事既有原则性又有灵活性，同时要有自制力，善于控制自己的情绪、约束自己的言行。

图 10-15 房地产经纪人的心理素质分析

【试题演练】

房地产经纪人的心理素质主要包括（　　）。

A. 自我调控　　B. 知识储备　　C. 主动争取　　D. 人际关系

E. 认知过程

【答案及解析】ABDE　本题考查房地产经纪人的心理素质结构。

【考点】房地产经纪人的综合素质提高

- ◆**提高房地产经纪人的职业道德素质**。职业道德素质是房地产经纪人综合素质的核心内容，可通过以下途径提高：①建立正确的社会评价和集体舆论体系，形成强大的社会压力和良好的社会规范。②树立榜样，通过宣传优秀房地产经纪人的良好职业道德，扩大榜样的影响力和吸引力。③通过教育，促使房地产经纪人树立诚信专业服务的理想信念。
- ◆**培养房地产经纪人的良好心理素质**。可通过以下途径提高：①采取物质奖励和精神奖励的办法，增强房地产经纪人从事房地产经纪活动的兴趣，并得到生活和工作条件上一定程度的满足。②调整房地产经纪人的工作难易程度，使其具有一定的挑战性，对所从事的工作经常保持新鲜感。
- ◆**锻炼和提高房地产经纪人的业务能力**。明确工作岗位对房地产经纪人的能力要求，找出不同经纪人之间的能力差距，有针对性地对其进行锻炼和培养。
- ◆**适应房地产经纪人的气质，合理安排工作岗位**。应根据不同房地产经纪人的气质类型，合理安排工作岗位，使他们成为称职的经纪专业人。
- ◆**培养和提升房地产经纪人对房地产经纪职业和行业的忠诚度**。

图 10-16 房地产经纪人的综合素质提高

【试题演练】

提高房地产经纪人员的综合素质主要包括（　　）。

A. 职业道德素质　　　　　　　　B. 良好心理素质
C. 业务能力　　　　　　　　　　D. 合理安排工作岗位
E. 自我调控能力

【答案及解析】ABCD　本题考查房地产经纪人员的综合素质的提高。

第五节　房地产经纪人的人际交往和积极心态

【考点】房地产经纪人的人际交往与人际关系

房地产经纪职业是与人打交道较多的职业，如果不善于与人交往、没有良好的人际关系，就难以打开局面、取得良好的业绩。理论上讲，任何性格和气质的人都能与人友好交往，建立良好的人际关系。但在实际中，自卑、害羞、内向、沉默寡言的人通常不利于与人交往，而性格外向、活泼好动、有幽默感的人则容易与人沟通。

房地产经纪人应努力培养和提高与人交往的能力，建立并不断丰富自己的人际关系，具体如图10-17所示。

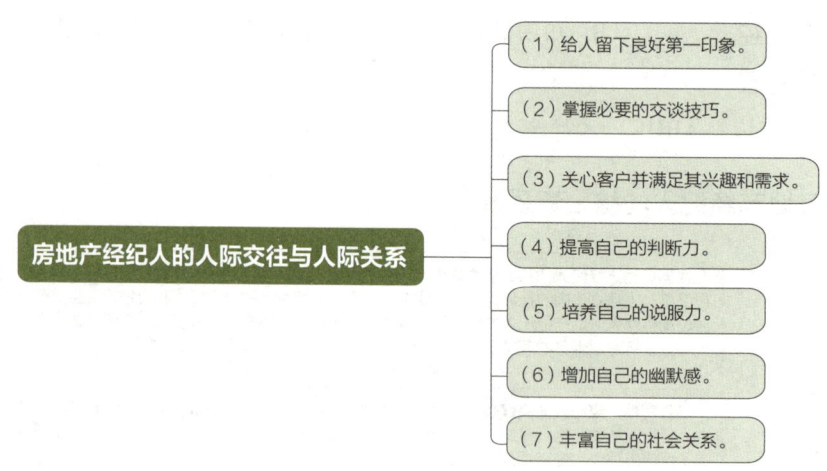

图10-17　房地产经纪人的人际交往与人际关系

【试题演练】

房地产经纪人在人际交往和人际关系方面的素质包括（　　）。

A. 有自己的判断力　　　　　　　B. 具有面谈技巧
C. 有说服能力　　　　　　　　　D. 丰富自己的社会关系
E. 少说多做

【答案及解析】ABCD　本题考查房地产经纪人的人际交往与人际关系。

【考点】房地产经纪人的心理压力及其应对

房地产经纪人心理压力的应对

1. 不断提高自己的心理承受能力
◆ 虽然每个人都会有心理压力，但在相同的心理压力情境下，不同的人的主观感受有所不同。这与个人的心理承受能力有关。心理承受能力是在遇到心理压力时，能够摆脱其困扰而避免心理和行为失常的能力。一般来说，心理承受能力强的人，能容忍重大的心理压力；而心理承受能力弱的人，即使遇到不大的心理压力，也会消极悲观，甚至出现行为失常或产生心理疾病。可见，提高心理承受能力是维护个人心理健康的一道防线。
◆ 一个人的心理承受能力与以下3个因素有关：①生理因素。一般来说，身体健康、发育正常的人比身体虚弱、生理有缺陷的人的心理承受能力更强。②个性品质。与生理条件相比，一个人是否具有良好的个性品质对于心理承受能力更为重要。如一个有远大理想和坚强意志的人，任何困难和心理压力都难以压服他；而一个胸无大志、意志不坚定的人，很容易被困难和心理压力所打倒。③社会经验。心理承受能力是个体在天生活过程中为适应环境而习得的能力之一，它与其他心理品质一样，可以通过学习和锻炼而得到提高。经历曲折、饱经风霜的人，比一帆风顺、很少经历心理压力的人，心理承受能力要更强。

2. 仔细分析自己的心理压力来源
◆ 当自己有较大的心理压力时，能否有效减轻，还取决于是否给自己留有充分的时间去仔细分析自己的心理压力来源。每个房地产经纪人的心理压力的具体来源不尽相同，现实中不仅是令人不愉快的事会造成心理压力，令人兴奋和高兴的事也会造成心理压力。例如，业绩一直名列前茅，但由于某种原因而难以压制的、或遭到客户投诉等，会产生心理压力；得到客户赞赏或公司奖励、经过努力而获得丰厚的佣金，也会产生心理压力。人们在承受心理压力时总喜欢从生活事件中找原因，但有时事件本身是压力产生的后果而不是原因。例如，房地产经纪人在促成客户交易时不顺利，可能是因为某种尚未察觉的心理压力造成的，而不是交易不顺利造成心理压力。总之，心理压力往往源于事件本身和由此引发的生理和心理上的变化。当引发心理压力的问题很明显时，对生理或心理上的调整也就可以及时进行。但心理压力的诱因并不总是很清晰的，有时必须进行认真、仔细的思考才能发现真正的原因。

3. 科学有效减轻自己的心理压力
◆ 在仔细分析自己的心理压力来源后，应及时寻求减轻心理压力的科学有效办法。减轻心理压力的关键在于对其形成正确认识，相应调整自己的心态，培养良好的生活方式。此外，在了解紧张情绪产生机制的前提下，可以通过回避其诱发因素、调整自我情绪和培养适应能力，来抵御其对生理和心理上的影响，以保持身心健康。心理压力也有可能随着时间的推移而在不经意间自行消失。
◆ 遵循以下准则可将心理压力保持在可控水平：
（1）分清先后——将生活中真正的麻烦事分类。
（2）事先多考虑如何摆脱麻烦事。
（3）尽可能地向朋友、同事倾诉烦恼。
（4）发展和培养一个社交网和朋友圈。
（5）有规律地进行体育运动。
（6）经常奖励自己积极的想法、态度和行为。
（7）自我反省、扬长避短。
（8）考虑问题要从实际出发，采取适当的措施，不钻牛角尖。
（9）看问题要客观公正。
（10）不要太过苛求自己，不要对过去的错误或不足耿耿于怀。
（11）要相信总会有人愿意并有能力帮助自己，可以向自己信任的朋友、同事或师长寻求帮助，或接受他们的帮助，不要拒绝从他们的经验中受益。
（12）每周或每天给自己留些时间休息或放松，休闲或娱乐，留下充裕的用餐时间，花点时间与亲朋好友享受有益身心的活动。
（13）让每天的生活都有些新的小的变化。
（14）学会委托别人做事。
（15）仔细倾听周围的一切。
（16）享受人生，并与家人、朋友分享。

图 10-18　房地产经纪人心理压力的应对

【试题演练】

下列属于帮助房地产经纪人减轻心理压力的方式的有（　　）。

A. 仔细分析自己的心理压力来源　　B. 调整自我情绪和培养适应能力
C. 学会委托别人做事　　D. 事先多考虑如何摆脱麻烦事
E. 辞职

【答案及解析】 ABCD　本题考查房地产经纪人心理压力的应对。

【考点】房地产经纪人积极心态的建立与保持

房地产经纪人会遇到各种各样的客户，如不同性格、年龄、职业、受教育程度、收入水平、地区、民族、宗教信仰的客户，应抱着积极心态为他们提供良好的专业服务，如图10-19所示。

房地产经纪人积极心态的建立与保持
- ◆**感恩**。对客户给予的信任，选择了自己所在的公司、门店及自己，要在内心里表示感激。即使由于种种原因客户后来选择了其他的公司、门店和房地产经纪人，也要抱着平和的心态去面对，去争取新的机会。
- ◆**宽容**。对客户的质疑、抱怨、冷言恶语等不好言行，要予以理解、宽宏大量，不计较、不追究，多从自身找不足，即所谓"严于律己，宽以待人"。
- ◆**乐观**。不宜苛求一城一池的得失，过去的好与坏不代表现在和将来，不求"一口吃个胖子"。但要充满信心，始终保持积极向上的心态，争取每天都有所进步。
- ◆**淡泊**。房地产经纪人应"淡泊名利"，不要过于追求经济利益，这是一种崇高的思想境界，也是一种积极心态。如果过分追求经济利益，处处为自己的利益着想，就会失去平常心，甚至就有可能以一种非理性乃至偏激的言行对待客户或同事。

图10-19　房地产经纪人积极心态的建立与保持

【试题演练】

房地产经纪人应从（　　）方面建立积极心态。

A. 感恩　　　　　B. 宽容　　　　　C. 乐观　　　　　D. 淡泊

E. 享受

【答案及解析】 ABCD　本题考查经纪人的积极心态。